统一的前夜

隋文帝兼并南北朝

江左辰 著

辽宁人民出版社

图书在版编目（CIP）数据

统一的前夜. 隋文帝兼并南北朝 / 江左辰著.

沈阳：辽宁人民出版社，2025．1． -- ISBN 978-7-205
-11365-0

Ⅰ．K220.9

中国国家版本馆 CIP 数据核字第 2024CQ1539 号

出版发行：辽宁人民出版社
　　　地址：沈阳市和平区十一纬路 25 号　邮编：110003
　　　电话：024-23284191（发行部）　024-23284304（办公室）
　　　http://www.lnpph.com.cn
印　　刷：嘉业印刷（天津）有限公司
幅面尺寸：160mm×230mm
印　　张：18.75
字　　数：249 千字
出版时间：2025 年 1 月第 1 版
印刷时间：2025 年 1 月第 1 次印刷
责任编辑：赵维宁　姚　远
封面设计：人马艺术设计·储平
版式设计：一诺设计
责任校对：耿　珺
书　　号：ISBN 978-7-205-11365-0
定　　价：79.80 元

　　说起隋朝，可能很多人首先想到的就是那个臭名昭著的昏君隋炀帝杨广，他的确做过太多荒唐事，被写入史书和剧本、小说，一直被人们骂了千年。但对于大隋开国皇帝隋文帝杨坚，世人又了解多少呢？

　　隋朝是一个富强而短暂的王朝，它只存在了38年，如此短的时间，却演绎了富于开拓精神、精彩纷呈的历史篇章，被史学家誉为"昙花般短暂的璀璨，绽放出别样的辉煌"。

　　不可否认，隋文帝开创了一个盛世，他创立科举制度，确立了三省六部制，推出《开皇律》，完善了封建法律体系，在这30多年里，大隋王朝结束了南北朝的分裂割据局面，再次实现了统一，促进南北的文化融合，还降伏了吐谷浑等地方政权，威服了东西突厥，隋文帝被东突厥可汗尊称为圣人可汗，这是继大汉王朝之后，又一个大一统王朝重现了辉煌，为后世做出了许多贡献，树立了榜样，影响巨大。

　　隋文帝杨坚在位仅有24年，但他殚精竭虑，呕心沥血，每天上早朝，他会召见五品以上官员，一起商议国家大事。那时候的隋文帝，兢兢业业，崇尚节俭，赏罚分明，勤政爱民，一心为了国家社稷，亲率文武百官，君臣同心，干成了许多大事情。比如修建了古代规模最宏大的大兴城，派人五修长城，让大隋王朝焕然一新，稳固安定。

那是一个富裕的时代，大隋王朝用了十多年的时间，使天下府库都装满粮食、布匹，无法容纳新的物资，许多物资只能堆积在廊庑之下。哪怕在隋朝已灭亡20年后，距隋文帝去世34年后，隋朝的粮食、布帛，唐朝人还在享用着，可见隋朝时期物资之丰富，库藏量之大，是多么惊人。

总之，隋文帝统治时期可以用史书的原话来总结："躬节俭、平徭赋、仓廪实、法令行、君子咸乐其生，小人各安其业，强无凌弱，众不暴寡，人物殷阜，朝野欢娱，十年间天下无事。"可见，隋文帝开创的开皇盛世是经得起考验、货真价实、毫无虚假的。

隋文帝的一生充满传奇色彩，真实且矛盾。他一方面励精图治、英明神武，另一方面却很乾纲独断、顽固偏执；他年轻时敢于创新、勤政爱民、巧于谋划，晚年却又猜忌疑心、专横跋扈、滥杀无辜。可以说，他千辛万苦地创建了一个崭新的王朝，打造出一个盛世，同时，也为昙花一现的大隋王朝埋下了祸根。

在那个时代，隋文帝杨坚无疑是站在时代风云的浪尖上，我们不由得会猜想，隋文帝成长的大环境如何呢？他是如何在政坛中闪亮登场、尽展政治才华的呢？在当时分裂了近300年的乱世中，隋文帝又是如何运筹帷幄，调兵遣将，一步步平定叛乱，消灭了陈国，统一天下的？

带着这些问题，让我们透过散落在历史书页里的斑斑点点，走进隋文帝的世界，仔细审视他是如何凤凰涅槃，掌握大权，完成了统一南北的壮举，终结乱世，打造出一个开皇盛世的！

江左辰

目录

第六章

对外用兵，统一前夜

第七章

隋陈大战，气吞山河

第八章

统一南北，圣人可汗

第九章
开皇之治，国富民强

第一章

武镇起家，将门虎子

一、家世不寻常

众所周知，隋文帝杨坚结束了西晋以来多个政权对抗的局面，实现了南北统一，开创了历史上最伟大的朝代之一隋朝。

虽然隋朝只有短短数十年，但它在政治上，创立了三省六部制，确立了影响后世的科举制度，改革了律令，推行与改进府兵制使得国家稳定。在经济上，继续推进均田制和租庸调制，采取大索貌阅和输籍定样等措施，增加政府收入。在隋文帝在位十几年间，仓库储存了五六十年的粮食，国富民强，隋文帝被称为"圣人可汗"。

就是这样一个雄才大略的皇帝，但似乎历史并未给隋文帝和大隋王朝足够的尊敬。这是为何？因为一提到隋朝，人们往往容易想到它的短命和暴政，更多会想到隋炀帝的荒唐昏庸与急功近利。修长城、开运河、游江南，搞得国无宁日、民无宁日，仅仅 38 年就二世而亡了。"隋"这个名字就仿佛流星一般，在历史长河中璀璨绚丽又短暂易逝。

今天，我们要讲隋文帝杨坚的一生。尤其是他平步青云于庙堂中，运筹帷幄统一南北，一步步成功布局，躲避杀机，位极人臣，辅助国政，最后逼迫女婿皇帝禅位登极，建立大隋安定天下的历程，更清晰认识这位千古帝王。

那杨坚是何许人也？他的家族在当时分裂割据的年代，又是怎样的存在呢？

根据《隋书》《新唐书》等史书记载，杨家是弘农杨氏的后裔，名门望族也。

魏晋南北朝时期的官吏选拔制度实行九品中正制，即汉献帝建安二十五年（220），曹丕采用吏部尚书陈群建议，立九品官人之法。从此选拔人才依靠家世、品行等来定级，于是有了"上品无寒门，下品无士族"的政治现象。

也就是说，当时只要你出生在上等的门阀家族，不管才能和品德如何差，都能顺利做上大官。如果你出生在下等人家、贩夫走卒中，你才能和品德再好也没办法步入庙堂、坐上高位。这也反映出了当时魏晋时期官场混乱的状况，任用的高官大多非富即贵。

所以，没有身份和背景，没有家族和资源，在当时是很难混的。如果你祖宗八代中没有一个名人，那你本领再大，能力再强，站在那些门阀显贵面前，也会抬不起头的。因此，许多开国皇帝在夺取政权、成功把持江山社稷之后，往往让宫廷史官添油加醋，除了要加上"做梦生子""满屋香气"等传奇色彩外，还要对祖上进行大肆渲染，拔高出身。

如果实在找不到，祖上的确没啥可圈可点的人物，那就要在同姓氏的历史名人中，像碰瓷一样，找个名人来冒充祖先了，如此显得身份不一般，继承前人的杰出能力和尊贵，就是比寒门平民有高人一等的自豪感、自信感。

于是，杨坚就抬出了先祖杨震，名正言顺烘托了自己的显赫家世。

那杨震究竟何许人也？

杨震，字伯起，是东汉时期的官学名师，不仅是一代儒学宗师，还位高权重，在朝堂极有影响力。据说他曾在华山脚下，开设私塾学馆，招收门徒，授业解惑，有传道般性质。这一教就是20余年，四方儒生、好学之士趋之若鹜。等规模起来了，影响做大了，他聚集的学生也多达3000人了，盛况几乎堪比孔子当年授徒兴学。于是乎，开始有人拿杨震与孔子相比较，人称"关西孔子杨伯起"。

当时做过杨震学生的人，无不以此为傲。如果他们老师被世人称作"关西孔子""孔子转世"，那他们这些学生，岂不是堪比颜子、子骞、伯牛、子贡、子路之辈了？古人好名，所以，不论是寒门学士，还是门阀士子，当时无不争做杨震的学生。

后来，杨震以自己的门徒学生为依托纽带，形成了一个庞大的文化精英关系网。这些精英士子步入仕途，遍布朝野，关系错综复杂，进入许多重要的机关部门，开始左右东汉王朝的舆论方向。

当时与孔子生活的时代不同了，杨震所处的东汉王朝毕竟是大一统的王朝，已经少有动乱和征战。东汉政治制度相对完善，社会稳定，不像孔子那时是春秋时期，大国吞小国，小国争地盘，各地混战。孔子要实现自己的政治抱负，推行仁礼学说，到处碰壁，想要做官也很难。因为他的政治思想许多诸侯国君不接受，导致孔子周游列国 14 年，都未能做上大官，更别说获得推行自己仁政的机会了。

但杨震可不同，时代变好了，东汉的统治者想要稳固自己的统治，就要选择天下贤能为己所用。尤其是那些在民间名声很响亮、影响力很大的名人，朝廷更是求贤若渴。如果把这种名人拉入官僚体系，进入朝野，一来可以让他们为国效力；二来也可以把控这些有舆论影响力的人，多为朝廷说话，少在外面抨击时政，免得被一些别有用心的人利用来反对朝廷。总之，出于诸多因素，哪怕杨震不愿意做官，但是求贤令、朝廷诏书不断送到杨震学馆中。

杨震到了 50 岁的时候，觉得时机成熟，可以出山了。他便离开华山脚下的学馆，开始步入仕途，在州郡任职。以他当时的名声和影响力，那升迁的速度可是很快的。东汉大将军邓骘听说杨震是位贤人，于是举其为茂才，几年内就四次升迁，成为荆州刺史、东莱太守。又过几年，杨震已经位列三公，官居司徒、太尉，掌管国政军权，权势之大，朝中几乎无人出其右。在威望方面，他更是誉满天下。

杨震学问高，品行好，绝非沽名钓誉之辈，也不是那些故意走"终南捷径"的假名士可比。因此，哪怕位高权重后，杨震也没有成为奸雄、权臣，而是恪尽职守，廉洁奉公，实干有为，不徇私情。这位大儒成名后做官掌权，位极人臣，起到了很好的标杆作用，堪为官场楷模。此种行为也让门阀士子、天下儒生都心悦诚服。

相传，杨震前往东莱郡任太守时，路过昌邑。从前他推举的荆州茂才王密，正在昌邑任县令，为了报答杨震的举荐恩情，备好了 10 斤黄金夜里去看望杨震，打算送黄金为礼。

杨震却当面批评说："作为老朋友，我知道你的为人，你为什么不知道老朋友呢？我是收取贿赂之人吗？"

王密解释说："现在是深夜，没有人会知道，你就收下吧。"

杨震却摇头生气说："天知、神知、我知、你知，怎么说没有人知道呢？"

王密闻言十分惭愧，只能悻悻离开。

这是历史上流传已久的"暮夜却金"的故事，杨震从此也被后人誉为"四知先生"。

后来，杨震调任涿郡太守。他在任内仍然公正廉明，不接受私人请托和礼金，也不允许家人靠他的名望投机取巧，他的子孙也都生活俭朴。

杨震一些老朋友和长辈看不下去，建议他应该为子孙谋置一些产业。杨震听闻后却说："让后世的人称他们是清白官吏的子孙，不是很好吗？"他的老友们才无奈作罢。

由此可见，杨震的确是一位堪与"圣人"比较的大宗师、官员典范，他为人师表，做到了"为天地立心，为生民立命，为往圣继绝学"，是在历史上享有很高赞誉的名人。

但也正因杨震为官正直，克己复礼，不屈权贵，屡次上疏直言时政之弊，因而被中常侍樊丰、侍中周广等所忌恨。因为党同伐异的关系，在延光三年（124），杨震遭弹劾，被罢免遣返回乡。当时已经年迈的杨震，不堪屈辱，在途中饮鸩自尽。

永建元年（126），汉顺帝刘保即位后，权臣樊丰、周广等伏诛，杨震的学生虞放、陈翼等人至朝廷申诉杨震的冤情。汉顺帝下诏为其平反，并任用杨震的两个儿子为郎，赠钱百万。但从此之后，杨家开始走向衰败。

直到杨震第八代孙杨铉，从军入伍，并且一度做到了前燕的北平太守。至此，杨氏家族重新焕发生机。杨铉之子杨元寿后来投奔了北魏，做过北魏的武川镇司马，杨氏一族便在武川镇（今内蒙古自治区呼和浩特西北）的军镇里扎下根来。

武川镇，南面倚靠大青山，扼守草原进入中原的门户，地理位置十分重要。当时的北魏有一个强大对手叫柔然，不时南下侵扰北魏边关。那时北魏的都城还在平城（今山西大同），挨着草原，朝廷感到威胁，为了保障都城安全，北魏就在北方沿边地区，建立了六个军镇，合称"六镇"，武川镇就是其中之一。

杨氏一族在武川镇一带生活了四代，杨元寿之子杨惠嘏做过太原太守，他的儿子杨烈也做过太原太守。杨烈之子叫杨祯，身为将门之后，骁勇善战，凭军功被封为"建远将军"（一作宁远将军）。但是，六镇忽然发生了一件大事，改变了北魏的命运，也改变了杨氏家族的命运。

公元 523 年，六镇起义了。起义大军兵变，在军官丛惠下挥师南下，大军迅速冲垮了北魏政权。而在这个历史事件中，杨祯曾接到朝廷军令，带兵镇压起义大军，却落个兵败身亡的下场。杨氏家族一夜间崩塌，只留下杨祯 18 岁的儿子杨忠，此人便是杨坚的父亲。因战乱关系，杨忠被迫离开武川镇，逃亡到了山东泰山脚下，才暂时安顿下来。

在这里，杨忠与农家女子吕苦桃结婚了。虽然杨忠也算将门之后，祖上更是出过杨震这等名人，但今非昔比，家道中落，他又是外乡人，在这里举目无亲，能有当地人看中他，嫁女给他就不错了。因此，杨忠这时候一点儿不挑剔，也没有骄傲自大，反而欣然接受，开始了婚后的新生活。

但命运弄人，没过几年，杨忠又做了梁朝的俘虏，随军辗转到江南去了。当时与北魏隔着淮河对峙的政权是梁朝，处于南方，正发展鼎盛。梁武帝趁着北魏内乱，派兵北伐，攻克泰安城，抓了不少俘虏回去，杨忠就是其中之一。但杨忠成为俘虏后并没有遇害。他长得高大威猛，仪表堂堂，一看就是当兵的料，就被安排在梁朝军队中做了一个小军官，这一干就是五年时间。

公元528年，北魏的内乱还在继续，发生了"河阴之变"。梁武帝看准机会，派一支大军护送北魏王子元颢返回洛阳，争夺皇位，想建立一个傀儡政权。出身北方的杨忠就被编入了这支军队，进入洛阳，打算跟尔朱荣拥立的孝庄帝元子攸来争权。结果，梁朝这次如意算盘落空，军事行动失败，带队的大将陈庆之和元颢落败身亡。杨忠运气不好没有跑掉，成为尔朱荣一方的俘虏。

不过，这时候的北魏已经乱成一团，地方割据，军阀混战。杨忠由于武艺过人，擅长谋略，就被当成人才复用，没有被杀害。这一次，杨忠幸运地遇到了自己生命中的贵人独孤信，投奔在他的麾下。

这位独孤信在尔朱荣军中素有威名，善于谋略，作战勇猛，仪表堂堂，为人很讲义气。他也是武川镇出身，所以对杨忠这个小老乡很赏识和重用。二人越聊越投机，有一种相识恨晚的感觉。从此，杨忠就成了独孤信的心腹，跟着独孤信南征北战，到处奔波，从洛阳到关中，从关中到荆州，快跑遍了大半个天下。

就在这时，北魏的政局发生剧变。永熙三年（534），不想做傀儡皇帝的孝武帝，离开洛阳投奔割据关内的宇文泰。高欢一怒之下，改立元善见为帝，是为孝静帝。同年十二月，宇文泰鸩杀了不识时务的孝武帝，另立元宝炬为帝，是为文帝。

于是，北魏分裂成东魏和西魏。历时149年的北魏王朝宣告结束。

西魏定都长安，当家人是宇文泰。东魏定都邺城，当家人是高欢。两边虽然都各拥立了一个北魏皇族子嗣当了傀儡皇帝，但宇文泰和高欢这两位权臣才是真正的掌权人。

由于宇文泰是武川镇人，流落在外的武川镇人纷纷去往长安，向西魏靠拢。公元536年，独孤信和杨忠带兵从江南之地来到关中，投奔到宇文泰帐下。

而杨忠很快迎来了他真正的成名战，那便是邙山之战。

事情是这样的，东魏豫州刺史高仲密与朝廷不合，便倒戈投降了西魏。宇文泰大喜过望，打算趁机率军东进，接应这支降军，然后顺势对东魏发起进攻。东魏高欢亲率10万大军从晋阳南下迎战，大军渡过黄河，在洛阳西北的邙山安营列阵。

两军交锋，西魏军落入下风，宇文泰一看局势不妙，仓皇撤退，兵败如山倒，40多位西魏将领成了俘虏。高欢忍不住大笑，率军乘胜追击，斩杀西魏军三四万人，取得首战大捷。

"西魏军中看不中用，宇文泰也不过如此！"高欢顿时看轻了几分宇文泰。

但宇文泰也不是吃素的，第二日整兵再战，以奇谋兵分三路出击：左路将领赵贵，右路将领于惠，而中路军由宇文泰亲自率领。三路同时反击，出乎了东魏军的意料。这次西魏中路与右路大展神威，一举击破东魏大军。高欢只带着亲军卫队不足百人狼狈败逃。但天公不作美，西魏左路军却作战失利，损兵折将了，这给高欢和东魏军一个喘息和反扑的机会。

高欢这个人不简单，是个不折不扣的枭雄，杀伐果断。他白天刚被宇文泰两路大军击败，当天夜里他就整顿军队，借着西魏军左路的溃败，重振军威，来个釜底抽薪大反攻。

西魏军刚打了胜仗，放松了警惕，被高欢的军队偷袭，猝不及防。军营瞬间变成一片火海，铁骑如钢铁洪流涌入，马踏连营，使得西魏军大败。宇文泰在夜里也无法组织有效的反击，见大势已去，只能突围逃走。

但高欢发现了宇文泰逃走的方向，率军穷追不舍，要把这个老对手灭杀在此，吞并西魏。情急之下，宇文泰派大将达奚武和独孤信率军断后，拖住高欢，给他争取撤军逃走的机会。

面对凶猛追来的东魏军，独孤信、达奚武也没有把握能挡住，心中不免焦急，觉得这次命不久矣。就在这危急关头，杨忠站了出来，挽救了西魏的命运。

杨忠说道："独孤将军，我军新败，士气正低落，形势危急，若是正面硬刚，人数太少，肯定无法抵挡士气如虹的东魏军，不如出奇兵制敌！"

独孤信平时对杨忠很信任，听他此时言之凿凿，觉得他肯定心有定策，于是问道："哪种奇兵？你快快说来。"

杨忠答道："擒贼先擒王，给我一支精锐人马，最好是军中的敢死队，500人即可，在精不在多。我亲自带领，策骑杀入敌军之中，直奔中军位置，击杀敌帅高欢。只要高欢一死，这支东魏军群龙无首，必然大乱，无心再战。"

独孤信一听，大吃一惊，后方可是几万大军追杀过来，这杨忠却要带几百人去搞枭首行动，这不是螳臂当车、飞蛾扑火吗？

"杨忠，你确定要如此行动？"独孤信觉得，杨忠肯定是疯了。

"确定！独孤将军，请相信我，这是唯一的机会，不成功便成仁！"杨忠一脸的坚定，目光带着自信、勇气。

正是这种杀身成仁、舍生取义的大气魄，让独孤信动容，立即抽调出了500名勇士，精锐中的精锐，拨给了杨忠，组成了一支敢死队。

杨忠慷慨激昂地动员一番后，和副将阎庆带着500人，手持长刀马槊，在黑夜中猛冲向敌军阵列。由于事前已经定好计策，这支敢死队并不恋战，冲锋陷阵，勇猛向前，借助战马的冲劲如洪水猛兽一般，很快撕开外围步兵阵脚，杀了进去，逼近了高欢的帅字大旗。

高欢一向以骁勇善战、敢于冒险而闻名，但是他没想到，西魏军竟然有更胆大的，以不要命的打法杀入万军阵中为枭首而来。

"给我挡住！"高欢也急了，因为这支敢死队横冲直撞，速度很快，侍卫军都要挡不住了。

须臾，高欢见势不妙，这支敢死队杀到跟前了。纵然他有几万大军在附近，但远水不解近渴，他若不跑，就真的要死在这儿了，所以高欢只能纵马先撤。东魏军见主帅跑了，军心动摇，顿时也无心恋战。

独孤信和达奚武趁机整军掩杀过来，东魏军一触即溃，败局已定。

这一场邙山之战，彻底成为杨忠的成名战。他得到了西魏军方的尊敬，得到宇文泰等权贵的认可。事后，杨忠被封为大都督、车骑大将军、仪同三司。最重要的是杨忠进入了宇文泰的视线，开始不断地受到宇文泰的提拔和重用，杨忠立功机会越来越多。

西魏恭帝初年，杨忠被宇文泰赐姓普六茹氏，从此正式成为鲜卑贵族。这就意味着，杨忠已经被这个政权高层视为自己人了，这一年，他刚31岁。

在这个战乱年代，像杨忠这样的大英雄，很容易受到尊敬和推崇。他从此不断立功，在进入西魏14年后，西魏开始整顿军队，完善府兵制，设置八柱国、十二大将军，杨忠也顺理成章地成为这十二大将军之一。

由于西魏是军政合一的政权，所以，这八柱国、十二大将军不只是军队统帅，还是朝廷的统治阶层，可谓出将入相。在不打仗的时候，他们就是各机构部门的大领导，他们的家族渐渐成为当时关中最显赫的二十大家族，势力盘根错节。

纵观南北朝时期，可以发现这批军事贵族以武川镇军人为纽带和班底，定居在关中一带，与汉人通婚，文武结合，在这段历史中发挥重大作用。史学界对它有一个固定叫法，叫作"关陇贵族集团"。西魏、北周、隋、唐四代皇帝都出自这个集团，杨忠能挤入关陇集团，杨氏一族真正开始发迹了。

二、少年不简单

杨忠已经成名，在官场平步青云，杨氏家族也成为关陇贵族，可以说春风得意马蹄疾，但是，他半生奔波，人近中年，还缺子嗣，时常成为他的一件心事。

他不甘心亲手创下的偌大家族没有继承人，于是，经常带着夫人吕氏出入冯翊郡的般若寺上香拜佛，祈求佛祖保佑杨家能够添丁，子嗣兴旺。

在南北朝时期，佛教开始在中原大兴。有一首诗文，"南朝四百八十寺，多少楼台烟雨中"就是描写南朝佛教的盛况。北朝的佛教比南朝更加兴盛，外传佛教中的一些高僧，大多停留在北朝寺院讲经，弘扬佛法。

也是杨家一脉该有帝运，大人吕氏真的怀上了骨肉，公元541年六月癸丑夜，杨坚在般若寺出生了。

中年得子，可把杨忠高兴坏了，他已经36岁，在这个年龄得子，哪怕放在今天都不算早，更何况是魏晋南北朝的乱世之中，男人平均寿命才39岁，有许多人都活不到36岁。

中国历代帝王诞生，尤其是开国皇帝降生必然伴随大量灵异现象、超自然事件。比如满天红霞、紫气东来，等等，以烘托帝王不同常人，乃是上天紫微星下凡，以示君权神授，掌控社稷理所应当，杨坚当然也不例外。

《隋书·高祖本纪》就记载了一段：

> 高祖以大统七年六月癸丑夜生于冯翊般若寺，紫气充庭，神光满室。有尼来自河东，谓皇妣曰："'此儿'所从来甚异，不可于俗间处之。"尼将高祖舍于别馆，躬自抚养。为人龙颔，额

上有五柱入顶，目光外射，有文在手曰"王"。

这是官方记载的关于帝王出生的灵异事件，如"紫气充庭，神光满室"，基本不可信，只是杜撰的帝王神话而已，当不得真。

但这里也有一些事实，比如"有尼来自河东"，当时在河东郡有一位尼姑，法号"智仙"，道行高深，能掐会算，精通《易经》八卦，懂相面之术。这日，她一路化缘修行，路经般若寺，看见了新生儿杨坚，惊讶万分，对着吕氏说："这孩子来历非同一般，不可在世俗寻常地方抚养。"吕氏一听神尼夸赞自己儿子不寻常，十分高兴，对神尼说的话也很上心，说给了丈夫杨忠。

杨忠中年得子，唯恐养不活，毕竟当时医疗水平不高，没有抗生素，也没有消炎药，婴儿夭折率很高。所以，杨忠觉得神尼智仙说得有道理，就打算把孩子放在佛门寺院中长大，这样沾染佛门缘分，庇佑他无病无灾。

但是，真要放在尼姑庵、山中寺庙内，每天看不到，自家人也照顾不了，杨忠可不放心。所以，思来想去，他想到一个双全的办法，就把自家的将军府，腾出一个空院子，改造成了寺院模样。然后请神尼智仙留下来担任住持，并且由她来负责婴儿杨坚的吃喝拉撒，由她细心呵护，抚养杨坚长大。如此一来，杨坚虽然在寺庙长大却又没有离开过家，佛门与家族的好处都沾上了，一举两得。

一天，吕氏过来看儿子，抱起了幼儿杨坚，仔细端详，却发现杨坚头顶上忽然长出角来，全身泛起龙鳞片。这一下把吕氏惊到了，认为儿子变成了妖怪，惊呼之下，赶紧脱手扔下了孩子。

杨坚落地后受惊，呱呱大哭起来。尼姑智仙匆匆赶来，见状一惊，冲着吕氏说："你惊动了孩子，会推迟他得天下的时间，后期江山不稳。"

"他，他身上怎么了？"吕氏再看孩子，角不见了，鳞片也没有了，惊呆得说不出话来。

尼姑智仙摇头轻叹："时也命也，一切自有定数了。"

这个故事很具有神秘色彩，是否为史官杜撰，无从考证。但从侧面告诉我们，杨坚长相不同寻常。在史书上那句"为人龙颔，额上有五柱入顶"虽不可信，但"目光外射"应该是真的。这句的意思其实是双眼炯炯有神，眉清目秀，精力充沛的样子。

至于"有文在手曰'王'"肯定不可信，这不符合正常人的掌纹。而且，如果真有其事，传开之后，当时的皇族和权臣宇文泰等人，也不会留他长大，因为这会威胁皇权。

这些应该都是杨坚登极之后，让史官编写的，渲染帝王从小就与众不同。其实从汉代以后，几乎历代帝王都有起居注，但流传下来的很少，主要因其一般不外传，仅作为撰修国史的基本材料之一，我们无从查阅。

《隋书》尽管是唐朝名臣魏徵、长孙无忌等人主持修撰的，使用前朝皇帝起居注资料时，并没有对隋文帝这段充满神异色彩的描写进行删减，主要有两方面原因：

一是隋文帝统一南北朝，创新政治制度等，对历史贡献很大，值得他们尊敬。

二是对开国帝王的渲染成为心照不宣的默许。只有这样，强化天授君权，皇族的威信才巩固，让天下读书人和百姓潜移默化去认可、接受。如果本朝否定历代开国君王神秘色彩，只神化本朝皇帝，是不明智的选择，反而显得本朝君王很另类，甚至还会遭到后世朝代效仿恶意篡改，形成恶性循环。

杨坚自幼拥有如此显赫的门阀贵族身世，加上父亲就他这么一个宝贝儿子，可以说，杨坚集万千宠爱于一身。在当时，这样的官二代兼富二代，一般都会嚣张跋扈，斗鸡走犬，成为一个纨绔子弟。但是，杨坚却没有一点纨绔气息，给人一种少年老成、稳重内敛的印象，可谓将门虎子，少年持重。

这跟杨坚少年出生于寺院，并且由尼姑抚养的经历有关，直到 13 岁，他才离开了寺院别馆，正式回归世俗生活。在成长过程中，杨坚每日听着暮鼓晨钟，给人一种不染尘凡、脱离世俗的清净之感，他清心寡欲，庄严神圣。久而久之，少年的杨坚喜怒不形于色，表面深沉冷静，不苟言笑。《隋书》有一句写道："虽至亲昵，不敢狎也。"意思是说不管跟他关系多亲近，都不能捉弄调侃他，不能跟他开玩笑嬉闹。

杨坚为何会养成这种性格呢？

第一，这跟当时的西魏时代背景有关。西魏前期不如东魏强大，不论是经济，还是军事实力，东魏都要强过西魏。原因是东魏在黄河以东，是当时中原经济最发达的地方，税收收入和商业发展程度都要强过关内。

另外，东魏和西魏都是六镇的班底，但东魏拥有了五镇兵力，而西魏只有武川镇兵力。所以，实力不对等，东魏朝廷一直想着派兵进攻西魏。双方只有一道黄河天险阻隔，到了冬季，黄河水面结冰，那东魏的骑兵就会踏着河面冰层发起进攻。西魏打不过，只好派兵整日守着黄河沿岸，不光监视敌情，还要时刻负责清理冰层，阻止东魏的骑兵杀过来，可以说，这种防御相当憋屈了。

天时不如地利，地利不如人和。西魏的统治阶级天天想着励精图治，救亡图存，对关陇贵族的子弟也是经常训诫、洗脑，让门阀子弟能够居安思危，保家卫国，摆脱纨绔享乐的思想。因此，如此环境造就了这个时代西魏的许多将门子弟都很上进，想着上阵杀敌，建立功勋，很少出现纨绔子弟。这也是最后西魏能灭亡东魏的原因之一。

第二，杨坚本人接受的教育也十分成功。这里所指的教育主要来自三方面对杨坚的影响，分别是父亲杨忠、尼姑智仙、太学教育。

首先，看杨坚的父亲杨忠对孩子的影响。杨坚的父亲杨忠本就是一个大英雄、大豪杰，他 18 岁丧父，家道中落，重新把杨家带入关陇贵族门阀行列，成为 20 个大家族之一，可以说是白手起家，全靠他一人之力。

有如此励志、骁勇的父亲，杨坚自然打小就有了好的榜样，父爱如山，是深沉的、凝重的。杨忠不断给孩子讲述自己当年如何在 18 岁逃亡山东，在泰山脚下成婚，又是如何参军入伍，不断征战南北以及他的成名战——邙山之战。这些沙场的励志故事，给杨坚树立了很好的人生观、价值观。

其次，尼姑智仙对杨坚的教育也很独特。除了礼佛讲经之外，也给杨坚讲述了许多佛门高层降妖伏魔的故事，如地狱不空、誓不成佛。从给杨坚起的名字叫那罗延就看得出来，它梵文的意思是金刚力士。在佛教中，那罗延有护法神的角色，就仿佛寺院里的四大天王形象。

这尼姑智仙并非普通的僧尼，她游走四方，见过不少权贵，有很高的政治目光和对时局的预判性。所以，由她教育的杨坚，并非像佛门童子那样只懂佛门经文而偏离世俗。相反，尼姑智仙不断给杨坚树立远大目标，潜移默化影响他要子承父业，将来也做顶天立地的大英雄。

在杨坚还是少年的时候，智仙曾经告诉过他"儿当大贵，从东国来；佛法当灭，由儿兴之"的言语。

当时的杨坚只有 7 岁，自然听不懂，问智仙什么意思。

智仙笑着说："你将来注定贵不可言，会成为天下最有权力之人，若是有朝一日，中原的佛门遭到灭顶之灾，你要充当护法，重新振兴佛门，不要让它陨灭消失。"

杨坚当时应该没有听得足够明白，因为智仙说得模棱两可，更多是谶语，带着玄机和预测。当时佛教发展鼎盛，已有泛滥之势，遍地寺庙，香火旺盛，寺院大量占有土地，却又不交赋税，已经威胁到世俗皇权的统治。智仙居安思危，担心有朝一日，朝廷会打压佛教，希望将来由杨坚给佛门护法。

果然，在 20 多年后，周武帝宇文邕掀起大规模的灭佛运动。大量寺院被捣毁，上百万僧尼被强迫还俗，不从者便沦为奴隶或是被送去边关服徭役，中原佛教遭遇了巨大灾难。等到隋朝建立后，杨坚才下令解除了对佛教的禁锢。这件事有因果论、宿命论的成分，但也说明了杨坚自幼就被智仙灌输了要有重大责任感的观念，这对一个少年的成长，有着至关重要的作用。少有凌云志，此志可撼山，这塑造了杨坚成长阶段的刚毅、沉稳和日后君临天下的气质。

再来看杨坚读太学的成长。太学是中国古代专门培养贵族子弟的学校，在汉朝曾经非常兴盛。但东汉末年开始，三国混战，群雄割据，魏晋南北朝更是经历了北方少数民族南下、永嘉南渡等大事件，导致中原地区不断发生战争，百姓流离失所，读书人少之又少，兴起了玄学、佛法，而儒学差点断掉了。

但西魏的掌舵人宇文泰是一个有雄才大略之人，本身他也好读书，尊重知识分子，是个儒学大夫。他很清楚，只靠武力，没办法在关中地区真正扎根下来，约束20个关陇贵族。如果门阀贵族子弟和大臣后人只知道认拳头和武力，那么政权就永远不会稳固，总会有人起来用武装夺权。所以，宇文泰一直提倡学习儒家经典，读书识字，知礼仪、懂廉耻，有忠君思想等。因此，关陇集团的官僚子弟都到太学读书，成为同窗。

太学的读书经历，对杨坚有很大影响。因为他不但学习到了正统的儒家经学典籍和文化知识，提高了学识素养，杨坚还凭自己的性格魅力，很快成为贵族子弟中的领袖人物，交友甚广，比如宇文觉、郑译、刘昉、元谐、王谊等人跟他关系很好，其中宇文觉可是宇文泰的儿子，后来的北周开国皇帝孝闵帝，这是一张无比宝贵的关系网。

不过，对于像杨坚这种关陇贵族子弟，读书的目的可不是科举考试，因为当时科举制度还没有兴起，不必十年寒窗，皓首穷经苦读和刷题。当时朝廷实行九品中正制，做官对他们而言，是轻而易举的事，他们可以借助家族的势力和地位，被推举进入朝廷做官。因此，他们读书只要能识文断句，可以写奏章、公文就算过关了，顺便学习一下儒家经典，懂得仁义礼智信的大道理即可。

杨坚学习成绩一般，更喜欢舞刀弄枪，后来他做了皇帝，还非常后悔当初在太学没有多读一些古书，称自己"不晓书语"，这不是杨坚自谦，而是当时的学习环境决定的。但这丝毫不影响杨坚步入官场。

14岁那年，杨坚便从太学毕业了，被京兆尹薛善召为功曹。这个官职虽然只是京兆尹长官的征召，不是朝廷的任命，不算是正式官员，即便如此，杨坚也算是迈出了仕途的第一步。

三、初出茅庐被青睐

杨坚14岁毕业于太学，直接被京兆尹薛善召为功曹。因为功曹的官职属于京兆尹长官的征召，不属于朝廷的正式任命，所以杨坚并没有为官，属于入仕之前的训练。

并且，西魏的权臣宇文泰见过杨坚之后，对这个少年也很欣赏。第一次见到杨坚时，宇文泰就感慨："此儿风骨，不似世间人！"意思是这孩子的长相和气质，不像是世俗的普通人。

杨坚因为长相英俊，仪表堂堂，加之他又是大将军杨忠的嫡子，深得宇文泰的垂青。在他的关照下，杨坚刚步入仕途，便顺风顺水。次年，杨坚15岁了，被授为散骑常侍、车骑大将军、仪同三司，还被封为成纪县公，升迁速度十分惊人。

同年，杨坚又迎来人生中一件大喜事。他被父亲的老上司独孤信看中，独孤信决定把自己七女儿独孤伽罗嫁给他。

独孤伽罗年轻漂亮，贤惠能干，里里外外都是一把好手。嫁给杨坚之后，把杨府上下打理得井井有条。年轻的杨坚可谓事业与爱情双丰收，春风得意。那独孤信是西魏八柱国之一，比杨忠的身份地位还要高，权倾朝野。杨坚娶了他的女儿，有了这样的岳父做靠山，他的背景更硬了。

杨坚的父亲和岳父都是西魏朝廷的重臣，手握兵权，势力庞大，有这两大家族做靠山，杨坚觉得自己的仕途一定会一帆风顺，有所作为，但是不是这样呢？

答案是否定的。因为杨坚所处的是乱世，时局多变，西魏政治环境非常复杂，表面看上去风平浪静，其实只是表象，背后却酝酿着一场更大的政治变故。

其实，在杨坚进入仕途的八年前，西魏的对手东魏的时局就已经发生剧变。公元547年，东魏权臣高欢去世，他的长子高澄于26岁那年继承了相位，继续操控东魏大权。但23岁的东魏孝静帝不服气，心想高欢那老奸巨猾的权臣我斗不过，还斗不过跟自己年纪相仿的官二代高澄吗？于是，孝静帝开始谋划夺权，与高澄势同水火。就在高澄决定要废掉孝静帝，自立为皇的时候，却被他家的厨子兰京刺杀了。原来这个厨子兰京，就是被孝静帝派人买通的刺客。

孝静帝得知高澄被刺杀了，大喜过望，就在他以为大权要被夺回的时候，高澄的弟弟、年仅18岁的高洋，指挥部众卫队诛杀了兰京等人，迅速控制了宫门和城门，先一步控制了东魏的局势。

东魏武定八年（550），在高洋的策划下，东魏群臣上表要求孝静帝禅位给高洋，效仿了三国时期曹丕的逼宫行为，各地藩镇将领也积极示威配合。孝静帝万般无奈，见大势已去，只得下诏禅位高洋。21岁的高洋登极为帝，改国号为"齐"，年号天保，史称"北齐"。

当高洋篡位的消息传到西魏，可把宇文泰给高兴坏了。一是因为他所控制的西魏皇帝成为北方唯一的正统，可以效仿当年曹操"挟天子以令诸侯"的做法，打着光复魏朝的旗号，来号令各地诸侯，一起反抗北齐。二是因为宇文泰以前很忌惮老对手高欢和他的长子高澄，如今这二人都不在人世，21岁的嚣张跋扈的高洋，宇文泰没有放在眼里。

所以，宇文泰趁机兴兵东进，要给高洋一个下马威，消灭刚建立的北齐政权。但是，理想很美好，现实却是残酷的，没想到高洋很有带兵打仗的天赋，带兵击败了宇文泰。这次失败让宇文泰意识到，西魏与北齐还是有一定差距，所以，他开始止干戈，励精图治，休养生息，发展经济。

到了公元 556 年，宇文泰病逝于巡行地方郡县的途中。临终前，宇文泰把后事托付给了当时的中山公宇文护，希望宇文护能够辅佐自己的嫡长子宇文觉，把持住西魏的朝政和宇文家族势力。

那为何宇文泰不直接把权力交接给自己长子宇文觉呢？因为宇文觉年纪尚小，只有 15 岁，比杨坚还小一岁呢。宇文泰担心自己的儿子无法服众，驾驭不了那些关陇贵族门阀家族，只好托孤给自己的侄子宇文护了。

宇文护当时已经 44 岁，正是年富力强的中年人，人气很高，威望足够，此时面对叔叔宇文泰的托孤重任，他慨然应诺，一定会辅佐堂弟宇文觉，继续掌控西魏的权势。

不过，宇文护虽然答应了，但也清楚这件事不好办。因为西魏皇帝是个傀儡。宇文泰一直没有篡位称帝，有点像三国时期的曹操，只是权臣，临死那天也没有称帝。如此一来，宇文泰与各大柱国、将军实质上并非君臣关系。所以，他要让宇文家族的嫡子宇文觉继续当权臣，就有点名不正言不顺了。其他柱国和大将军们也在虎视眈眈，谁的权势变大，就有机会控制皇权，没有人会一直真心臣服宇文家族。

宇文护秘不发丧，带着宇文泰的棺椁逗留在长安城外，封锁了消息，等他把局势控制住，才进入长安城。但消息传开之后，许多有资历的大臣对此并不服气，开始给宇文护使绊子，也不把宇文觉这个少年当回事。

面对严峻又复杂的形势，宇文护审时度势，首先找到武川元老、大司寇于谨，向他求助，倾心相托。于谨是八大柱国将军之一，连宇文泰在世时也对他礼让三分，在朝中和军中威望很高。宇文护求到了于谨这里，得到了帮忙的答复。因为于谨一向对宇文泰忠心耿耿。而且，他也认为建立中央集权的政权有利于关陇集团生存，否则，朝廷会变成一盘散沙。

在宇文泰的葬礼上，于谨站出来陈说宇文泰这些年一手建立西魏的功绩和恩德，希望文臣武将们拥护宇文护来总领朝政。但这时候，赵贵和独孤信等人站出来反对。原因是赵贵觉得依照武川军团百余年的传承制度，应公推新领袖担任，而不是子承父业。这又不是皇权，只是军事集团的盟主，需要选举。

于谨、宇文护跟赵贵、独孤信等人针锋相对。但是，经过于谨的游说，李弼等大部分将领和官员还是站在了宇文家族这一方。唯独杨忠选择了沉默，因为宇文家族一方势大，而另一方又是亲家，这让杨忠很为难，干脆选择了中立。

宇文护借助于谨等人的帮助，安抚百官，稳定了朝局，避免了武川军事集团的分裂，使得西魏王朝度过了困难期。

但随着政局稳定，宇文护开始对权力有了更大的野心。他已经越俎代庖，处理大小事务既不询问宇文觉，也不向西魏皇帝拓跋廓汇报，完全独揽大权，按自己的意愿做决定。时间久了，自然引起不少元老重臣的反感。宇文护觉得苗头不对，政局不是那么好控制，毕竟他的资历比不上宇文泰，没有人是真心服他宇文护的领导，因为宇文护对西魏并没有大的贡献。

所以，宇文护思来想去，干脆一不做，二不休，直接把西魏皇帝拓跋廓给废掉了，辅佐宇文觉当了皇帝，改国号为"周"，史称"北周"。拓跋廓被降为宋王，数月后，被宇文护给杀掉了。

不得不说，宇文护这一招快刀斩乱麻，的确很好地解决了西魏乱局。宇文护算是北周最大的开国功臣了。既然是开国之功，宇文护便开始专横跋扈起来，觉得自己理应掌控北周的实权。

但宇文护此举惹得赵贵、独孤信等人愤愤不平，觉得他胆大妄为，完全不守规矩。而且，赵贵觉得自己论功勋和威望，都要超过宇文护。他是宇文泰的恩人，当年宇文泰之所以能成为西魏一把手，与他的支持密不可分。《隋书》中有记载，"及孝闵帝即位，晋公护摄政，贵自以元勋佐命，每怀怏怏，有不平之色"。现在他却要听命于宇文护，很是不爽。加上宇文护所作所为引发赵贵不满，于是赵贵产生了"清君侧"的念头。

赵贵暗中联络军中将领准备兵变，打算废黜宇文护，还找独孤信商量。但开府仪同三司宇文盛告发了这件事，使得宇文护提前得到风声，先发制人，宇文护借赵贵入朝之时，带人将其逮捕诛杀，压制住了这场动乱。

宇文护处死赵贵之后，以同谋之罪罢免了独孤信的所有官职和爵位。独孤信自知得罪了权臣宇文护，无法善终。于是，他选择了自杀，希望以此保全他家人的性命。

其实宇文护很忌惮独孤信，而且二人政见不合，他一直想除掉独孤信。因为独孤信不同于赵贵，他在朝中实力最强、背景最深。独孤信的长女嫁给宇文泰庶长子宇文毓为妻，即后来的明敬皇后。四女儿是柱国大将军李虎的儿媳，即李昞的妻子、唐高祖李渊的母亲。七女儿嫁给了杨坚，是杨忠的儿媳。独孤信的势力盘根错节，所以，早就引起了宇文护的杀机。

独孤信也看中了这一点，所以，他选择了自杀，来保护自己的儿女和家人。果然，在独孤信死后，宇文护倒是没有赶尽杀绝。他把独孤信的几个儿子放黜到了蜀地。

幸亏杨忠没有参与，一直保持中立，这次祸事才没有降临到杨家。

但杨忠毕竟与独孤信是患难之交，也是他的老部下、儿女亲家，在宇文护眼中，杨忠父子就是地地道道的独孤党，受到猜忌是必然的。但宇文护是个老奸巨猾的权臣，不是个只知道杀戮的疯子，他的头脑很清醒，知道这个时候不能四面树敌。他对于杨忠，既猜忌，又想着拉拢，希望杨忠可以在今后能够为他效力，听命于他。

那杨忠父子是怎么做的呢？他们很聪明，没有跟宇文护硬碰硬，而是选择顺势而为，抓住机会多立功，巩固杨家在朝廷的地位。

四、仕途不顺陷杀局

权力是至高无上的、可怕的，会让有机会接近它的人变得疯狂。站在历史的路口，宇文护的野心膨胀到极致，他以大冢宰、大司马、晋国公的身份辅佐北周朝政，直接控制了军政大权。

16岁的宇文觉血气方刚，觉得这个堂兄宇文护做得不地道。本来他答应自己的父亲宇文泰要尽心辅佐自己，但显然宇文护不是周公，也不是诸葛亮，并没有鞠躬尽瘁、本本分分辅佐自己，而是把自己当成傀儡给架空了。

宇文觉心中不满，便有了除掉宇文护，夺回属于皇帝的大权的想法。但是，他没有兵权，连禁军都在宇文护的手里，所以，只能在心底苦闷。此时，一帮对宇文护不满的大臣如李植、孙恒等人，暗中觐见宇文觉，说要借助皇帝的名义，诛杀权臣，才名正言顺。

双方一拍即合，当即研究如何下手，铲除宇文护。李植觉得势单力薄，于是联合贺拔提、元进、张光洛等人，组成反对宇文护的联盟。可是，过了几日，张光洛思来想去，觉得凭赵贵和独孤信的势力和实力，无法撼动宇文护分毫，靠他们这些人肯定也不行。于是，他私下投靠了宇文护，把小皇帝宇文觉正打算联合李植、孙恒等人，密谋除掉宇文护的事一五一十地向宇文护举报了。

宇文护大怒，决定先下手为强，于公元557年发动政变，废黜北周天王宇文觉，将他贬为略阳郡公并幽禁。一个月后，宇文护派人毒杀宇文觉，葬于静陵，年仅16岁，谥号孝闵帝。

斗争的残酷，朝廷皇权更迭，权臣把握机会就可以翻手为云覆手为雨，将小皇帝玩弄于股掌。杨坚跟宇文觉可是太学的同窗，他比宇文觉大一岁。现在杨坚眼睁睁看着堪比皇帝的北周天王宇文觉，被权臣宇文护说废就废了，而且不久后丧命，简直就是一场惊心动魄的宫廷剧变。

杨坚认识到手握政权，就可以将政治玩弄于股掌之间。这给杨坚上了生动的一课，也让他加速成长，变得更加坚强，为他后来有一天篡权立隋埋下了种子。

接下来，宇文护继续大权在握，拥立了宇文泰长子宇文毓为帝，这是他要恢复与关陇贵族阶层的关系，不想跟军功贵族闹得不可开交。宇文护打算扶持宇文毓，作为润滑剂，改善当前勋贵集团剑拔弩张的局势。

宇文毓是柱国大将军独孤信的大女婿，又是柱国大将军李虎之子李昞的连襟，而大将军之子杨坚也是宇文毓的连襟。宇文护打的如意算盘就是通过控制宇文毓，来缓解朝廷的内部矛盾。

但宇文毓已经 23 岁，曾亲自上过战场，跟随父亲宇文泰历经大小数十战，有着接近 10 年的军旅生涯，被封为大将军，哪是那么容易被控制的人？不过，宇文毓很聪明，登极之初的两年，他勤恳做事，处理政务，不着急揽权，安抚宇文护，于是朝廷出现了一片祥和的局面，政治清明不少。

公元 559 年，宇文护上表归政。这是一场政治作秀，就是对外宣布，要把大权还给皇帝宇文毓了。但宇文护此时刚 46 岁，精力充沛，野心膨胀，让他就这样放下大权，他岂能甘心？不过，宇文护揽权已久，朝中大臣对此都颇有微词，他不得不演这一场戏。

宇文毓心知肚明，没有敢做出"卸磨杀驴"的行为，因为此时的宇文护势力强大，不是待宰的毛驴。所以，他挽留宇文护继续辅政，自己接过部分权力，开始亲政，但把军事大权继续交还给宇文护，任命他为都督诸州军事总管，宇文毓这一举动符合宇文护的心理预期，于是皆大欢喜。

宇文毓因为勤政爱民，颁发许多宽仁的条令，让百姓休养生息，严惩贪官污吏，不久，朝廷气象为之一新。宇文护见到朝中大臣对宇文毓十分满意，大事小事开始向皇帝禀告，已经开始越过了他，心中不是滋味，便想着要挑拨宇文毓与大臣们的关系，他好从中得利。

宇文护观察一番后，看中了杨坚这枚棋子。

因为宇文毓正式称帝之后，杨忠已经晋封隋国公（本作随国公，后改为隋国公，本书统一写作隋国公）、柱国大将军，食邑万户，权势很大。宇文护便想着向杨忠示好，封其子杨坚为右小宫伯。右小宫伯的职责是宿卫皇宫，成为皇帝的侍卫军，保护宇文毓的安全。因为右小宫伯会经常跟在皇帝身边，从理论上说，升迁会很快，算是一个好差事。

但这个差事也有尴尬处，就是右小宫伯虽然是在宫内保卫皇帝，但是目前宇文护掌管军事大权，在隶属关系上他仍然是大冢宰的下属。因此，杨坚夹在皇帝和宇文护之间，左右为难。

从情感上讲，杨坚更愿意拥护宇文毓，毕竟两个人是连襟关系，年纪相近，而且一个是臣，一个是君，君臣关系名正言顺。相反，杨坚的岳父独孤信被宇文护逼死，加上宇文护权倾朝野的行为让许多大臣不满，杨坚心中对他也有抵触，不愿意归顺宇文护。

但是，宇文护目前掌握着军权，手握北周的兵马，京城内外都是他的军队，杨坚也不敢明着对抗或是表示不满。就在杨坚迷茫的时候，他去请教自己的父亲杨忠。

杨忠听到儿子的顾虑之后，冷静分析，给他提出一个保守的做法，那就是左右逢源，两不相帮，装傻充愣，韬光养晦。杨坚听明白了父亲的意思，从此开始任右小宫伯，对宇文护保持客气却不刻意逢迎，偶尔汇报一点儿琐事，但都无关痛痒。

时间一长，宇文护就发现杨坚做事圆滑，并没有完全倒向他这一边，因此心中生怒，开始给杨坚小鞋穿。

前面我们提过，杨坚长相非凡，坊间传言他有帝王相。但宇文护乃是枭雄，一向认为时势造英雄，实力决定一切，不会在意这种所谓的传言。

在他眼中，杨坚除了长相英俊伟岸，有些与众不同外，没啥特殊的。但是，此时的宇文护已经打算暗害杨坚了，因此觉得可以在这个关于长相的谶言上大做文章，成为攻击杨坚的利器。

很快，宇文护就派人散播谣言，说杨坚相貌贵不可言，亘古少见，有真龙天子之相。这个传言被宇文护推波助澜之后，很快就在长安城内传开了。宇文护打算借刀杀人，让皇帝除掉杨坚，从而引起宇文毓与杨忠等关陇军功贵族的矛盾。

不久，宫内的宇文毓也得到了消息。他跟杨坚是连襟关系，私下也曾经常相见，自然知道杨坚长相的确有点出奇，但从没想过跟帝王联系起来。现在听到这个传言，他无法不管不顾了，毕竟他现在是北周的皇帝。如果有一个异姓男子被传言有帝王之相，那他和宇文家岂不是要被除掉了？不过，宇文毓毕竟不是暴君，他饱读诗书，做事是讲道理的。他心中很清楚，所谓的面相之学，虽然玄之又玄，奥妙深邃，但毕竟无法拿到台面上说事。现在的杨坚尽忠职守，既没有欺君谋反，也没有消极怠工，总不能说人家长得贵气，就直接杀了吧？

所以，宇文毓就找到了一位相面的大师，此人名叫赵昭，当初在宇文毓十几岁的时候，对方见到他就说"贵不可言"。但宇文毓身为庶子，自己有几个嫡出的兄弟，不论是继承父辈爵位，还是建功立业，自己的机会都不大，于是，他并不相信。但后来，他莫名其妙做上了皇帝，印证了相师的那句"贵不可言"，宇文毓这才明白，这个赵昭有真本事，不是胡诌乱说的。

宇文毓私下找来了赵昭，派他悄悄去观察杨坚的面相，看杨坚是否真的"贵不可言"，将来是否会威胁皇位！赵昭得了命令，暗中观察杨坚的长相，也发现了杨坚与众不同，的确有天子相。但是，赵昭并没有跟宇文毓汇报。因为赵昭担心泄露天机会折寿，特别是他看出杨坚有帝王之相后，更不敢说出来，否则，要了未来新皇帝的命，他岂不是逆天而行了？

因此，赵昭对宇文毓撒了谎："杨坚的相貌虽然看上去与众不同，有些贵气，但顶多到柱国大将军，可能会凭子女贵气享受荣耀，虚而不实，没有更大的权势了。"

"那就好！"宇文毓闻言松了一口气，对杨坚的芥蒂也就放下了，心想当个柱国大将军，虽然很尊贵，但毕竟不是当皇帝，这些都能容忍。

就这样，宇文护挑拨离间、借刀杀人的计策，就宣告破产了。

事后，赵昭悄悄找到了杨坚，告诫他说："你日后必将君临天下，成为天下之主，但是，会经过一番争斗，甚至会对四方用兵，肩负着统一天下的重任，请记住我今日这番话。"

赵昭说完这些肺腑之言后，很快就走了，不久，他辞别宇文毓，迅速逃离了长安，再也不敢出现了。

杨坚因此逃过了一劫，却让宇文护疑心重重。因为宇文护觉得宇文毓识破了他的离间计，已经跟杨家私下达成协议，会一起对付他，顿时危机感爆棚。宇文护想到历史上那些权臣的下场，担心家人遭祸，于是他决定铤而走险，想要再次谋害宇文毓。

宇文护买通了宇文毓的御厨李安，让他在宇文毓的饮食中投放慢性毒药。这种毒药并不猛烈，刚开始无法察觉，等到食用一段时间后，宇文毓忽然身体不支，出现了呕吐眩晕、口鼻流血的奇怪症状。这样一来，宇文毓就卧病不起了，御医们检查后也是束手无策。

此时，聪慧的宇文毓已经明白，自己被宇文护暗算了，时日不多。但宇文毓没有直接跟宇文护翻脸，而是趁着自己还有一口气在，选择一位皇位候选人，不让宇文护随意拥立其他人做皇帝。

宇文毓还活着的时候，就发出一道遗诏，选择传位给自己的弟弟宇文邕。公元560年四月二十日，宇文毓驾崩，年仅27岁，谥号明皇帝，庙号世宗。同年五月，宇文邕登极即位，是为周武帝。

第二章

朝堂动荡，步步惊心

一、韬光养晦等机会

宇文邕登上了皇位，但没有大喜过望。因为在他前面，四年内有三位皇帝被宇文护害死了，分别是拓跋廓、宇文觉、宇文毓。可见，当皇帝是一件很危险的事情。

不过，宇文邕的智商和情商都很高，在宇文泰众多儿子中，属他的天赋最高。他从小就聪明伶俐、能说会道，读书很用功，能够应付形形色色的人，处理好各种琐事。宇文泰曾说过，日后宇文家的大业很可能由此人完成。宇文毓在位时，也多次夸赞宇文邕不轻易发表意见，只要发表了，就肯定是真知灼见。

宇文毓当了三年皇帝，跟宇文邕相处融洽，一直视他为左膀右臂。因此，宇文毓在临终前，抢在宇文护拥立新君之前，先一步发遗诏传位给宇文邕。宇文毓心中也觉得，要铲除宇文护，必须由这机智的弟弟宇文邕来实现了。

宇文邕当了皇帝后，深知朝廷军权都被宇文护把控，朝廷中也有不少党羽依附宇文护。以他现在的实力根本无法与宇文护抗衡，所以，暂时只能委曲求全，先保命再说。于是，宇文邕对宇文护分外客气，把宇文护当成亲爹一般礼敬，亲自下诏：

> 大冢宰晋国公亲则懿昆，任当元辅，自今下诏告及百司文书皆不得称公名。
>
> ——《资治通鉴》

　　这句话的意思是，大冢宰晋国公宇文护从亲戚的角度上讲，他是朕的堂哥；从国家的角度讲，他是朝廷首辅。于家于国，他都是朕最尊敬之人。所以，从此以后，所有官方的文书、奏章内，都不能直呼宇文护的名字，对他要用尊称。

　　宇文邕这一手玩得漂亮，他把自己皇帝的姿态放得很低，对宇文护高度赞扬。他给的这一待遇也是古代大臣梦寐以求的殊荣，乃是做臣子的最高荣誉。宇文护欣然接受，觉得这个小皇帝真正是孺子可教也！

　　不只如此，宇文邕还下令，委派宇文护都督中外诸军事，军政之事无论大小，先由大冢宰宇文护决断，再报给皇帝批阅，确保宇文护独断朝纲、大权在握的地位。甚至每次在皇宫议事，他都会站起来跟宇文护说话，绝不坐着跟宇文护相见交谈，他这些顺从的表现，顿时麻痹了宇文护，让他觉得宇文邕很识时务，适合做傀儡，自然也就不考虑谋害他了。

　　取信于宇文护后，宇文邕开始暗中扶植抗衡宇文护的势力。他首先看中的就是杨忠父子，因为杨忠善于用兵，功勋卓著，已经堪为北周第一名将。宇文邕跟杨坚又都曾在太学读书，二人相处得一直不错，可以加深关系。

　　不久，宇文邕提拔杨坚为左小宫伯，可以随便出入宫内，并将他视为心腹。而杨坚也尽心竭力为新皇帝做好每一件事，君臣之间合作越来越融洽，变得亲密无间。这个时候的杨坚，已经被宇文邕无比信任。

　　北周保定三年（563），宇文邕下诏征讨北齐，任命杨忠为元帅，率领大将李穆、尔朱敏、杨纂、田弘、慕容延等人，攻打北齐，一口气攻克了20多座城池，把北齐大军打得抱头鼠窜。还是后来北齐军队依靠晋阳重镇死守到寒冬，才迫使北周军队撤退。

　　这一仗，杨忠的军中威望达到了巅峰，备受尊崇，被宇文邕封为总管六州诸军事、泾州刺史。子凭父贵，杨坚在公元565年，终于离开盘旋六年的小宫伯职位，直接被提拔为大将军，出任随州刺史。

杨坚很高兴，他可以离开沉闷的长安城，不用提心吊胆，天天看宇文护的脸色了。他第一次离京外任，满怀期待和梦想，来到了随州准备大干一场。当杨坚来到随州后，第一件事就是去拜访上司宇文直。

宇文直是当朝皇帝周武帝宇文邕的亲弟弟，不过，他并没有站在兄长宇文邕这一边，而是权臣宇文护的亲信。大概他觉得，宇文邕迟早要被废掉，或许他也有机会日后做北周的皇帝。宇文直是个很傲慢的人，一向眼高于顶，他并没有把初出茅庐的杨坚放在眼里，只是敷衍见了一面，没有留杨坚在府上吃饭，也没有回赠什么礼品，然后就派了下属庞晃例行回访。

庞晃跟宇文直不同，他很有见识，只是怀才不遇，在地方担任一个小官，年纪已经大了，竟然没有得到提拔和升迁。庞晃见到杨坚之后，顿时觉得此人面相奇特，贵不可言，于是倾心结交。

杨坚跟庞晃相谈甚欢，成为很好的朋友。但没过多久，杨坚接到了朝廷调他回长安的诏书，不得不离开随州。庞晃得知消息，亲自过来给杨坚送行，两人喝了一夜的酒，十分尽兴。直到东方大白，这二人都喝多了，庞晃也就没有那么多顾忌了。他对着杨坚低声说："杨大人的相貌不凡，日后必然会成为九五之尊，登临为帝。在下不才，愿意诚心辅佐，只希望杨大人日后不要忘记庞某。"

杨坚听到庞晃喝多之后，忽然说出这等"谋逆"的言论，吓得酒劲顿时消了一半。他不解地看着庞晃，问道："你何出此言？这可是叛逆的言论。"

庞晃不以为意，微笑道："我活了半辈子，饱读诗书，而且也翻阅过一些相书和《易经》等，看人还是准的，以杨将军的相貌和气概，加上这身世和局面，日后绝对能够有帝王之位。"

杨坚还是不信，刚好这时候，窗外忽然传来了鸡鸣之声。他心中一动，对着庞晃说道："此言甚是夸张，我不敢轻信！这样吧，你拿弓射一下窗外打鸣的公鸡看看，如果射中了，那就是天意使然，我便信了你的话。日后我真的如你所说，到了贵不可言的地步，就拿此箭作为凭证找你出山，做我辅助之人。"

庞晃点头，也不推辞，直接拉弓就射，这一下还真的射中了雄鸡。

杨坚看到庞晃果然射中了，这是吉兆，不禁大笑鼓掌道："看来真是天意了。"

庞晃也笑道："天意如此，我没有妄言。杨大人也要相信此言，不断为之努力和布局才是。正所谓谋事在人，成事在天，做任何事，也讲究事在人为。若是没有充分准备，光靠等也不行，会白白错过好机会，甚至增加波折和风险。"

"有道理！听君一席话，胜读十年书啊！"杨坚豁然明了，十分高兴，把两个年轻貌美的贴身丫鬟都送给庞晃。

这两个人，就是在这种醉酒的情形之下，谈论了未来篡权夺位的大事。我们不得不钦佩这两个人的胆大妄为，一个敢说，一个敢信。其实，这跟当时的历史背景有关，从魏晋之后，王朝更迭频繁，各个政权的延续都不稳定，经常出现宫廷政变、权臣篡权的情况，大家对此都司空见惯了。

在当时人的眼中，兵强马壮、拥有足够权势，就能够当皇帝。大家对朝廷的忠诚度非常低。稍有不如意，就可能起兵造反、篡权自立，或是鼓动别人造反，自己跟着捞好处。显然，杨坚和庞晃都在这些人之列。

但庞晃这么说，绝非只是看杨坚样貌不凡、高大魁梧、做事干练，能达到这种要求的人很多。其实，庞晃最看重的是杨坚的身份。他父亲杨忠是柱国大将军、北周第一名将，在军中威望极高。杨坚娶了独孤信之女，跟北周皇帝宇文邕是连襟。他在太学的同窗也很多，关系网强大。而且杨家属于关陇贵族集团，这个集团本来就是依靠武力和权势夺权，皇帝轮流做，西魏和北周就是这样更迭的。庞晃觉得拓跋家、宇文家能做的事，杨家也能做，这是很正常的事，并没有觉得自己这个言论如何大逆不道。

杨坚在庞晃的鼓动下，心怀憧憬地返回长安，打算精心布局，为自己未来的帝王大业做准备。但是，梦想很美好，现实很骨感。杨坚刚回长安，当时的朝廷局势就给他泼了一盆冷水。因为所谓的回京另有重用，不过是宇文护的一个借口而已，权臣宇文护根本不想让杨坚在外面发展壮大，逍遥自在。

宇文护为何如此盯着杨坚呢？主要还是因为杨坚父亲杨忠伐齐归来，誉满朝野，俨然成了军中武将之首。连宇文邕都对杨忠礼敬有加，十分亲近，拉拢意味十足。宇文护当然不愿意看到这个局面，如果再让杨忠的儿子在地方发展壮大，拉起一支队伍，很可能关键时候来个"清君侧"，逼迫宇文护下台。这种隐藏的威胁，宇文护绝不想看到，所以，他打算把杨坚放在自己眼皮子底下监视，不让杨坚去地方历练成长，也有将杨坚作为人质的意思。

如此一来，杨坚苦闷至极，感觉前途渺茫，甚至还有生存危机。刚好这段时间，杨坚的母亲病倒了，他就索性辞官，在家侍奉母亲，整日深居简出，希望可以躲避宇文护的关注。没想到，杨坚此举使他大孝子的名声忽然在京城内传开，他的名声反而更大了。

在此期间，杨坚为打发无聊时间，寻访了三教九流之士，跟一些看相、算命之人相交甚密。有一天，杨坚跟著名的相士来和认识了。来和看过杨坚的五官相貌之后，对他私语："杨将军眼如曙星，无所不照，日后当有天下！"

杨坚听到来和这句话后，联想到了尼姑智仙、相士赵昭等人昔日对他说过的话，顿时心中又燃起了一丝希望，苦闷的内心得到一些安慰，再次恢复斗志。所以，杨坚不再患得患失，颓废茫然，而是保持缄默，蛰伏起来静观北周的局势变化。

但是，不久之后，又一次相面事件发生。宇文护一直对关陇集团的杨坚父子十分忌惮，所以，他始终没有放过打压杨家的机会，对杨坚进行构陷。不过，杨坚父子做人做事暂时没有什么破绽，宇文护只好再次拿杨坚的相貌做文章。

这一次，宇文护先找到了宇文邕的弟弟宇文宪，陈说杨坚生来一副天子相，会危及宇文家族的统治，不能袖手旁观。宇文宪是个很有责任感的人，听到威胁宇文家族的言论，立即入宫向宇文邕禀告。不过，宇文邕对杨坚父子很信任，所以不为所动。

宇文护见宇文宪没有完成任务，于是就怂恿内史王轨去告状，惹得宇文邕很不高兴。宇文邕把王轨斥责了一顿后，王轨灰溜溜出宫了。不过，由于宇文宪、王轨不断提及杨坚的相貌会危及北周皇族的命运，也让宇文邕心中很不舒服。他找来京城内的相面专家来和入宫，吩咐他去观察杨坚的面相，是否真的会危及皇室。

幸亏杨坚与相师来和早就熟悉了，所以，来和这次没有揭发杨坚，而是对宇文邕汇报说："杨坚乃守节之人，可镇守一方。若为将领，攻无不破！"

他话中的意思是杨坚这个人很有操守，办事能力强，是个坐镇一方的将才。如果让他做大将军，带兵打仗，战无不胜，仅此而已了。宇文邕暂且相信了，没有在这件事上深究。

杨坚在不明不白中，很幸运地再次度过了面相危机！

二、铲除权臣宇文护

北周难得平稳下来，国力蒸蒸日上。但北齐自高洋死后，国力每况愈下。北齐高湛决定与北周讲和，送回了扣押在北齐境内 30 多年的北周皇族家眷。这其中就有宇文护的母亲阎姬。

一番谈判后，北周与北齐达成协议。阎姬归来，宇文护见到老母亲潸然泪下，母子抱头痛哭。宇文护如今在北周位高权重，自然要给母亲最好的，饮食起居都供给丰富，十分豪华。宇文邕很会做事，对宇文护继续摆出谦恭的姿态，逢年过节，他都要亲自率领皇族成员前往宇文护家，向阎姬行长辈礼，表现得尊敬有加。

阎姬已经年迈，回到北周生活了四年，于北周天和二年（567）去世。她享受了四年的天伦之乐，见到了儿子的殊荣尊贵，这是幸运的，因为她没有亲眼看到宇文护日后的覆亡。

在此期间，突厥可汗根据之前与北周的约定，率数万铁骑前来会合，要与北周军队一起攻打北齐。宇文护鉴于跟北齐刚和解不过半年，对方还送还了他的母亲，不想大动干戈。但突厥可汗咄咄逼人，不想错过攻打北齐捞一把的机会。

宇文护担心失信于突厥会导致边境冲突，无奈之下，决定履行与突厥的约定，他调集了20万兵马，于北周保定四年（564）亲自率军征讨北齐。

宇文护这次征讨计划是从三个方向进攻北齐。根据《周书·晋荡公护传》记载："出军至潼关，乃遣柱国尉迟迥率精兵10万为前锋，大将军权景宣率山南之兵出豫州，少师杨摽出轵关。护连营渐进，屯军弘农。迥攻围洛阳。柱国齐公宪、郑国公达奚武等营于邙山。"

宇文护这一背信弃义的行为，让北齐全国上下都义愤填膺，认为宇文护和北周不守承诺，单方面撕毁了和平条约。北齐皇帝高湛大怒，一下派出了北齐三位将星，带兵直奔洛阳战场。这三员大将就是被北齐将士誉为"定海神针"的段韶、兰陵王高长恭、名将斛律光。

　　韶为左军，兰陵王为中军，斛律光为右军，与周人相对。韶遥谓周人曰……周军仍以步人在前，上山逆战。韶以彼徒我骑，且却且引，待其力弊，乃遣下马击之。短兵始交，周人大溃。其

中军所当者，亦一时瓦解，投坠溪谷而死者甚众。洛城之围，亦
即奔遁，尽弃营幕。

——《北齐书·段韶传》

双方大军对峙，都投入了不少兵力。但是，宇文护是个权臣，善于权谋而短于军事。在最关键的对决中，宇文护并不是北齐几位大将的对手。洛阳一战，北周军队被北齐各个击破，一时间兵败如山倒。

宇文护带着残兵败将回到了长安城，作为这次战争发起人，宇文护必须为此次兵败承担责任。回朝后，宇文护率领诸将在皇宫内向宇文邕请罪。但宇文邕隐忍下来，没有责怪他们，还用"胜败乃兵家常事"来安抚大家。

但正是因为这次领军出征的败绩，宇文护在文武官员心中的威望下降，以往嚣张跋扈的气焰也得到了遏制。毕竟，这是宇文护辅政十多年来，第一次如此灰头土脸地向皇帝请罪。

此次出征的将领还有杨忠，他负责出兵沃野接应突厥。由于突厥各部见北周军队溃败，心生叛意。杨忠以智谋及时降伏了稽胡各部落，还获得不少军用物资，成为这次军事行动唯一的收获。此举令全军上下不禁叹服：名将就是不一样啊！

但杨忠已经接近六旬，为西魏、北周征战数十年，戎马一生，早已透支了身体。天和三年（568），杨忠病倒，身体状况每况愈下。杨坚整日在家悉心照料，希望父亲能够转危为安。但是，事不从人愿，同年七月初九，杨忠病逝，享年62岁。

杨忠充满传奇的一生结束了，他功勋卓著，完成了振兴杨家、光宗耀祖的事业，为日后杨坚飞黄腾达、君临天下，奠定了坚实基础。

杨坚从此继承了父亲生前的一切爵封，但他深知宇文护不待见自己。杨坚该怎么办呢？他选择蛰伏下来，低调做人，不显山露水，韬光养晦，

这样才能不被权臣宇文护迫害。

为了避免节外生枝，杨坚深居简出，同时严格约束家人和奴仆，不准他们在外面仗势欺人，惹是生非。杨家的门风严格，小辈倒是都很听话，谁也没有在外面惹事。一时间，长安城内许多关陇集团的同僚都对杨坚治家严谨称道不已，连让宇文护抓住小辫子的机会也没有，不得不佩服杨坚的低调和自律。

反观宇文护，他现在焦头烂额，家中的子弟仗着他的权势，在外面胡作非为，惹了不少权贵，纷纷来告状，让他很难堪。朝中越来越多的官员，对他飞扬跋扈、欺压君主的举止感到不满。

这一切，宇文邕都看在眼里，但是，他觉得时机未到，还需继续隐忍下去，等待最佳时机到来，才能一举铲除宇文护。

三年后，宇文邕终于等来一个主动要帮他除掉宇文护的帮手，这个人就是宇文邕的五弟——宇文直。

前文讲过，宇文直本来是宇文护的亲信，在公元 572 年初，南方政权陈国的湘州刺史华皎打算投靠北周，举州投降，这对北周而言本来是一件大好事。宇文护派宇文直率军前去接应，不料却被陈朝大将淳于量、吴明彻率军拦截，大败而归。因为此事，宇文护一气之下，就革了宇文直的职。

这让宇文直很生气，因为前几年宇文护带 20 万大军攻打北齐，败得更惨，回京请罪后，没有受到任何惩罚。自己这次同样是兵败，而且折损的兵马只有几万，却被革职在家，这让宇文直心中很不平衡，便对宇文护怀恨在心。

于是，宇文直便直接入宫找到了亲哥哥宇文邕，请求给他授予其他官职。宇文邕装作很为难的样子说："你是朕亲兄弟，血浓于水，朕也想授予你爵位和官职，但朕现在就是一个傀儡，朝不保夕，没有这个权力啊！你也知道，朕自登极之后，有 10 年时间，所有军国大事都委托晋公（宇文护）全权负责处理，朕虽是皇帝，也不能坏了这个规矩，你只有去找晋公才能恢复官职。"

宇文直闻言，一股热血上涌，直接说道："兄长才是皇帝，古往今来，哪有皇帝说话不算，反而是大臣把持一切的？这不合理。而且，这是父亲打下的江山，留给我们兄弟来继承，他宇文护早已忘记了咱们父亲的叮嘱，想要迫害我们这些至亲兄弟，不行，咱们必须得反击，早点除掉他！"

宇文邕听到五弟这番话，心中暗喜，知道激将法起作用了。不过，他还是继续小心试探了一番，最终才确定了对方是真心要铲除宇文护，于是当晚就谋划起来。

宇文直也清楚，光凭兄弟两人是无法除掉宇文护的，需要多联合几个帮手。于是，宇文直在宫外活动，拉内史下大夫王轨、右宫伯大夫宇文神举、右侍上士宇文孝伯加入进来，参与筹划如何除掉权臣宇文护。

就这样，一张无形的大网已经向宇文护及其党羽张开，但这些人还蒙在鼓里不自知。这十几年来，宇文护飞扬跋扈惯了，也习惯宇文邕的唯命是从、乖顺听话，他哪能想到，宇文邕早就等待机会要除掉他。

北周建德元年（572）三月，宇文护外巡归来。宇文邕亲自出宫迎接，并对宇文护出行北巡进行一番褒奖和赞扬，宇文护很受用，没有察觉任何异常。

随后，宇文邕陪同宇文护前往后宫含元殿拜见太后，这是宇文护每次出巡归来的惯例，早习以为常。

众人快到含元殿时，宇文邕忽然对宇文护说道："太后年事已高，最近喜怒不定，脾气古怪，不是亲近之人，谁也不见，而且还染上了饮酒嗜好，朕每次相劝也无用。她老人家平时最爱听兄长您的话，今天希望兄长能够好好劝解一下太后，让她饮酒能够有所节制。"他说完之后，从怀中取出一份《酒诰》，递给宇文护。

"竟有此事！"宇文护略感惊讶，但是没有多想，接过《酒诰》就进入含元殿，其他随从等都留在外面的院子内。

《酒诰》本是《尚书》中的一篇，为西周时期周公所写，内容和禁止酗酒有关，相当于当时的一个法令。

宇文护进了含元殿内，见到了太后，一本正经地宣读《酒诰》，宇文邕走进来，站在了宇文护的身后，冷冷地看着他的背影。每次宇文护前来拜见太后，宇文邕也都是站在他身后。所以，这一次，宇文护也没有觉得异常。但是，就在他读到一半的时候，宇文邕忽然从自己的袖筒内取出了隐藏的玉笏，朝着宇文护的后脑勺就是猛地一击。

这一刻，宇文邕等待了12年，也练习了无数次。所以，他十分果敢，而且用力很大，夹杂着他对宇文护的愤怒、仇恨、杀意，凶狠而又精确地砸中了。

宇文护被击中的瞬间，只觉得天旋地转，直接闷声不响地昏倒在地。

宇文邕见状，立即大喝："宇文护对太后无礼，犯上作乱，罪该万死，来人，立即将此人斩杀，保护太后。"

他说完之后，让身边的太监何泉拿着他的御刀砍杀昏迷的宇文护。

但何泉是个小太监，平时见惯了宇文护的擅权和霸道，慑于他的淫威，拿刀的双手发抖，竟然犹豫着迟迟不敢砍下。在宇文邕的催促下，这才砍了一刀，但是，力量太小，根本没有伤到穿衣甚厚的宇文护，还差点把他给弄醒了。

危急关头，事先藏于殿内屏风后的宇文直冲出来，抽出自己的佩刀，砍断了宇文护的双手。而宇文邕则从小太监何泉的手里夺过刀，亲自下手，一刀捅入胸膛，结束了宇文护的性命。

一代权臣宇文护，就这样毙命了。

宇文邕如释重负，立即召见小宗伯长孙览等人进宫，宣布宇文护今日对太后大不敬，企图杀害太后，被宫内侍卫何泉所杀。宇文邕把自己摘了出去，让何泉背下这锅，毕竟皇帝亲自动手杀了重臣，好说不好听。

大臣们听到这个消息，都目瞪口呆。宇文邕立即下令诛杀宇文护的诸子和家眷以及他的亲信宇文乾基、宇文乾蔚、宇文乾光、刘勇、袁杰、尹公正等人。这些宇文护的党羽都没有漏掉，全部被诛杀，宇文护一党就此被连根拔起。

压在宇文邕头上的大山终于倒塌了，从此，他可以掌握大权，革除弊政，按自己的想法去治理天下。

与此同时，在官场上一直提心吊胆的杨坚终于如释重负了。这些年，宇文护一直压制着杨家，他和他爹杨忠都很忌惮宇文护，生怕杨家满门遭到宇文护的迫害。如今宇文护一死，杨坚可以长舒一口气，放下心中的压力。

杨坚这几年都是宇文邕的心腹，现在宇文邕掌权了，自然开始提拔重用杨坚。而杨坚也幸不辱命，配合宇文邕处理朝政，对内改善民生，对外领兵打仗，立下不少功劳，为杨家积累了更多的政治资本。

宇文邕这个人，有雄才大略，他掌权之后，不想做守城之主。他的目标是统一天下，有了这个远大目标之后，宇文邕励精图治，开始对北周进行一系列的改革，颁布了许多措施：

（一）整顿吏治。宇文邕率先对官僚队伍开刀，罢黜了一些不称职的昏官庸吏，惩治了一批在地方欺负百姓的豪强劣绅。宇文邕还下诏，让各地官员举荐德才兼备的人才，充实中央机构和地方政府，加大对官员政绩和作风的考核，确保官吏素养。宇文邕还非常重视教育，经常考察太学，选拔德才兼优者做官。

（二）勤俭治国，打击奢侈之风。宇文邕是个实干型的君王，他很清楚奢靡之风会导致关中的官员和贵族贪图享乐，醉生梦死，那北周就会"自废武功"了。所以，宇文邕节约用度，提倡节俭，充实国库。同时，他广开言路，使得大小官员和军民百姓都可上密封奏章，便于他知晓朝廷内外的真实情况。

（三）整顿军队。宇文邕掌权后，对军队建制很重视，连续颁布诏令，宣布改诸军士为朝廷侍官。在此之前，北周的军士都隶属于本军的长官，将军的权力特别大，他们拥兵自重，各行其是，连皇帝也奈何不得。现在把军士改为朝廷侍官，使得军队性质发生变化，军士不再是某位将军的私募士兵，而是国家的军人，需要对皇帝负责，听从朝廷军事部门的调遣，不再是属于某个军阀的武装力量。同时，宇文邕还宣布汉人也可以参军入伍，上阵杀敌，即"募百姓充之，除其县籍"。自北方少数民族南下以后，中原少数政权推行的都是部落兵制，只有本民族的百姓才能入伍当兵，除非是已胡化的汉人，如李穆、杨忠等人。现在不同了，中原人也能当兵了，等于一定程度上废除了民族不平等的政策，解决了兵源的问题。

（四）掀起灭佛运动。自魏晋以来，宗教发展迅速，在中原地区不断膨胀，尤其是佛教，规模空前。据统计，在北周的寺庙达到 1 万所，僧尼超过 100 万人，占了全国人口的十分之一。同时，寺院占有大量土地，不交纳赋税，给国家的财政税收和兵源招募都带来了巨大隐患。

建德三年（574），宇文邕正式下诏禁止佛教，没收寺院财产充入国库，填补军费，烧毁大量佛教经卷，还勒令百万僧众还俗，挑选精壮之士编入军队，其他老弱之躯放回家务农，从事生产劳动。在朝廷高压之下，灭佛运动取得了成功，国家财政收入迅速增加，军队人数得到扩充，达到了宇文邕改革的预期。

（五）制定新的外交政策。自西魏后，宇文家族不断与南方的梁朝、陈朝兵戎相见，又跟北齐针锋相对，战争频繁。宇文邕掌权亲政之后，分析了外交形势，他认为目前北周最大的敌人是北齐，而不是南朝政权。所以，宇文邕打算集中力量干大事，先灭掉北齐，统一北方才是首要之选。基于这个战略，宇文邕派出使节前往南方缓和与陈朝的关系，同时拉拢北方突厥，增加纳贡，还娶了突厥公主阿史那氏为妃，通过联姻进一步巩固同盟关系。

杨坚亲自参与这些改革措施的推进，他从宇文邕的身上学到了很多手腕和智慧，开阔了自己的政治视野。正所谓"近朱者赤，近墨者黑"，杨坚每天在周武帝宇文邕的身边做事，耳濡目染，也学习了许多做帝王的素质和政治手段等，这为他以后篡周提供了丰富的政治斗争经验。

建德二年（573），宇文邕开始给太子宇文赟纳妃，因为太子妃身份重要，好的联姻，能够巩固太子地位，所以需要从关陇贵族豪门中挑选人选。经过再三斟酌，宇文邕最后选中了杨家作为亲家。杨坚的长女杨丽华成为太子妃，未来的皇后。因为这层关系，杨坚的身份地位水涨船高，变得更加显赫。他既是隋国公、大将军，还成了皇亲国戚，真正的位高权重、尊贵无比。

三、灭齐之战

北周和北齐的矛盾由来已久，自从宇文泰掌权西魏开始，就跟高欢掌控的东魏不断摩擦。但宇文家族一直处于弱势，被高氏家族带兵不断压着打，十分窝囊地过了 30 年。如今宇文邕亲政之后，励精图治，增加财政收入，整顿军队，扩充兵源，整体实力有所提升。北周的将领们也因此斗志昂扬，对北齐磨刀霍霍，纷纷上奏要对北齐用兵，灭掉北齐。

杨坚此时已经位高权重，地位显赫，但是，他几乎一直在朝廷内做官，依靠父亲杨忠的荫庇和宇文邕的宠信、女儿杨丽华的关系，才拥有今天的一切权势，这些并非他依靠军功获得，这让杨坚心中有些芥蒂，他很想证明，自己能像父亲杨忠一样优秀，可以带兵打仗，纵横沙场建立功勋。因此，杨坚对灭北齐的军事行动也格外上心，渴望自己能够带兵出征。

恰好此时，北齐的政权不稳，皇室混乱，尤其是北齐皇帝高纬，这是中国历史上出了名的昏君。从此人的性格来讲，他自卑软弱、凶残暴戾，又变态好色。

为什么高纬的性格这样复杂呢？这跟他的成长环境有关。

高纬容貌很俊美，颇得父亲高湛宠爱。在他很小的时候，就被封为世子。后来高湛做了皇帝，他也就顺理成章做了皇太子。

最是无情帝王家，他这个太子之位，坐得并不稳固，甚至还提心吊胆。一是他父亲高湛性格喜怒无常，暴戾多疑，经常对他这个太子非打即骂，给他造成很大心理阴影，但他敢怒不敢言。二是高纬的胞弟高俨，不管是才学还是武艺都比他优秀许多，再加上高俨性格沉稳，坚毅进取，所以很得高湛赞赏。有时候，高湛常感叹"此儿类我"之类的话，这让高纬很有压力，便想着讨好父皇，让高湛称赞表扬自己。但高纬一见高湛，就内心恐惧，害怕得口齿不利索，言语表达不清，说话畏畏缩缩，他这样子越发让高湛失望了。

但高纬不可能就这样认输，他为了巩固自己的太子之位，一方面在高湛面前唯唯诺诺，甚至装疯卖傻，一方面对弟弟高俨提防监视，内心恨得咬牙切齿，常在宫内臭骂这个有意跟他夺嫡的皇子。

公元565年，在大臣建议下，贪图享乐的高湛索性把帝位禅让给高纬，自己从此纵情声色，做了逍遥快活的太上皇。

高纬在父亲未死的情况下，就登极做了皇帝，提前掌握了皇权。这本是一件值得高兴的事，但高纬由于内心软弱，他还是不敢暴露本性，战战兢兢，对父亲高湛依旧言听计从。直到三年后，天统四年（568）高湛去世高纬才卸下伪装，开始暴露他的疯魔本性。

但高纬由于长期遭受父亲的打击和殴打，骨子里已经养成自卑软弱的性格，哪怕他当了皇帝，在金銮殿上，他看向文武百官的眼神都有些发虚。如果哪个大臣上朝的时候，多看他几眼，他就会大发雷霆，搞得大臣们眼神也不敢乱瞟，朝堂气氛很是压抑紧张。所以，大臣们汇报工作也好,入宫觐见也罢,都言简意赅,说完事情赶紧撤下,免得吓着皇帝,给自己惹祸。

别看高纬性格自卑软弱,但做起事来,却很残暴。高纬掌权后,把平时他看着不顺眼的人统统杀死。第一个就是他的皇弟高俨,他杀掉高俨,发泄心中恨意。接着是忠勇大将斛律光和北齐兰陵王高长恭,因为这两人在军中威望太高了,高纬在宫中整日担心这两位大将军有谋反篡权的意图,他心中忌惮,于是找借口把斛律光和高长恭处死。

根据《北齐书·斛律光传》记载:"光至,引入凉风堂,刘桃枝自后拉而杀之,时年五十八。于是下诏称光谋反,今已伏法,其余家口并不须问。寻而发诏,尽灭其族。"

可惜斛律光,北齐一代名将,在武平三年(572),因为高纬中了北周的离间计,错信一首暗示斛律光有造反嫌疑的童谣,被高纬诱杀,诛灭其族。

北齐武平四年(573),高纬觉得铲除斛律光还不足以让他感到放心。当时,高长恭因斛律光之死,有感而发,说出一句"国事即家事",引起了高纬的猜忌之心。高纬觉得兰陵王话里有话,在影射他,对他执政不满。于是,高纬直接赐高长恭毒酒,把这位军中威望极高的兰陵王也给害死了。

他的残暴还不只这一点,有人告发他的弟弟高绰在地方滥杀无辜,高纬听说后便命人把高绰带来。待高绰来之后,他不但没有问罪,还和高绰讨论怎么玩才刺激。高绰提出建议,将蝎子和蛆混在一起,然后把人扔进去,看人被啮咬的过程很刺激。高纬觉得很有趣,就依言派人搜罗了许多蝎子放在一个浴缸中,然后将犯人脱光了衣服,捆绑起来扔进去,看人被蝎子咬得哀号惨叫,以此为乐。不得不说,这个爱好,残忍又暴虐,只有暴君才能干得出来。

在朝政方面,高纬让奶妈陆令萱、和士开、穆提婆等奸佞小人把持朝政。安排妥当后，他便一头扎进温柔乡，宠幸美人冯小怜，再也不上朝理会政事了。冯小怜本是婢女出身，但是长得倾国倾城，还能弹琵琶，尤擅歌舞，跟皇帝高纬有共同语言，备受宠幸。

别看高纬政治能力昏聩，却是一个艺术家，擅长谱曲，也能弹奏琵琶。他曾经写过一首著名的《无愁曲》，所以世人称其"无愁天子"。当时西域胡人在唱歌、乐器、跳舞、杂技方面水平都很高，很得北齐皇帝的看重，赏赐了不少胡人乐师入朝为官。

《北史》中有记载："刑残阉宦、苍头卢儿、西域丑胡、龟兹杂伎，封王者接武，开府者比肩。"许多伶人歌伎都能在北齐当官，足见这个朝廷有多混乱。因此，高纬独宠冯小怜也不是什么离谱的事了。高纬跟她坐则同席，出则并马，哪怕是在宫内接见大臣，也是搂抱在怀。高纬常以这样的姿态听官员汇报工作，搞得官员面红耳赤，不知如何汇报。

北齐朝廷已经乱套了，地方更是民不聊生，国力衰落明显，连江南的陈朝都忍不住对北齐动手了。建德四年（575），陈朝出兵北伐，进攻北齐，要夺回被北齐侵占的淮南之地。

周武帝宇文邕一看中原这个形势，不禁大喜，心想这不是自己伐齐的天赐良机吗？于是，在同年七月，周武帝召集文武大臣商议，宣布御驾亲征。旋即，宇文邕调动18万大军出潼关，浩浩荡荡直逼洛阳，这次他决心要一举灭掉北齐。

这是周武帝的第一次伐齐，杨坚在这次军事行动中，被任命为偏师统帅，开始在军中崭露头角。

这次行军途中，周武帝下令，命三军沿途不得砍伐树木以及践踏毁坏庄稼，军纪严明。《周书·武帝纪》记载："（建德四年）八月癸卯，入于齐境。禁伐树践苗稼，犯者以军法从事。"

从这一点可以看出周武帝的心思，他此次东征的目的并非只为蚕食北齐，争夺地盘，更为了能得到北齐百姓的人心。否则，他是不用考虑这些行军细节的。

这次出兵以北齐洛阳（今河南洛阳东）为进攻目标，沿黄河两岸，水陆数道并进。

周武帝亲自率6万大军进攻河阴（今洛阳市孟津区）、洛阳，命大将杨坚、薛回率水师3万人，自渭水入黄河顺流而下，配合主力作战。另一路由宇文宪率兵2万直趋黎阳（今河南浚县）。这些是北周征讨北齐的主攻部队。

同时，周武帝又命李穆率兵3万镇守河阳（今河南孟州）道，于翼率兵2万出陈、汝（今河南淮阳汝水附近）一带，侯莫陈芮率兵1万镇守太行道（今河南孟州北）等，以牵制和阻击北齐各路援军。

公元575年八月，北周各路大军以虎狼之势攻入齐境。周武帝率军攻下河阴大城（外城），再攻子城（内城），未能克，形成对峙。宇文宪军攻克武济（今河南孟津），进围洛口（今河南巩义市东北），攻下洛口东、西二城，烧毁浮桥。

周武帝指挥大军进攻河阳三城，顺利攻克河阳南城后，进围河阳中城，遭到齐军的顽强抵抗，猛攻20日未能克，死伤惨烈。哪怕周武帝亲自督战，指挥大军攻城，也未能攻克洛阳城。与此同时，其他各路周军，如宇文宪、李穆、于翼各部进展颇为顺利，先后攻克北齐30余城。

九月，北齐右丞高阿那肱率5万大军自晋阳（今山西太原）前来救援洛阳城。这时，周武帝因久攻不下，心急如焚，导致身染重疾，于是不得不下令撤军，放弃攻下的诸城，退兵西还。

主力部队撤退了，但是杨坚率领的3万水军怎么办呢？

这时候，虽然杨坚、薛回带来的舟师水军取得了一些胜利，但是，要继续东进，独立跟北齐大军作战是肯定不行的。所以，水师也得撤退，那杨坚是如何下令撤退的呢？

当时出征，从西向东，从渭水进入黄河，顺流东下，势如破竹。但现在要想原路返回并不容易，要逆流而上，正所谓"逆水行舟，不进则退"，战船行进会很慢，如果被北齐的兵马从岸边追上堵截，或是被水师追上来放箭，可就陷入危险的境地了。

杨坚思来想去，觉得走陆地行军更稳妥。当年刘备夷陵之战大败时撤军，也是丢船而走陆地，避免了全军覆灭的危险。所以，杨坚下令登岸，烧毁战船，从陆路撤军，顺利回到关中。

虽然这次讨伐北齐失利，但是，杨坚第一次上战场，带军打仗的整体表现还是合格的，尤其是在战局不利的局面下，他能够分析战场的风险，审时度势，果断做出决定，烧船登岸，全身而退，这是很难得的统率能力。

北周第一次北伐，战略方向有一些失误，在出兵之前，北周大臣鲍宏等人认为洛阳深处北齐要地有重兵把守，不易攻取。而且洛阳的地形，容易四面受敌，即使北周军队攻下来，也不便长期防守。如果从平阳、晋阳一带进军，逐步蚕食北齐边镇，更容易成功。但周武帝没有理睬，坚持率大军进攻洛阳，结果攻城遇到困难，久攻不下，被迫撤军。

第一次伐齐无功而返，但并没有影响周武帝继续灭齐的决心。他看出了北齐局面混乱，军事力量薄弱，从而积极筹划，准备第二次伐齐。

建德五年（576）十月，周武帝又率领15万大军出征了。这15万大军分为三路：

宇文俭、丘崇、窦恭三人担任左三军总管。

宇文盛、杨坚、宇文亮担任右三军总管。

宇文宪、宇文纯为先锋军总管。

正是因为第一次带兵出征表现不错，杨坚这一次地位提升了，不再率领偏师，而是指挥主力军，右路第三军总管之职便由杨坚担任。

这一次伐齐，周武帝虚心接受教训，听从了谋臣的建议，没有再次进攻洛阳，跟北齐重兵在那死磕。周武帝选择往北进军，主力军扑向北齐军事重镇平阳，于是便有了北周伐齐的"平阳之战"。

平阳郡从属于晋州，南北朝史学家魏收《魏书》中记载："北魏真君四年，置东雍州。太和十八年罢。孝昌中置唐州，建义初改晋州。"此后，北齐、北周仍称之为晋州。

周武帝宇文邕赶到晋州城下督战，大军围困之下，北齐行台左丞侯子钦出城投降，归顺了北周。而北齐晋州刺史崔景嵩本来肩负防守北城之职，见无后援，也请降于北周。宇文邕命令王轨带人到城下应之。王轨遣部将段文振率数十人为先锋，在崔景嵩接应下，首先登城，控制了城门和城头，俘虏士卒8000人。至此，北齐军队无法抵御，四处溃散，北周大军顺利占领晋州。

周武帝攻打晋州的时候，北齐后主高纬正带着宠妃冯小怜和后宫佳丽在天池（今山西宁武县管涔山）打猎，两地相距不太远，军情告急，不断有告急文书送过来，但是，高纬一点不着急。

> 周师之取平阳，帝猎于三堆，晋州亟告急，帝将还，淑妃请
> 更杀一围，帝从其言。
>
> ——《北史·后妃传》

刚开始告急书信送来，被北齐的右丞相高阿那肱扣下，不想让这些战争之事扰了皇帝的雅兴，反正北周伐齐也不是一天两天了，去年还兴师动众打了几个月，最后还是无功而返，自行撤军了。

但是，到了黄昏时，晋州快要失陷的消息传来，右丞相高阿那肱才感到大事不妙，大祸临头了。他赶紧去面见北齐皇帝高纬，禀告了紧急战况。高纬听了军情之后也着急了，想要亲自率军前去驰援，挽救晋州。

但淑妃冯小怜当时玩兴正浓，请求高纬"更杀一围"，就是再打一圈的意思。高纬一听爱妃有要求，那必须得满足，于是他把前线战事危急的

事情抛之脑后，继续陪着冯淑妃打猎，简直无比荒唐。

终于打完猎，北齐皇帝高纬带着冯淑妃回到晋阳，立即调动 10 万鲜卑精锐兵马，宣布御驾亲征，誓要夺回晋州。这一下皇帝亲征，极大鼓舞了士气，北齐援军锐气正盛，来势汹汹。周武帝见状，觉得不好对付，应该避其锋芒。于是，周武帝下令撤军。

很快，10 万齐军围困晋州，城内只有梁士彦率领的 1 万守军，数量对比悬殊！

但守城的周军异常骁勇，抱着必死之心，誓死抵抗，反而挡住了 10 万齐军的进攻，一时间血流成河，厮杀惨烈，却没有攻破晋州！

尤其是守将梁士彦身先士卒，指挥守城士兵浴血奋战，绝不退缩，打退了齐军多次进攻。齐军见守城将士上下一心，视死如归，知道这样硬取不行，伤亡太大，便暂停进攻，打算休整几天，重新拟定攻城战略。

城内的梁士彦带着士兵抓紧时间修缮防御工事，城里士兵军民纷纷帮忙，连梁士彦的家人也参与修城，短短几天时间，城池再次牢固了。

这时候的齐军改变了战术，不再强攻了，开始挖掘地道，打算智取。齐军一直挖到城墙脚下，结果破坏了城墙根基，使得城墙倒塌出现豁口，于是城外的齐军便趁机杀入，情况对城内守军而言，已经是千钧一发了，随时都有可能城破。

就在这时，北周皇帝高纬却下令停止进攻，原因是这个破城的关键时刻，怎么能不让自己的爱妃冯小怜看到呢？那也太遗憾了。所以，高纬下令按兵不动，然后派人去军营内接冯淑妃过来。冯小怜得知消息之后，也觉得破城之事很有趣，所以立即梳妆打扮起来。等她赶来城下时，城墙豁口已经被守军从里面堵得很严实，无法再攻入了，齐军就这样戏剧性地错失了破城的绝佳机会。

一个月之后，齐军还没有攻破城池，却已经伤亡巨大。而周武帝回到长安后，立即征调七八万关内的精锐部队，向前线发兵，与先前撤退到周齐边界线的主力军会合，然后扑向了晋州城。北周援军即将赶来的消息传开，晋州守城的将士顿时士气高涨。

周武帝亲自率领大军到前线增援，与敌军隔着一道壕沟摆开阵势，准备对决生死。为了鼓舞士气，周武帝骑着战马从军列中策马穿行，在每一个阵前，对着将领、都尉等高呼他们的名字，鼓励他们率部英勇杀敌。

好多北周将领没想到堂堂皇帝还能记住他们作战将领的名字，顿时被感动得热泪盈眶，士气高涨。此时，摆在他们面前的还有一道难题，就是两军阵前有一道壕沟，好几米深，宽也有十几米，战马无法跨越，如果强攻的话，需要使用木板和云梯搭在上面，肯定会出现巨大伤亡，对冲锋不利。

但在周武帝犯难时，对面的北齐皇帝高纬却下令，要填平这道壕沟，因为他觉得守着壕沟，明显示弱，体现不出北齐军士的能力。就这样，北周军队按兵不动，看着北齐兵马填平壕沟之后，发起了冲锋。

两军交战起来，可谓针锋相对，旗鼓相当，刚开始谁也没有占到便宜。毕竟北齐、北周都是处于北方的军队，人高马大，将士悍勇，骑兵精良，都不是吃素的。这个时候，北齐皇帝高纬和冯小怜就在后方马背上观战。

本来双方厮杀正激烈，北齐军队也没有溃败，只是一侧的兵力稍微退了一点，在战场上这属于常事。但冯小怜哪懂得这些，一看齐军后退，就害怕了，担心兵败被杀，直接大喊大叫："军队要不行了，陛下咱们赶快跑吧。"

高纬本来是个软弱之人，又宠爱冯淑妃，听她这样一喊，信以为真，立即掉头就逃了。他和冯淑妃在亲卫军的护送下先跑了，军心顿时大乱，前方的将士一看后方阵列撤退，也没有心思再打仗了。因此，前线立即开始溃败，不但没有夺回平阳，连晋阳也丢下不管了。

唐朝的诗人李商隐曾用诗文描写过这段历史：

一笑倾城国便亡，何劳荆棘始堪伤。

小怜玉体横陈夜，已报周师入晋阳。

本来齐军是有希望夺回平阳、阻击北周军队的，但因为冯小怜的存在，影响了昏君高纬，使得北齐一方溃不成军，几乎改写了北齐的国运。晋阳丢了，高纬带着冯淑妃去了邺城（今河北临漳），这里当时是北齐的都城。这里屯驻 10 万兵马，如果指挥得当，还是能固守一段时间的。

守城大将斛律孝卿向北齐皇帝高纬谏言，希望皇帝可以做战前动员讲话，鼓舞一下士气，为此他还亲自写了一篇演讲稿。但高纬这个人，因为少年时被父亲打多了，性格孤僻又懦弱，特别是在人多的场合，说话会十分紧张，面对 10 万将士的注视，他瞬间忘词了，愣在那里不知所措，最后更是大笑起来。

这一下可让守军将士们心寒了，心想国将不国了，他们的皇帝竟然没有任何的反省，还在这儿大笑呢！我们这些做士兵的，何必为这样的皇帝卖命？于是，军心不稳，将士们态度消极。

邺城被北周军队兵临城下，日夜猛攻，危在旦夕。此时高纬也绝望了，似乎不想做一位亡国之君，于是把皇位传给年仅 8 岁的太子，他反而当了太上皇，以此逃避责任。传位大典刚结束，高纬出于畏惧，干脆带着冯小怜和小皇帝，连夜出逃，打算去投奔陈朝保命。

消息传开之后，周武帝立即派人去追击拦截，终于在青州一带堵住了高纬等人，押送长安。宇文邕没有可怜这个齐国的亡国皇帝，在长安城宣判了高纬数条罪名之后，直接将其处死。而有倾城之姿的冯小怜，被赐给了代王宇文达做妾。据说宇文达对冯小怜相当宠爱。宇文达死后，冯小怜又被赐给宇文达妃子李氏的哥哥李询。因冯小怜曾中伤李氏，被李询的母亲逼迫自尽。

北齐皇帝高纬，终究因为他的昏聩无能，亲手葬送了北齐的江山。北周消灭北齐、统一中原属于中国历史上的一件大事。从此，北齐疆域内的50 州 162 个郡 330 多万户人口从此归入北周。北朝东、西两地政权再度合而为一，北周的实力也因此变强，下一步，就是统一南朝了。

杨坚作为右路第三军的统帅，史书并没有记载他在这次讨伐北齐的过程中的功绩。但是，在消灭北齐残余势力方面，杨坚倒是做出非常突出的贡献。

这些残余势力，就是北齐的藩王势力。虽然北齐皇帝高纬和大臣们被俘虏了，但是，拥兵地方的北齐宗室藩王还没有投降，他们继续跟北周抗衡。最有实力的当数任城王高湝，他是高欢的儿子，北齐后主高纬的叔叔。

北齐灭亡的时候，高湝正担任瀛洲刺史，听到都城陷落，满朝文武大臣被北周军队俘虏，连皇帝高纬也在逃亡中被抓的消息，他悲痛无比。国难当头，高湝主动站出来，在冀州招兵买马，拉起队伍要跟北周抗衡到底。

高湝在冀州开仓放粮，招募勇士，不惜重金，很快就召集、整编了 4 万多兵马，声势浩大，影响北齐地方的稳定。周武帝得到消息后，派出齐王宇文宪和杨坚率领主力部队，出兵讨伐。

这一次，杨坚发挥得很好，一路进攻势如破竹，很快就击垮了高湝的兵马。究其原因，是杨坚率领的是北周的精锐主力部队，而高湝招募的士兵都是临时队伍，双方实力相差悬殊，北周的兵力更具优势。

杨坚在这场战役中是作为齐王宇文宪的搭档和副手，虽然不是主将，但周武帝这次派弟弟宇文宪和亲家一起讨伐北齐的残余势力，也说明周武帝对杨坚的看重。

消灭高湝后，杨坚被周武帝任命为定州总管，定州在当时属于军事要地，能在定州做总管，属于实权在握。杨坚十分高兴，立即走马上任。但杨坚来到定州后，一场危机悄然来临。

四、伴君如伴虎

北周建德六年（577），周武帝宇文邕任命杨坚为定州总管，进位柱国。杨坚的身份一下子变得尊贵无比。因为定州总管算是封疆大吏，而柱国则是国家最高级别的军事统帅，杨坚身兼这两大身份，可见周武帝对他的信任和重用。

于是杨坚走马上任，到了地方手握大权，心情愉快。这时候杨坚看到定州西门一直关闭，就命人打开，便于城内外百姓出行。但是，定州西门封闭已久，从北齐开国皇帝高洋当政的时候，就一直关闭，当时高洋说过一句奇怪的话："此门当有圣人来启之！"意思是今后会有一个圣人，过来打开这扇城门。结果，这句谶语此时再次被人提起，一时间传得沸沸扬扬，觉得杨坚就是高洋昔日说的圣人。

"圣人"一词，在当时也代指皇帝。于是，定州的百姓开始谣传，杨坚很可能以后会当皇帝。这个谣言很快传入北周宫中，周武帝听完之后，顿时心中很不舒服。因为这几年，关于杨坚相貌贵不可言的说法一直存在，周武帝还曾派相师来和偷偷观察过杨坚，暗中看杨坚面相。那一次来和虽看出杨坚的不凡，却没有如实禀告，只是回答说杨坚只是个守节的臣子，能镇守一方，做一个出色的将领，但做不了帝王。

> 隋公止是守节人，可镇一方。若为将领，阵无不破。
>
> ——《隋书》

由于来和也算是当时北周国内顶级的相面专家，周武帝听他这么一说，便放下疑虑，没有再继续追究，依然重用、信赖杨坚，还派杨坚参加两次讨伐北齐的战争。但此时定州再次出现此类传言，让周武帝又开始怀疑起来。

乱世之中，篡权的人太多了，周武帝不得不重视，毕竟他父亲宇文泰就是权臣，把持西魏政权，后来宇文护又控制了北周的政权，这些事周武帝宇文邕历历在目，他不相信权贵们有绝对的忠诚。防患于未然，才是皇帝应该做的事。

毕竟现在的杨坚，位高权重，又是皇亲国戚，手握兵马大权，担任定州总管，一旦有异心，的确相当危险。但是如何处置，直接处死吗？还不到那个程度。而且周武帝是很睿智的人，刚平定北齐，他感觉自己威震天下，声望大涨，不信杨坚能够有机会兴风作浪。

不过，这件事也不能放任不管，所以，周武帝便发了一道旨意，把杨坚调离了定州，委派他去南充州（今安徽亳州）继续做总管，属于平级调动。但南充州的重要性远不及北方的定州，杨坚到南充州，很难翻起大风浪，这样安排能让周武帝安心。

但杨坚郁闷了，自己过去被宇文护压制，整天提心吊胆的，备受排挤，数次差点儿被宇文护害死。现在他好不容易有了用武之地，在带兵征讨北齐时也立下战功，总算是有出头之日，权势日增了，却又被皇帝忌惮、猜忌，这让杨坚很不爽。

杨坚即便不爽，现在还无法跟周武帝掰手腕，只能听之任之。临行前，他的好朋友常山太守庞晃从毗邻的州城赶过来给杨坚送行。两人喝多之后，言语间便开始无所顾忌。

庞晃说："现在我们手里掌控了地方的精兵，粮草充足，要是聚众反叛，早点动手，或许可以成就宏图霸业！"

杨坚沉吟片刻，他虽然有了野心，但想到周武帝宇文邕的睿智、冷静、手腕、威望这些因素，杨坚还是觉得把握不大。

"现在还不是时候，时机未到，我们当从长计议。"杨坚说得很谨慎，不是没有这个想法，而是他评估自己的实力跟周武帝实力的差距之后，觉得把握不大。

所以，杨坚打算蛰伏下来，继续养精蓄锐，等待机会。

两个人的对话内容也被《隋书》记载下来。

> 武帝时，晃为常山太守，高祖为定州总管，屡相往来。俄而高祖转亳州总管，将行，意甚不悦。晃因白高祖曰："燕、代精兵之处，今若动众，天下不足图也。"高祖握晃手曰："时未可也。"
>
> ——《隋书·庞晃传》

杨坚和庞晃一夜饮酒叙话之后，于次日分别，杨坚带着自己的亲兵，心事重重地赶往南充州赴任。面对时不我待的局面，杨坚选择暂时隐忍。不得不说，杨坚这个决定是成熟且睿智的，没有在自己能力不足的时候选择硬刚北周朝廷和周武帝。

那后来杨坚等待的时机会来临吗？

第三章

翁婿斗法，杨坚辅政

一、权力是个好东西

杨坚心情郁闷又满腹心事地来到南充州上任，担任总管，依然是一方封疆大吏，但是这里的地理位置并不重要，兵马也不多，明显是被周武帝打压了。

从这件事上，杨坚看出了周武帝并不信任自己，已经开始猜忌怀疑他，这让杨坚感觉到世态炎凉，满心都是伴君如伴虎的无奈。此时杨坚已经 38 岁，逐步步入中年，对权力的渴望与日俱增，忽然被皇帝打压，心有不甘，却也无可奈何，毕竟以他现在的实力和权势，还无法跟周武帝抗衡。

杨坚在南充州郁闷地待了一个月，忽然从北周京城传来一个消息，让他惊喜交加，那就是北周皇帝宇文邕，在如日中天的时候，竟忽然驾崩了。

这又是什么原因呢？

当时周武帝 36 岁，正是年富力强的时候，灭掉北齐之后，激发了他统一天下的雄心壮志。这时，北方的突厥势力扩大，不断侵扰北周、北齐的边境，这让周武帝很恼怒。他认为要统一南北的前提是得把突厥给收拾了。否则，每次北周大军出征在外，北方的突厥骑兵时常南下对北朝进行侵扰，带来祸乱。

于是，宣政元年（578）五月，周武帝率五路大军讨伐突厥。但是，大军刚抵达突厥边境，周武帝就在亲征的途中病倒了。同年六月，宇文邕病情加重，无法继续进军，于是退兵返回长安。在抵达长安的当天夜间就驾崩了，留下遗诏让长子皇太子宇文赟继位。

宇文邕死后的谥号为武皇帝，庙号高祖，于六月葬于孝陵。

本该成为一代明君、建立伟业的周武帝宇文邕，就这样病逝了。

北周举国同悲，京城的老百姓都感到痛心和惋惜，只有杨坚得到消息后，惊喜莫名。因为杨坚在南充州上任做总管之后，几乎就要困在这里。宇文邕带兵讨伐突厥，并没有把他召回，这说明宇文邕已经不像以前那么信任他了，也不打算让杨坚继续带兵打仗，累计军功，积累威望。

所以，杨坚在这里唉声叹气一个多月，对自己的仕途前景并不乐观。

杨坚觉得自己在能力和智力上，没有宇文邕那么雄才大略。在年龄上，他比宇文邕还大两岁，可能比宇文邕要先老。在地位和声望上，杨坚当时更无法跟宇文邕相比。可见，从以上三个方面分析，杨坚自己也觉得，逼迫宇文邕让位给他，一点也不现实。

但是现在，如日中天的周武帝宇文邕，竟然出师未捷身先死，返回京城就驾崩了，这将会给杨坚创造把持朝政、争夺权势的机会。

"哈哈，真是天助我也！"

杨坚心里太高兴了，压在他头上的大山终于倒塌。宇文邕死了，即位的人是太子宇文赟，也就是史书中的周宣帝。他娶了杨坚的女儿杨丽华，按辈分是杨坚的女婿。

杨坚的身份地位水涨船高，不仅仅是皇亲国戚，更是新君的国丈了。这一年，宇文赟才刚满 20 岁，身为太子时他被周武帝严格管教，早就心怀怨恨。如今周武帝驾崩，他突然做了皇帝，一下子变得猖狂起来。

古代讲究孝道，尤其是皇室更要做出表率。可周武帝刚入殓，棺木还摆在宫中，尚未下葬，宇文赟不但不悲伤，反而指着棺材大骂："这老东西，终于死了，我再也不用受气了，要是早死几年更好！"

宇文赟骂完之后，脱掉了守孝的衣服，直接兴高采烈去后宫，挑选他父皇留下的妃子去了。只要是年轻貌美的、能被他看上的，全部被纳入他的后宫。

这个宇文赟在即位之后，血气方刚，每天沉湎酒色，他亲自下诏，规定仪同以上官员家的女子不许嫁人，他要先挑选一轮将喜欢的纳入宫中后，再允许其余女子出嫁。

大尊初临四海，德惠未洽，先搜天下美女，用实后宫；又诏仪同以上女，不许辄嫁。

——《周书·乐运传》

如此荒唐的宇文赟在册封皇后的时候，也是别出心裁，同时册封了五位皇后，此举一度打破了前赵皇帝刘聪"三后并立"的历史纪录。其中一位皇后，按辈分还是他的侄媳妇，被他一道旨意硬夺了过来。

皇帝这般倒行逆施、违背人伦，自然引起许多大臣纷纷上书谏言，搬出儒家的经典理论来教育、开导他。但宇文赟毫不在乎，反正他觉得自己是皇帝，北朝上下数他身份最尊贵，没必要听任何人的话。

宇文赟依旧我行我素，经常荒废朝政，深居后宫，任用宦官作威作福。他下令重修宫殿，大兴土木，穷奢极欲。同时，宇文赟这个人喜怒无常，滥施刑罚，大臣上书写了错字这样的小事儿，也要治罪严惩，鞭杖痛打，完全一副暴君的形象。

都说虎父无犬子，但很难想象，周武帝宇文邕那样的英明神武、雄才大略，他培养出来的太子，竟然如此荒唐，这或许跟周武帝棍棒教育有关，宇文赟小时候遭鞭打太多，导致了他的叛逆性格。宇文赟当上皇帝后，几乎凡事都跟他老子的做法和政策对着干。以前他老爹提倡的，他就禁止；以前他老爹厌恶的，他偏要喜欢，叛逆到极点。

他深知周武帝要统一天下，做个好皇帝、英明君主。宇文赟却反其道而行之，不理朝政、胸无大志，只钟爱酒色，吃喝玩乐，做个昏君也无所谓。

此时，以前围绕在宇文赟身边的那些太子府亲信，也都跟着飞黄腾达。比如有个叫郑译的人，被周宣帝宇文赟直接跨级提拔，从一个吏部小官直接成为开府仪同三司、内史下大夫，还被封为归昌县公，食邑1000户，成了周宣帝面前的红人。

正所谓"一朝天子一朝臣"，宇文赟刚登极，需要拉拢自己的亲信，把他们安插入朝廷重要部门，充当自己的耳目，便于自己把持朝政。而他昔日的这些亲信官吏，在朝廷里既无根基，又无背景，只能唯皇帝马首是瞻，全心全意拥戴他。

光安插亲信还不行，宇文赟虽然荒唐，但并不愚蠢。他也明白权臣对皇权的威胁，毕竟小时候族叔宇文护对他父亲的压制，他可都是看在眼里，明白于心。于是，为了让自己能够稳坐皇位，他要收拾一些跟自己对着干、处处掣肘他的人。

宇文赟先对德高望重的皇叔齐王宇文宪开刀。宇文宪是宇文泰的第五子，与周武帝宇文邕是同父异母。论辈分的话，他是宇文赟的皇叔。宇文宪从小聪慧，少年时与宇文邕一起学习诵读《论语》《春秋》等，他往往能快速领悟要点，得其精髓，对答如流，深得宇文泰赏识。

长大后，宇文宪文武双全，堪比北齐的兰陵王高长恭。他为北周皇族带兵打仗南征北战，平定过宇文直叛乱，在灭齐之战中也是战功赫赫，成为最关键的带军人物！不过，由于宇文宪自知他跟宇文护以前交往过密，再加上现在功高震主，担心自己不得善终，于是在灭齐之后，宇文宪打算主动退隐，以身体患病为借口，提出交出兵权，不再参与国家大事。宇文邕知道宇文宪的真实想法后，也欣然答应了他的要求。

本来，宇文宪这样的做法是可以保命的，奈何胸襟气量足够大的周武帝英年早逝，昏庸残暴的周宣帝宇文赟登极了。他并不管宇文宪想不想退隐，反正宇文赟觉得，宇文宪是个大威胁。如果哪天自己胡作非为招惹众怒，他担心会有许多大臣和皇室宗族抬出宇文宪来压制他，毕竟宇文宪的威望太高了。

于是，宣政元年（578）六月，周宣帝宇文赟就让亲信郑译、于智等人，图谋扳倒齐王宇文宪，伪造宇文宪谋反的证据，把宇文宪骗入宫内，用这些伪造的谋反证据杀害了皇叔齐王宇文宪。此事发生在周武帝宇文邕下葬后的第五天，可见周宣帝多么迫不及待、荒唐歹毒。

不仅如此，周宣帝还把大将军王兴、豆卢绍、独孤熊等与宇文宪交往密切的人，以谋反之罪处死，十分冷血残忍。

接下来，周宣帝又对辅政大臣王轨下手了。原因是王轨在宇文赟还在做太子的时候，就几次在周武帝面前打太子的小报告。比如公元 576 年，周武帝命太子宇文赟率领大军征讨吐谷浑，这是周武帝想进一步地磨砺锻炼太子宇文赟。但是在进军途中，太子在军中有失德行为，郑译等人都有参与。军队返回后，负责随行监督的王轨便将此事如实告诉了周武帝。周武帝大怒，杖打了太子与郑译等人，使得太子怀恨在心。

后来，王轨曾经与内史贺若弼言及太子才德浅薄，不能肩负国家重任。贺若弼赞同王轨，劝王轨向周武帝陈说。

王轨找到机会入宫对周武帝说："皇太子没有仁孝，德行也浅薄，恐怕承担不了北周的国事，没能力接任您的大统。"

周武帝也知道自己的太子不争气，品行有问题，但奈何次子宇文赞年幼，所以，他也没办法更换太子人选。

王轨的这些谏言，都被宇文赟得知，他早就对王轨怀恨在心了。如今他做了皇帝，正是新仇旧恨一并算。北周大象元年（579），周宣帝令内史杜虔信到徐州诛杀王轨。王轨忠心为国，威望甚高，于国有功，忽然被无罪诛杀，天下人闻讯后，都为他感到悲伤惋惜。

在大象元年（579）五月，周宣帝还下诏勒令赵王宇文招、越王宇文盛、代王宇文达、陈王宇文纯、滕王宇文逌离开长安，到各自的封地，导致宗室势力日渐衰落。

这样一番操作，让朝廷大臣们都看到了周宣帝的冷酷无情，变得噤若寒蝉、谨言慎行了。从此，周宣帝不受任何管控和掣肘，唯我独尊，再也没有人敢吐露真言了。

一直关注朝廷动向的杨坚，看到周宣帝登极之后除掉了不少元老重臣，心中暗喜。因为这些托孤大臣对杨坚疑心最重。比如宇文宪和王轨等一心为国，对北周倾注了心血和感情，跟周武帝宇文邕的感情深厚。所以，他们经常在周武帝面前表示对杨坚的怀疑和忌惮，搞得杨坚被猜忌，不得重用。

现在，元老重臣被周宣帝杀害了，杨坚松了一口气，感觉前途一片光明！

目前朝廷里已经空出了很多位置，周宣帝也需要挑选跟自己关系好、又有威望的人坐到关键位置，帮助自己管理朝政。找来找去，周宣帝选择了杨坚。毕竟杨坚是自己的岳丈，关陇贵族，身份尊贵，还立过战功，在军中也有威望。

于是，周宣帝登极不久，杨坚就被迅速调回京城，连升三级，成为宰相，又被封为上柱国。杨坚摇身一变，顿时从失意的南充州总管，到了权倾朝野、位极人臣的地步。

这还不算，周宣帝刚当政一年，就突发奇想，把皇位禅让给了自己年幼的儿子宇文阐。大成元年（579）二月十九日，宇文阐在邺宫即位，改元大象，时年才7岁，即周静帝。周宣帝当了太上皇，这比皇帝地位还高，而且大权依旧握在他手里，也亏周宣帝这个昏庸皇帝想得出来。

周静帝的生母是天大皇后朱满月，虽然不是杨坚之女杨丽华的亲生儿子，杨丽华毕竟为周宣帝原配皇后，在五个皇后中地位最高。按中国古代的规矩，杨坚也算是小皇帝名义上的外祖父。

随着杨坚地位愈来愈高，威望和权势倍增，他跟女婿宇文赟之间的矛盾也逐渐出现了。

二、翁婿反目暗斗

杨坚在周武帝在位时，内心就有了叛逆想法，经常找人看命，暗示自己贵不可言，日后有机会成为天子，这已经是有不臣之心了。现在周武帝病逝，宇文赟登极做了皇帝，杨坚顿感压力消失，每日看着年轻荒唐的女婿，心中不免产生轻视，更加觊觎天子之位。

周宣帝这个人虽然荒唐暴虐，却并不愚蠢。他在小事上胡作非为，但是在朝廷大事上并不糊涂，不肯把权力下放，周宣帝甚至很忌惮关陇门阀贵族。他看到岳父杨坚的声威日盛，名声显赫，朝堂追随者众多，自然有了警惕之心。

两人逐渐在政策见解、用人方面产生了分歧。于是，二人的争斗便开始了。

当时的法律制度，都是周武帝在位时颁布的，因为依据"乱世用重典"的原则，所以颁布的律法相对严苛一些。但周宣帝上位，要打破父亲推行的重典，有意减轻刑罚。本来他的想法是好的，可以安抚百姓，宽缓刑罚，可是他做事没有章法，反而弄出了闹剧。

周宣帝一句话，直接将北周律法废止，所以以旧律法抓捕的犯人，审判的案件，一律作废。本来新皇帝即位，的确有大赦天下的恩典，但是周宣帝过于盲目，完全不考虑犯人所犯罪名的轻重，一律释放。

一些重刑犯出狱后，继续为非作歹，这对那些被伤害的百姓极为不公，引起了社会动荡。消息传入宫内，周宣帝听到他大赦过后，百姓不但没有感恩，反而使冤情加重，对他产生埋怨。许多被释放的犯人，也没有改过自新，继续在社会上惹是生非，大为恼火。

周宣帝见自己宽恕对待犯人并没有起到好效果，反而惹得一身麻烦，干脆让大臣起草一部新的律法，名叫《刑经圣制》，比原来周武帝推行的律法还要严酷许多。哪怕犯一个小过错，也会被施以重罚。比如宿卫官员一日不到值，就削除官职。逃亡者皆处死，并籍没其家。上朝时礼仪有误，奏章写错字，都会被严以惩处。鞭、杖皆以 120 为度，称为天杖，之后又加为 240，能打得人皮开肉绽，重伤卧床。

这样一来便矫枉过正，上至朝廷官员，下至黎民百姓都怨声载道，十分反感新律法。许多大臣敢怒不敢言，杨坚看到这种情形，仗着自己位高权重向周宣帝进谏，提出"法令滋章，非兴化之道"，意思是律例太多，过于严苛，这不是好事，希望周宣帝改施仁政。

高祖以法令滋章，非兴化之道，切谏，不纳。

高祖位望益隆，帝颇以为忌。

——《隋书·高祖本纪》

但周宣帝性格孤僻，一意孤行惯了，怎么可能听得进劝？所以，他直接驳回杨坚的谏议，没有鞭杖岳丈，算是留情面了。

这件事后，杨坚和周宣帝的对话被传了出去。民间以讹传讹，很快被传成了杨坚为民请命，但周宣帝拒绝纳谏，不顾百姓死活。杨坚的这个行为获得了不少百姓的拥戴以及民间的好评。周宣帝听到如此言论之后，开始疑心重重，觉得杨坚这番操作是在贬低皇帝名声抬高他自己，这是在收买人心啊！

自从这件事后，周宣帝对杨坚格外提防，认为有一个有权势、有地位、有威望，又有好名声的国丈，对他管理朝政而言，绝非是一件好事。从此开始，周宣帝便处处防范杨坚，虽然没有直接对杨坚下手，但是，周宣帝开始疏远正牌皇后杨丽华。

在周宣帝的五个皇后中，除了杨坚的女儿是原配，其他四个皇后，都是以嫔妃身份被提为皇后。自古以来，皇宫就是争宠的地方，周宣帝立了五个皇后，后宫之中的明争暗斗可想而知，想没有风波也难。但是，由于正牌皇后杨丽华与人为善，从不参与争斗，素有贤德之名，致使皇后、嫔妃、宫女们对杨丽华十分尊敬，后宫表面上一团和气，没有出现特别激烈的争斗。

这样和平的局面，本应该值得称赞，但是，周宣帝并不感激她。原因是周宣帝性格孤僻，猜忌多疑，狂躁暴虐，看到杨丽华如此深得民心，让他联想到了杨坚劝谏的事，这不都是在收买人心吗？杨家这是要干什么，难道想要夺权不成？

有一次，周宣帝对杨丽华说道："朕向来喜欢美人，可以令人解忧销魂，奈何民间许多美人都被门阀权贵藏匿府中，朕打算下一道旨意，让这些王公贵族献美人给朕，你觉得如何？"

杨丽华心中知道这样的旨意过于荒谬，不符合一国之君的身份，所以并没有附和，甚至默不作声。

周宣帝怒喝："你敢藐视朕！朕可是天，你这是逆天行为！"

杨丽华闻言，丝毫没有害怕，态度从容，不卑不亢。

这可把周宣帝气到了，他拍案大怒道："朝中多少大臣见到朕，也不敢忤逆和轻视，你仗着是皇后，一介女流，倒敢轻视朕了。若不严惩，以后朕的威严何存？你立即自刎谢罪吧！"

周宣帝说出让杨丽华自刎谢罪这样的狠话，看似很严重，但只是气话，如果杨丽华被吓到了下跪求饶，说点软话，周宣帝可能不会深究。毕竟这只是夫妻之间的对话。但杨丽华没有服软，无动于衷，依然沉默不语，赌气地看着周宣帝，双方就这样僵持下来。周宣帝见自己说的话不好使，顿时感觉受到羞辱，勃然大怒，再次让杨丽华自杀谢罪。

杨丽华没有照做，她很清楚如果自己照办，就真的变成畏罪自杀了，她一死，杨家也会跟着遭殃。只是她性格倔强，认为自己并没有做错事，对于周宣帝的狠话，她既不服软，也不自杀，局面一下子僵住了。

这时候，有宫女出宫去杨府禀告，杨坚听后吓得一哆嗦，这事可大可小，关乎杨家的兴衰存亡。杨坚赶紧让夫人独孤伽罗火速进宫救人。独孤氏进宫之后，见到周宣帝便直接跪地磕头，苦苦哀求，把额头都磕破了，血流不止。

与此同时，皇后、嫔妃、宫女们也都帮着求情，因为她们跟杨丽华关系很好，再加上周宣帝喜怒无常不好伺候，其他皇后也没有落井下石、自己上位的想法，都担心周宣帝哪天不高兴，自己被赐死。

此刻的周宣帝，看到岳母不断道歉，痛哭流涕，脑门磕得头破血流，其他皇后和嫔妃噤若寒蝉，瞬间那种虚荣感就得到了满足，心中的怒气也消了不少。

但周宣帝还是放狠话说："朕今天看在这么多人为你求情的分儿上，饶恕了你的罪过！死罪可免，但是，你别以为这件事就这么完了，以后若还不识时务，朕早晚会诛你九族！"

虽然周宣帝说的是气话，但也反映了他心中的真实想法。在他看来，杨丽华这么倔强地跟他对峙，丝毫不畏惧，也不磕头认错，就是仗着杨坚目前的权势。如果换成普通的皇后和妃子，谁敢不低头服软？

不除掉杨坚，周宣帝始终觉得心中有根刺，让他寝食难安。

几天之后，周宣帝召杨坚入宫，提前在屏风后面安排了刀斧手，等杨坚到来后用言语试探，如果杨坚有反意，或是心虚害怕，他就让刀斧手冲出来，当场砍死杨坚。

这是一次极大的考验，也幸亏杨坚历经了太多官场的凶险，又曾带兵打仗，胆识过人，能做到喜怒不形于色，才得以幸免。杨坚入宫之后，早有心理准备，他知道这次周宣帝找他没安好心，自己有生死劫难。越是如此，杨坚心态越稳。他神情自若，礼仪妥当，对答如流，还不时夸赞周宣帝年轻有为。不论周宣帝说什么，杨坚都装作认为此言有理、颇为受教，没有留下把柄让周宣帝翻脸。

最后，周宣帝虽然恨得牙痒，却始终没有找到动手杀人的借口，最后还是把杨坚放走了。

三、收买皇帝近臣

杨坚这次依靠强大的心理素质，侥幸逃脱了，但是，杨坚出宫的途中，真是越走越害怕，他胆战心惊，手心都是冷汗。他已经看出来，周宣帝对他是真的起了杀心，自己侥幸躲过初一，恐怕难以躲过十五。

他现在对周宣帝也没有任何愚忠想法，他恨不得对方早死了，毕竟这么一个喜怒无常、狂躁凶残的皇帝，让大臣们都感觉到压力巨大，已经有不少人私下找杨坚，表明了支持他做大事的想法。

他回到府中，找来几个谋士说："当今圣上德望不够，沉湎酒色，一副短命之相，在我看来，他命不久矣。如今宗室亲王分散各地，等圣上一死，北周必起灾祸，到时候，我的机会便来了。"

这段对话也被《隋书》记录下来，原文是这样写的：

> 初，上潜龙时，尝从容与庆言及天下事，上谓庆曰："天元实无积德，视其相貌，寿亦不长。加以法令繁苛，耽恣声色，以吾观之，殆将不久。又复诸侯微弱，各令就国，曾无深根固本之计。羽翮既剪，何能及远哉！"

杨坚坚定了自己的人生目标，那就是有朝一日篡权称帝。在他的周围，已经团结了一批鲜卑族官僚和汉族大臣，不少人希望杨坚可以成功夺取北周江山，他们也就立下了从龙之功。

但现在实力还不允许，周宣帝大权在握，并没有昏庸到不理朝政，完全放权。杨坚现在翻脸，发动政变，成功率不高。所以，杨坚跟谋士们思考半天，还是觉得夺权时机不到，需要等待周宣帝亡命时刻的到来。政局有变，才有机可乘。

杨坚最后想通了，既然不能安全待在京师，不如外调到地方，担任一州长官，远离京城这个是非之地。他既可以保全性命，也能在地方壮大队伍，发展党羽。

于是，杨坚悄悄拜访郑译，此人目前是周宣帝的宠臣，同时也是杨坚读太学时的同窗，一直跟杨坚关系不错。杨坚想收买皇帝近臣，替自己说情，把自己外放到地方去做官。

杨坚一看到郑译就吐苦水："郑大人，这次一定要帮我，我想离开京城，去地方任职。"

郑译看了杨坚一眼，问："这是为何？好端端的京城，天子脚下，权力中枢，你却偏偏想要离开京城，去地方做甚？"

杨坚摇头一叹："郑大人有所不知，如今皇上喜怒不定，留在京城伴君如伴虎，杨某每一日都如履薄冰。而且，我找人夜观天象，朝廷不久会有动乱，还是远离这是非之地比较稳妥，来日局势稳定，再回京不晚。"

郑译虽然是周宣帝的宠臣，但是，周宣帝的胡作非为也让郑译感觉到了危机和不安，他觉得皇帝随时都可能发生变故。所以，郑译不想把所有希望都寄托于周宣帝，如果能跟杨坚搞好关系，也算是为自己早早筹谋一条退路。

于是，郑译痛快应承下来，表示如果有机会，他一定会趁机帮忙游说周宣帝。

《资治通鉴·陈纪》中记载郑译是这样回答的："以公德望，天下归心，欲求多福，岂敢忘也？谨即言之。"

这句话的意思是说："以杨公的威望，已经天下归心、世人拥护了。

等有一天您得志的时候，我还指望跟着您飞黄腾达。所以，我怎会不尽心办好此事？请放心吧，我言出必行，一定尽力办妥。"

郑译答应之后，就开始找进谏的时机。刚好周宣帝正在谋划伐陈，郑译打算以此事游说，给杨坚谋取一个外放的机会。

别看周宣帝不务正业，沉迷女色，做事荒唐暴虐，但他心中也憋着劲儿，要从某一方面超过他的老子周武帝。毕竟小时候他挨了很多打，造成了他叛逆的心理，当了皇帝后，周宣帝觉得，自己也能做出丰功伟绩超过父亲。

但周武帝消灭了北齐，统一了北方，这可是大功绩。周宣帝如果要超过这个功绩，那就只有灭掉陈国，统一南北了。

有一日，周宣帝看到郑译入宫，便跟他说自己要伐陈的规划，想让郑译率领大军扫荡南陈，替自己完成这个大功绩！

郑译听后感到压力巨大，他只是文官，怎么可能带兵打仗，平定陈国，统一南北呢？这也太看得起他了，可是臣做不到啊！但是，郑译没有马上拒绝，而是想到了一个人，那就是杨坚。

郑译赶紧回答："陛下，讨伐陈国，兹事体大，不用朝廷有威望的重臣做统帅，难以镇抚各路大军。不如命随公普六茹坚作为统帅，率军出征，兼任寿阳总管，负责指挥前线军事，平定南陈不难实现。"

> 天元将遣译入寇，译请元帅。天元曰："卿意如何？"对曰："若定江东，自非懿戚重臣，无以镇抚。可令随公行，且为寿阳总管以督军事。"天元从之。己丑，以坚为扬州总管，使译发兵会寿阳。
>
> ——《资治通鉴·陈纪》

周宣帝听了郑译的回答之后，觉得这主意不错。他自己看杨坚很不顺眼，将杨坚视为眼中钉、肉中刺，有杀之而后快的心思，只是没有找到合适的理由。刚好利用这次伐陈之机，派杨坚指挥三军作战，为自己效力。如果顺利灭掉陈国，自然是他的丰功伟绩。如果失败了，也能利用作战不利的借口，依军法处置，把杨坚除掉。

这样看来，周宣帝怎么都不吃亏，所以爽快同意让杨坚担任统帅。大象二年（580）五月，周宣帝下旨任命杨坚为扬州总管，担任这次伐陈的总指挥，发兵南下，讨伐陈国。

杨坚接到这道旨意后，顿时轻松不少，有了这个任务，他暂时就没有危险了，至少周宣帝不会在近期内对杨家不利。但想到离开京城这个权力旋涡，放下手中权力，南下讨伐陈国胜负难料，前途迷茫，也让杨坚有些郁闷。

杨坚心事重重来到法门寺，打算上香请求神佛保佑，可以顺风顺水，渡过难关，早日实现心中宏愿。

上香礼佛过后，杨坚走出法门寺，迎面刚好见到了来和，两人关系不错，见面之后，杨坚向他辞行，并说出自己去扬州担任总管，要率军讨伐陈国之事。

来和闻言后，微笑道："将军觉得真的能够平定南陈吗？我观测陈国气运还有 10 年，你此行不会有好结果。"

杨坚闻言蹙眉，如果陈国还有 10 年的气运，那岂不是说，自己这次带兵去攻打陈国注定徒劳无功了？若是这次带兵伐陈失败，杨坚可以想象得到，自己回京之日，便是周宣帝向他挥刀之时。

来和看出了杨坚的顾虑，继续劝说："将军切不可远行，这次伐陈，很可能进行不了。"

杨坚叹息说："陛下的旨意都下达了，我岂能抗旨不遵？那是杀头之罪。"

来和摇头说："此言差矣。请听贫道肺腑一言。"

杨坚见来和要跟他说重要的话，立即拉住他的手，说："咱们到一旁无人处细说。"

两人到了一个僻静的禅房，左右无人，来和直说道："前几日贫道入宫，见了陛下，陛下相貌诡奇，印堂发黑，恐寿命不长，而且就在这个月，很可能就会归天。这天元皇帝德不配位，杀戮忠良，民怨沸腾，已经影响了北周气运，将军是圣人之相，贵不可言，当早做准备。"

杨坚听到这一番话，心中激动万分。这些年，他跟相师打交道多了，对此深信不疑。既然来和这样说，杨坚已经信了七分，但是，如何能够抗命不立即出征呢？

"既然如此，我要好好思考一番，既不惹怒陛下，又能明哲保身，暂缓出征。"

来和点头说："办法总是有的，你可以装病，拖上一段时间。"

杨坚跟来和作别后，回到府中，心中有所踌躇。他现在担心自己走后，远离了京城，一旦周宣帝忽然驾崩，七八岁的小皇帝周静帝无法控制局面，那时候，政局不稳，任何情况都有可能发生。

毕竟在这个动荡的乱世，门阀权贵对皇室都没有绝对的臣服之心，忠诚被打了折扣，若是有机会，难免有人会铤而走险，把持朝政，成为权臣。

杨坚不想错过这个好机会，所以，他在五月四日接到命令后，并没有马上出发，而是假装身体抱恙，称足疾复发，先在府内休息一段时间，放缓了出征的进度。杨坚是打算能拖一日是一日，等待宫内消息，这样也能多做一些准备。

四、矫诏辅政

杨坚得到出征的诏书之后，并没有着急出发，而是磨磨蹭蹭，找了个足疾的理由，卧病在家。有大臣过去探望，杨坚也是一口咬定，是由于身体原因，所以才没有立即前往扬州赴任。

所有人都没有多想，毕竟只是耽搁几天而已，都觉得杨坚肯定是真的旧疾复发，连一向多疑善变的周宣帝，都没有察觉这是杨坚的计策。

几天过去了，大象二年（580）五月九日夜里，周宣帝忽然来了兴致，要连夜去往天兴宫游玩。本来皇帝出行都要提前规划，没有说走就走的道理，更何况大半夜的，出宫出城都不方便。

但周宣帝狂躁暴虐，没有人敢劝谏，他说什么就是什么，身边的皇后、妃子、太监、侍卫、亲信官员都随行，生怕慢了就会挨周宣帝的鞭杖。

也许是夜晚染了风寒，或者是其他突发疾病，刚出去一天一夜，周宣帝就生病了，病势还很严重。周围的人一看皇帝病危，都感到了害怕，因为一旦皇帝死在外面，随行人员都会担负罪名。而且皇帝驾崩于外，身边没有辅政大臣、威望重臣的话，传位诏书和继承人选择的事情将会相当麻烦，关乎国家的安稳。

所以，随行人员火速将病危的周宣帝送回了皇宫，急召御医入宫诊治，但御医诊断之后也束手无策。周宣帝弥留之际，天元大皇后杨丽华赶紧派人传召御正大夫刘昉和颜之仪进入皇帝的寝宫，接受遗诏。

由于公元 579 年，周宣帝已经把皇位传给了 7 岁的儿子宇文阐，他做了太上皇。所以，此时并不是要交代继承人是谁的问题，而是要确立辅政大臣。因为刚满 8 岁的小皇帝宇文阐尚且年幼，根本无法自己处理朝政。北周朝廷肯定需要几位辅政大臣来辅佐宇文阐治理国家，稳定朝堂局势。等小皇帝长大了，再逐渐收回辅政之权。

到底需要哪几位大臣来辅佐幼主呢？根据《隋书》记载，这时候，周宣帝已经"喑不复能言"，根本说不出话来了。所以，负责草诏的两个大臣刘昉和颜之仪很关键。可以说，二人大权在握，他们起草谁那就是谁，毕竟周宣帝不能言语，现在全凭他二人来商定人选了。

> 昉见静帝幼冲，不堪负荷。然昉素知高祖，又以后父之故，
> 有重名于天下，遂与郑译谋，引高祖辅政。
>
> ——《隋书·刘昉传》

根据史料记载，我们可以看出，在这件事上，御正大夫刘昉起了主导作用。

刘昉找到内史上大夫郑译商量，现在皇帝这个状况，肯定是活不了了，口不能言，周围也没有其他大臣，不如咱们替他起草一份遗诏吧，推选杨坚，就说他众望所归，陛下让他来辅政！

从这里可以看出，刘昉、郑译等人，还真不是"忠贞死节"之臣，而是出于自己的现实利益和政治考量，根本不在乎周宣帝一脉的皇权是否会被外人把控和篡夺。尽管二人是凭借在东宫做官侍奉过宇文赟，当上了御正、内史等，成为周宣帝亲信宠臣。这样的人，没有政治背景和资本，他们的权力和身份完全来自皇帝的任命，皇帝一句话就可以让他们飞黄腾达，所以，他们对周宣帝言听计从，格外讨好。

现在周宣帝驾崩，小皇帝周静帝只有 8 岁，正是主少国疑、政局不稳之时。刘昉等人深知"一朝天子一朝臣"的道理，由于他们的政治资本太少，今后在辅助少主皇帝成长过程中，很容易卷入朝廷争斗被轻易击垮。所以，他们想着必须找一个有权势、有威望之人和他们一起做辅政大臣，这样才能稳定局面；而这个人又跟他们关系深厚，他们最后不至于被抛弃、被斗垮，成为政治斗争的牺牲品。

所以，刘昉与郑译商议过后，觉得杨坚这个人最适合，满足了他们选政治盟友的条件。此外，一般情况下辅政大臣中掌握实权者，必须得是宗室，虽然杨坚是国丈，但并非宗室，按理说杨坚不符合条件。刘昉等人觉得如果强行扶杨坚上位做了辅政大臣，这是对杨坚有大恩，杨坚必然会心

存感激，这为他们以后获取政治资源有好处。

就这样，刘昉与郑译商量好之后，就假托宣帝旨意，传杨坚入宫侍疾。

杨坚此时正在府中假装养病，忽然听到周宣帝传他入宫，顿时大惊失色。他还不知道周宣帝已经快咽气了，还以为周宣帝只是普通的风寒。他心想周宣帝身体不舒服，很容易情绪暴躁，而自己最近在家装病，没有按旨意立即出征，这次传召自己入宫，周宣帝会不会一怒之下，砍了自己的脑袋？

想到这些可能性，杨坚浑身都是冷汗，心中有些害怕。杨坚在京城虽然有些威望，但是，并没有兵权在手。即便他明知道此时入宫危机四伏，但苦于没有兵马在手，不能不去。

杨坚苦叹一声，离开府邸，提心吊胆入了皇宫。他入宫后没有见到皇帝，倒是在侧殿先见到了刘昉和郑译。二人没有绕弯子，见面后直接就跟他摊牌了，毕竟形势危急，容不得耽搁，免得走漏风声。

刘昉先开口："隋国公，太上皇病危，口不能言，一直处于昏迷状态，马上就要不行了，也没有留下什么安排，我们作为陛下身边的拟诏侍臣，打算替他起草一份诏书，让你来当小皇帝的辅政大臣，不知你意下如何？"

杨坚听完，内心惊骇，这消息也太劲爆了吧。原本杨坚还担心自己是否会被周宣帝害死，整个杨家是否会被殃及，满门抄斩，自己一路心神不宁，现在刘昉和郑译带来的这个消息，简直让他的心情来了一个一百八十度大转折，那可是辅政大臣，一人之下万人之上。

但是，杨坚不敢接受，因为他不知道刘昉、郑译是不是周宣帝安排来试探他忠心的。万一他一答应，周宣帝和一群刀斧手就出现，把他砍成肉酱呢。

为稳妥起见，杨坚一口回绝了："不可！我杨坚何德何能，可以担任辅政大臣呢？再说，没有见到天元陛下，没有他亲口下旨，我杨坚万不敢接受。"

据《资治通鉴》记载，杨坚"固辞，不敢当"。

这并不是杨坚装样子，来个"三让而后受之"的礼节，这时候的杨坚，不了解真实局势是什么样的，担心自己被试探，所以，装作对周宣帝忠心耿耿、绝无二心的样子。

因为杨坚很难相信，前几天见面时还好端端、年纪轻轻的周宣帝怎么忽然就得病要不行了？说书人编故事也不敢这么编吧！

杨坚可是老成持重之人，在不清楚具体情况前，他打算明哲保身，先推辞一下，观察情况后再说。

但御正下大夫刘昉、内史上大夫郑译并不清楚杨坚的顾虑和真实想法，见他这样果断推辞，还以为杨坚真不想干。这让二人骑虎难下，毕竟二人现在可是假传圣旨。本以为此事会让杨坚感激涕零，没想到碰一鼻子灰。

这时，刘昉着急了，他对杨坚说道："你要干就赶紧干，你不干的话，我就自己干了，反正过了这村儿可就没这店儿了，到时候别后悔。"

《资治通鉴》中记载，刘昉曰："公若为，速为之；不为，昉自为也。"

当时杨坚听他这样诚恳，开始信了七成，去周宣帝寝宫见到了那个不可一世的宇文赟已经奄奄一息后，终于放下心来，决定自己来做辅政大臣。

很快周宣帝就驾崩了，自始至终没有睁开眼再看杨坚一眼。杨坚如释重负，因为刘昉、郑译的帮助，他被拟定为辅政大臣。

不过，同受周宣帝遗命的颜之仪发现诏书是假的，顿时发火，拒不签字。这颜之仪是大学者颜之推的亲弟弟，学识很渊博，而且深受儒家忠君思想的影响。当周宣帝还是太子时，颜之仪就在周宣帝宇文赟的东宫当差，尽管宇文赟性格叛逆，但小时候他对大儒还是很尊敬的，颜之仪给宇文赟讲过不少诗词歌赋和文章典籍，备受宇文赟的欣赏。

后来宇文赟当了皇帝，提拔了颜之仪，把他当成了心腹大臣，让他担任御正大夫，专门负责草拟诏书。所以，在周宣帝弥留之际，颜之仪和刘昉一起进入周宣帝的卧室，听从皇帝最后的遗命。

但很明显周宣帝不能开口，颜之仪根本没有听到周宣帝留下任何遗命，结果刘昉从外面进来，手里多了一份起草好的遗诏，写着让杨坚辅政，总知内外兵马事，这肯定是假遗诏，是无中生有、欺君罔上的行为！

刘昉让颜之仪别多问，直接署名就行，但颜之仪不干了，直接发火，对着刘昉怒喝道：

> 主上升遐，嗣子冲幼，阿衡之任，宜在宗英。方今赵王最长，以亲以德，合膺重寄。公等备受朝恩，当思尽忠报国，奈何一旦欲以神器假人！之仪有死而已，不能诬罔先帝。
>
> ——《周书·颜之仪传》

这一番话翻译过来的意思是："主上刚去世，继嗣的小皇帝年幼，朝廷大权应该由才能杰出的宗室掌握。现在皇亲之中，以赵王的年龄最大，从宗亲关系、德望来说，都应该委以赵王重任。你们都备受朝恩，应该一心尽忠报国，现在怎么能一下子就将朝廷大权交付在别人手里？我大不了一死罢了，不能这样欺骗先帝。"

颜之仪不但不签字，还派了心腹出宫，火速去传召大将军宇文仲入宫辅政，控制局面。刘昉知晓这个消息，吓了一跳，赶紧通知杨坚行动。

在这个关键时刻，杨坚已经出宫去做其他准备了，他打算调动亲信控制京城。刘昉在宫内带着杨坚的侄子杨雄以及柳裘、皇甫绩等人冲入大殿，拦截宇文仲，防止他坏事。

但是，宇文仲已经抢先一步来到皇宫，眼看就要掌握局势。郑译急中生智，派人上前抓住宇文仲，给他安了一个谋反的名义，暂时先绑起来，等待杨坚到来后再做处理。

刘昉、郑译见颜之仪完全不配合，索性请出天元皇太后杨丽华做主，据《隋书·天文志》记载："宣帝崩，杨后令其父隋公为大丞相，总军国事。"皇太后杨丽华拍板，颜之仪抗旨不得，干脆弃权不管了。刘昉找人模仿颜之仪的笔迹，代他签字，然后迅速对外发布诏书，坐实了杨坚辅政大臣的身份。

这样一来，杨坚就名正言顺地入宫找颜之仪索要天子的兵符和玉玺，但颜之仪拒不交出。

杨坚本想杀掉颜之仪一了百了，但又考虑局势未定，颜之仪在民间很有威望，于是暂时将他软禁，风波过去后，将他派往西部边陲的郡城做郡守。

接下来，就是权力分割问题，刘昉和郑译忙里忙外，肯定也要在这次事件中获得一定的好处，经过二人密谋商议，他们决定让杨坚当冢宰，也就是最高行政长官。刘昉安排自己做小冢宰，给杨坚当副手。而郑译当大司马，掌管军事。当年宇文护专权的时候，职务就是冢宰，但此时冢宰的权力没那么大了，在周武帝杀了宇文护之后，就削弱了冢宰的权力，避免权臣出现。

冢宰虽然还是名义上的六官之首，实际上，已经有名无实。它既不统辖百官，也不掌控军权，等于一个空职。刘昉和郑译这样做，也是在防备杨坚，不想让他大权在握。他二人想要把杨坚推出来成为名义上的百官之首，众矢之的，但真正的实权被二人给瓜分了。小冢宰掌握行政大权，大司马掌握军事大权，一文一武，他们两个想掌控北周朝廷！

杨坚自然看出了这里面的道道儿，预感这两位大臣也不是省油的灯，明显只给他至高的名分，却没有任何权力，他肯定心中不愿意。不过，杨坚之所以成为辅政大臣是刘昉和郑译背后使劲，给他抬上了这个位置，现在杨坚也不好马上翻脸，正左右为难之时，他想到了一个人，那就是李德林！

李德林，字公辅，博陵安平人，学识渊博，文思敏捷，在北齐名望极高。北周平定北齐的时候，周武帝早就听过李德林之名，专门派人去把李德林请来，还当着文武大臣的面说过：朕攻取北齐所得最大的好处，莫过于得到李德林先生。可见周武帝对李德林的重视。

但到了周宣帝执政期间，用的都是昔日东宫的旧臣，有学问的李德林却没有被重用。就在他以为这辈子在北周不会有大发展的时候，周宣帝忽然驾崩，杨坚悄悄登门来见他请求他帮忙。

朝廷赐令总文武事，经国重任，非群才辅佐，无以克成大业。

今欲与公共事，必不得辞。

——《隋书·李德林传》

这是杨坚对李德林说的话，翻译过来的意思是说："朝廷现在让我负责朝廷文武大事，但我一个人很难做好，所以，我希望能够跟朝廷大臣共同稳定局势，成就大业。在所有大臣中，您的威望和分量最重了，我希望您可以站出来倾力帮助我！"

杨坚说得非常客气，甚至有点谦卑，把李德林捧得很高，希望能够得到李德林的认可和帮忙。果然，不得志的李德林听到位高权重的杨坚如此诚恳地说出这番话，顿时感觉自己备受重视，慨然允诺。

于是，杨坚就把目前他所面临的局面向李德林说了，请他出个主意。不得不说，李德林不仅学问高，还机智过人。他得知杨坚的处境后，立即给他建议：既然冢宰已经没有权力了，那就不要了，可以量身打造一个新官职——大丞相，并且假黄钺、都督中外诸军事。如此一来，杨坚成为大丞相，就可以把军事、政治等权力统统攥在手里了。

杨坚听完眼神一亮，对李德林无比佩服，心想：姜还是老的辣啊！

等刘昉、郑译得知杨坚的这个提议之后，也都傻眼了，他们的愿望落空，只能完全听命于杨坚。

同年五月二十二日，杨坚给周宣帝发丧下葬，五月二十五日，小皇帝周静帝亲政，宣布任命杨坚为左大丞相，兼假黄钺、都督中外诸军事。

> 庚戌，周帝拜高祖假黄钺、左大丞相，百官总己而听焉。以正阳宫为丞相府，以郑译为长史，刘昉为司马，具置僚佐。
>
> ——《隋书·高祖本纪》

杨坚就职之后，发出第一道号令，让小皇帝周静帝搬去周宣帝当年居住过的天台，杨坚把正阳宫腾出来，改成了丞相府，在这里办公！

一个大臣刚上位，就把皇帝赶走了，自己又住进皇帝的宫内，这不是僭越嘛！

许多大臣看不过去，纷纷议论，甚至还对杨坚表现出了愤怒和敌对态度。尽管杨坚是关陇贵族，身份显赫，但是，北周有八柱国、十二大将军，还有许多贵族门阀，如果他们纷纷站出来反对，那杨坚这个辅政大臣也不好干下去。

就在这时候，杨坚也看出来若是不能用威严压住群臣，他的地位很可能保不住，这场戏就唱不下去了，于是，他给亲信卢贲使眼色，让他吓唬大臣。这个卢贲，以前是宇文赟当太子时东宫的官僚，后来跟着大军伐齐立下功劳，被提拔为禁军的军官。他的上司就是杨坚，当时杨坚对他很照顾，而卢贲也看出杨坚不同凡响，于是死心塌地地投靠了杨坚。

在杨坚宣布入住新丞相府的时候，他吩咐卢贲率领卫兵在门外候着，眼看许多大臣犹豫不决，他就直接大喊："欲求富贵者，就跟丞相过去。"

卢贲的话很直接，想要谋求富贵，那就跟着丞相杨坚去新的丞相府办公，从此拥护杨坚。

有的大臣心思敏捷，想通了其中深意，赶紧跟随杨坚去往新丞相府。有一些大臣不愿意跟随，还想忠于北周皇室，转身就要离开。不过，他们刚要离开，就被门外的侍卫拦住，将刀架于脖颈，若是不从，很可能有性命之忧。

在威逼恫吓之下，不愿意顺从的大臣也没了办法，只能硬着头皮去往丞相府办公议事，向杨坚汇报大小事务。从此，杨坚顺利夺取大权，兵不血刃完成宫变，控制了北周的朝堂局势。

杨坚之所以如此轻易完成政变，实现权力过渡，其实主要有三个原因：

第一，时机凑巧。周宣帝年纪轻轻就骤然驾崩，小皇帝少不更事，给了杨坚辅政的机会。而且周宣帝猜忌大臣，为了加强中央集权，削弱宗室、门阀贵族，甚至有的宗室亲王被下放到地方，导致在关键时候，京城内没有可以把控局面的宗室亲王出面，若是宇文宪没有被杀，绝对会成为杨坚政变的最大阻力。

第二，杨坚个人的实力。杨坚在周宣帝登极后，被晋升为柱国大将军、大司马。后又任大后丞、右司武、大前疑，在军中有很高的威望。他结交不少大臣、名士、军中将领，能在关键时候为他出谋划策，比如刘昉、郑译、卢贲、李德林、来和。

第三，皇后的帮助。杨坚的另一个身份就是国丈，他的女儿杨丽华是天元皇太后，妥妥的后宫之主，当周宣帝驾崩后，杨丽华的身份就显得格外尊贵和权威。在刘昉与颜之仪争执不下的时候，杨丽华出面，力排众议，拟定了杨坚为辅政人选，对杨坚顺利辅政起到了很重要的作用。

至此，杨坚顺利成为北周的辅政大臣，大权在握，掌控了京师。杨坚在高兴之余，心中还是有些担忧，毕竟权臣都没啥好下场，比如宇文护就是前车之鉴，一旦当小皇帝长大成人，自己要么交权出去，把命运交给别人，等待被宰割；要么只能彻底篡权，改朝换代。

第四章

征战四方，平定内乱

一、剪除宗室，掌握大权

大象二年（580）五月，杨坚担任辅政大臣，出任左大丞相，假黄钺、都督中外诸军事。就这样，杨坚集军事、政治权力于一身，大权在握。

但是，杨坚深知这是一条不归路。开弓没有回头箭，杨坚只能继续向前，披荆斩棘，否则，他和杨家在将来都会被清算。

杨坚久经官场，他既然选择了这条路，也就做好了跟北周皇室彻底撕破脸的准备了。

接下来，杨坚要对京城内外的宗室亲王、藩王们下手。剪除皇族宗室，他才能彻底改朝换代。

第一步，杨坚要对付的是目前在京城的皇室宗亲，主要有周宣帝的亲弟弟汉王宇文赞以及周宣帝的堂兄等人。

由于杨坚刚当权，不好立即大开杀戒，因此杨坚打算先拉拢亲王，麻痹对手，然后慢慢再除掉他们。杨坚第一个拉拢的就是宇文赞。宇文赞当时才15岁，能力很差。杨坚正是看出了宇文赞是草包一个，所以才拉拢他担任右大丞相，由自己担任左大丞相。这样一左一右两大辅政丞相并驾齐驱，也算明面上分割了相权，掩人耳目，显得杨坚身份没有那么突出。

但是，杨坚并不给宇文赞实权，只是在名义上把他放在很尊贵的位置上。为了让宇文赞沉迷美色，杨坚让刘昉四处寻找貌美少女，送去宇文赞府上。还嘱咐宇文赞让他及时享乐，不必经常去丞相府办公。

为了稳住宇文赞，刘昉还说了一些麻痹他的话，让宇文赞一边享乐，一边等待机会。

> 大王先帝之弟，时望所归。孺子幼冲，岂堪大事！今先帝初崩，
> 群情尚扰，王且归第。待事宁之后，入为天子，此万全之计也。
>
> ——《隋书》

这是刘昉哄骗宇文赞的话，他先夸赞宇文赞是众望所归继承皇位之人，毕竟小皇帝过于年幼，无法处理政事，还是应该由宇文赞来继承皇位。不过，先帝刚去世，人心不稳定，此事不能操之过急，让他先回府邸等待时机，低调行事，等朝廷局势稳定了，再迎他做天子。宇文赞听完，还真相信了，于是整日在家沉迷于歌舞和美色，饮酒作乐。

但京城中还有一位亲王。这位亲王是周宣帝的堂兄毕王宇文贤，不好对付，目前正担任雍州牧。宇文贤正处壮年，心智成熟，能力很强，杨坚要对付他，并不是件简单的事。

杨坚不可能用对付宇文赞的办法对付宇文贤，因为这根本哄骗不了对方，所以，只能下狠手。他给堂侄杨雄发了一道命令，让杨雄搜集罪证举报宇文贤。杨雄刚好担任雍州的别驾，是宇文贤手下统属的官员。大象二年（580）六月十日，杨雄举报毕王宇文贤阴谋作乱，要谋反，这个罪名可不小。杨坚接到举报之后，立即派人抓住宇文贤一家老小，甚至都没怎么审讯，就伪造了证据，将他全家老小全部处死。

杨坚这一手十分狠辣，先下手为强，不等宇文贤反抗，就直接除掉了他。然后杨坚安排杨雄担任雍州牧，掌控京师的行政管理，形势更加有利于杨坚一方。

处理了两位京城中的重要亲王之后，接下来的第二步，杨坚就要对付地方的几个王爷了，他们分别是赵王、越王、代王、陈王、滕王这五王。五王身份尊贵，他们都是周宣帝的叔叔、北周实际开创者宇文泰的儿子，

都正值壮年，政治经验丰富。

如果这五人在京城的话，绝对轮不到杨坚出来辅政，但他们正因为能力强、辈分高，才被周宣帝觉得碍眼打发到地方州郡，远离长安，甚至有四个王爷被安排在北齐旧土。

杨坚担心自己一旦篡权，这外地的王爷肯定会起兵造反，他不得不防。杨坚思考过后，想到一个办法，就是要尽早把这宗室五王召入京城监视和软禁起来，这等于布下一个网把他们困在其中，任他宰割。

如果没有理由，肯定无法做到，杨坚跟谋士商议，打算找个借口把五个人同时骗入京城，还不让他们察觉和抗拒。

杨坚是怎么做的呢？按照《隋书·高祖本纪》中记载，杨坚在给周宣帝发丧之前，已经假借小皇帝的名义，向五王发出诏令，说北周的千金公主要嫁去突厥和亲，请他们入朝观礼。

这位千金公主本是五王之一赵王宇文招的女儿，在一年前被册封为公主，要和亲突厥，这是早已定好的事情，突厥的使者在大象二年（580）的二月份，就已经到长安等待迎亲了。因此，这件事千真万确，以这个理由传召五王入京也就顺理成章。五人谁也没有怀疑，纷纷来到长安城。

这五王是在六月四日就赶到了长安，回来之后，他们才发现京城的局势已经被杨坚掌控了，在他们毫不知晓的情况下，杨坚已经成为辅政大臣，而且集军政大权于一身，挟持了小皇帝宇文阐，北周的江山随时可能被杨坚篡夺。

面对北周将易主的危局，五王当然不甘心。他们一边跟京城内的宇文家族的宗室王侯联络，一边写书信给外地的亲信将军，准备内外联合反对杨坚，齐心协力拯救北周政权。

赵王宇文招、滕王宇文逌刚联系上毕王宇文贤，就被杨坚的堂侄杨雄发现了。结果杨雄告发毕王谋反，杨坚趁机扳倒雍州牧毕王，将毕王一家满门抄斩了。杨坚的这一手杀伐果断，敲山震虎，敲打了刚入京的五王，给了他们一个警告。如果五王再搞小动作，图谋不轨，那么他不会心慈手软。

五王见状恨得咬牙切齿，也知道了杨坚夺取北周之心已是昭然若揭。这时候，地方上尉迟迥、司马消难、王谦三人已经起兵叛乱，口号是挽救周室，清除权臣，矛头直指杨坚。

杨坚为了稳定局势，在七月十六日，主动向这五位宗室王爷示好，以小皇帝的名义下诏，宣布五王可以"入朝不趋，剑履上殿"，在古代这是一种殊荣和恩宠。这是杨坚为了堵住天下悠悠之口，表面上对五王进行褒奖和恩赐，以示杨坚对五王的尊敬，以此收买人心。如果五王再做出格的事，杨坚再下死手，也算有舆论铺垫了。

五王也都是老成持重之人，政治斗争经验丰富，一眼就看穿了杨坚的把戏。五人经常在一起密谋如何能够夺回权力，将杨坚及杨家给覆灭，以绝后患。

杨坚从眼线那里得知五王并不安分，于是决定先下手为强。利用一次所谓的谋杀事件，一举把五王中的两个王爷给消灭了。

根据《隋书·高祖本纪》记载的"五王阴谋滋甚，高祖赍酒肴以造赵王第，欲观所为"可以看出，杨坚当时主动带着美酒菜肴登门拜访赵王，跟赵王一起喝酒。他是有备而来，而赵王宇文招倒是措手不及。在喝酒过程中，滕王宇文逌忽然中途闯进来。这个晚宴并没有什么惊心动魄的事发生，但杨坚喝完酒回去后，就编造了自己在赵王府险些遇刺被害之事，强行加罪于赵王。然后，杨坚派人把赵王府的人都抓了起来，赵王宇文招也被抓入大狱。

这一次明显是欲加之罪，何患无辞，杨坚自编自导自演了这一场酒宴差点遇害的戏码，抓了赵王还不算，连自始至终都没有出现的越王宇文盛也被殃及，被满门抄斩。杨坚之所以先对赵王、越王开刀，主要因为这二人在宗室诸王中最具文韬武略，名声也最大，而且尉迟迥起兵拥戴的就是赵王的儿子。杨坚无法容忍这种有威胁、有名望的皇室宗亲在京城内活动，成为不可预测的变数。

杨坚一下处死两位位高权重的亲王，顿时震惊朝野，使得京城内宇文家族的势力被削弱，再难有人阻挡杨坚专权的局面。

杨坚在分化、剿灭宇文家族势力的同时，也在拉拢、争取异姓的关陇贵族，毕竟关陇有八柱国、十二大将军，势力盘根错节。这些势力更关注自身家族的利益，而不是完全为北周皇室的利益考虑。

大象二年（580）五月底，杨坚先任命了上柱国、勋国公韦孝宽取代尉迟迥担任相州总管。这韦孝宽可是北周有名的军事家，在军中威望很高，由他取代尉迟迥，没有人反对。接下来，杨坚又册封窦毅、侯莫陈崇、贺拔伏恩等人为上柱国，他们都是关陇贵族，势力很强，杨坚将他们全都拉拢过来，成为杨坚集团的重要力量。

杨坚的势力每日剧增，投靠他的大家族也越来越多。在民心方面，杨坚也下了功夫，他宣布废止周宣帝在位期间胡乱下达的政令，特别是停止大兴土木。释放服役的工匠回家务农，跟家人团聚，受到了百姓的拥戴。

杨坚还下令取消入市税钱，鼓励老百姓将剩余产品、手工品等拿去集市交换、买卖，不用交摊位费，促进了手工业和商业的发展。

他还下令恢复佛、道二教，不再打压宗教，只要遵守清规戒律和朝廷政令，允许僧人重新回到寺院出家。另外，先前被宇文亮变为奴隶的州府百姓，一律被赦为平民。这一系列的政策深得民心，得到了天下老百姓的支持，民间纷纷歌颂杨坚。如此一来，杨坚的地位更稳固，名望更高，成为北周名副其实的主宰。

二、叛乱四起

杨坚加快在朝廷布局，并处死了多位宇文家族的亲王，引发各地的叛乱。北周大象二年（580），相州总管尉迟迥在地方起兵谋反。同年七月七日，申州刺史李慧起兵。七月十七日，荥州刺史宇文胄起兵。七月二十六日，司马消难起兵。八月七日，益州总管王谦起兵。

短短两个月时间，各地起兵谋反多达十余处，北周的半壁江山掌握在叛军手里。同时，北方突厥、南方陈国虎视眈眈，随时都有可能趁机进攻北周。可以说，当时形势格外严峻，考验杨坚能力的时刻到了。

如果杨坚无法稳定局势，消灭叛乱，那么等待他的就是无尽的深渊。他的个人生死与家族命运将捆绑在一起，一荣俱荣，一损俱损。

杨坚很清楚这个问题的严峻性，他派人密切关注各方叛军动向，然后调派将领，前去平定叛乱。杨坚任命韦孝宽、梁睿、王谊应敌。其中韦孝宽带兵征讨尉迟迥，梁睿带兵征讨王谦，王谊带兵征讨司马消难。

在所有叛军之中，尉迟迥、司马消难、王谦这三人的实力最强，威望也最高。三人之中以尉迟迥的实力最雄厚。

尉迟迥，字薄居罗，鲜卑族。他是西魏、北周时期将领，还是北周开创者宇文泰的外甥。此人能文能武，年轻时就很受宇文泰信任。当年宇文泰欲攻打蜀郡，朝中大臣多持反对态度，只有尉迟迥站出来表示赞成，并且提议由他率军攻下蜀郡，因此被任命为益州刺史。北周初期，尉迟迥就被晋升为柱国大将军，封蜀公。周宣帝登极之后，任他为相州总管。论关系、论威望，尉迟迥自然不服气杨坚担任辅政大臣，掌控北周朝政，所以，他第一个站出来反对，打着拥护赵王之子的名义起兵造反。

此外，司马消难也看不惯杨坚，因为 8 岁的小皇帝宇文阐娶了司马消难的女儿为妻。现在司马消难才是真正的国丈，而杨坚是周宣帝的岳丈，属于前朝国丈。司马消难觉得自己做辅政大臣比杨坚更有分量，自然不服气杨坚挟天子以令诸侯。

尉迟迥起兵后，先诛杀了总管府长史晋昶和破六汗衰等人，除掉了杨坚安排在相州的内应，然后动员地方军队。大象二年（580）六月初十，尉迟迥登上相州城楼，召集城内文武官员和百姓，发布讨杨檄文。

由于尉迟迥素有威望，这些年无论是治理地方还是带兵打仗，都能做到赏罚分明，恩威并施，体恤士兵，安抚百姓，所以不仅手下将士们对尉迟迥很爱戴，连他治所的百姓也都拥护他。所以，当他站在城楼振臂一呼，顿时四方响应，纷纷表示要誓死效命。

于是，尉迟迥便自封为相州大总管，设置临时官府机构，对外称是天子之意，又以赵王之子的名义号令天下起兵共同讨伐杨坚。除他所管辖的各州外，他的弟弟尉迟勤所辖的几个州也全力支持他，一些氏族纷纷响应前来。于是，尉迟迥势力越来越大，总兵力加起来竟有数十万之众。

不久，申州刺史李惠、东楚州刺史费也利进、荥州刺史宇文胄、潼州刺史曹孝达等，各自据州起兵响应，关东诸州有一大半都愿意归附尉迟迥，一起清君侧。

尉迟迥又派使者去往突厥，与突厥私下结成联盟，约定共同出兵。同时，他还派人向南与陈国联系，欲结成军事同盟，许诺事成之后会割让几座城池做酬劳。

一时间，尉迟迥所部声势浩大，直接威胁了北周的统治。这场祸乱如果无法及时剿灭，杨坚肯定难以再控制朝廷，到时候，等待他的将是灭门之灾。

杨坚深知这个道理，他比谁都着急，但是他并没有方寸大乱，而是运筹帷幄，一边下令征调关中兵马，以韦孝宽为行军元帅，全力讨贼。一边开始合纵连横，拉拢朝中的元老贵族站在自己这一边，增加实力。因为杨坚目前掌握的军事实力与叛军相比，并没有多大优势，能否平定叛乱，还要看朝中大臣和关陇贵族是否坚定站在他这一方。

杨坚第一个拉拢的人就是李穆，他是北周元老重臣，其兄长李远与杨坚的父亲杨忠曾并列西魏十二大将军。李穆骁勇善战，颇懂兵法，曾经跟随宇文泰南征北战，还救过宇文泰的命，所以宇文泰对李穆十分器重，后来周武帝、周宣帝登极之后，都对李穆格外礼敬。此时的李穆虽然已步入古稀之年，但身体硬朗，还在并州担任总管。并州是军事重镇，位置十分重要，又处于尉迟迥占据的相州与杨坚控制的关中之间，可以说李穆投靠谁，谁的胜算就会大增了。

事实上，尉迟迥起兵之前，就派人去并州找到李穆，馈送金银财宝，希望得到李穆的支持。论交情，尉迟迥跟李穆都是老一代的将领，曾一起跟随宇文泰征战，创建北周，有袍泽之情。因此，李穆的子侄们拿了尉迟迥的好处，都觉得李家应该帮助尉迟迥，讨伐杨坚。

正在李穆犹豫不决的时候，杨坚派说客柳裘和李穆之子李浑从京师赶来，游说李穆。柳裘晓之以理，李浑动之以情，劝说李穆站在杨坚这一方。

李穆见杨坚没有拿他儿子李浑做人质威胁他，还提拔重用李浑，觉得杨坚有气魄和胸襟，做事光明磊落，认可了杨坚的为人。同时，他也在考虑，如果投靠尉迟迥，需要起兵攻打关中，风险太大。如果投靠杨坚，则只需要按兵不动即可，自有朝廷派来的韦孝宽率军平乱，不需要李穆做什么。

李穆觉得跟尉迟迥干，风险大，利益小，毕竟李家已经权势极盛了。若是跟了尉迟迥，身份反而降低了，对他李家并没有好处。如果投靠杨坚，不论杨坚是否改朝换代，李家的地位只高不低。

于是，李穆选择了支持杨坚一方，不仅扣押了尉迟迥派来的使者，还把书信秘密上交朝廷，向杨坚表达了忠心。有了李穆的表态，杨坚顿时高兴万分，信心大涨，减轻了后顾之忧。朝中元老大臣们看到李穆倒向杨坚这边，他们也纷纷跟着站队，反而让杨坚集团的势力更加稳固。

朝廷内部的不安因素被稳住了，杨坚又把目光看向突厥和南陈，他已经得到线报，尉迟迥派人联系突厥和陈国，打算借助两方的兵马一起夹击北周，逼迫杨坚下台，事后割地做酬谢。杨坚大怒，打算通过外交手段化解这个来自外部的威胁。

面对突厥，杨坚采取了和亲手段。早在大象元年（579），突厥就已经派使者向北周求婚，周宣帝才21岁，没有适婚的女儿，于是把赵王之女册封为公主，准备嫁给突厥可汗。但由于种种原因，还没有来得及操办婚事。现在杨坚刚好利用这件事，跟突厥交好，把千金公主嫁去突厥，化解双方即将兵戎相见的危机。

陈朝皇帝陈顼见北周爆发内乱，于是派使者柳庄过来打探北周朝廷的虚实，好决定是否趁机北伐。杨坚在宫中盛情款待了柳庄，软硬兼施，警告陈朝不要趁机打破北周与南陈的和平，否则等内乱平定，自己定会挥师南下攻陈。

南陈皇帝听到使者带回来的消息之后，并没有被杨坚吓住，还是选择试探性进军。七月，陈将陈纪、萧摩诃等出兵经略江北、淮南，但杨坚早有准备，派江淮之地驻扎的兵马，吴州总管于顗阻击陈国军队，使陈军难以北上与尉迟迥联合。这样一来，南陈对北周的威胁也就被降到最低了。

三、平定三方之乱

随着杨坚争取到了北周元老大臣的支持，利用和亲化解突厥的进犯，又派兵抗击南陈，他现在有足够的精力对付尉迟迥、司马消难、王谊的叛乱。

镇压尉迟迥叛乱成为杨坚的首要目标。杨坚把平叛的重任交给了韦孝宽，对他寄予厚望。韦孝宽是京兆杜陵人，他的祖父和父亲都是一代名将，韦孝宽继承了家族基因，他熟读兵法，军纪严明，体恤将士，为北周四处征战，成为北周的一位名将。

公元546年，不可一世的高欢曾率领10万大军进攻西魏，当时年轻的韦孝宽奉命驻守玉壁。这里是高欢率军进攻西魏的必经之地，如果攻克不了玉壁，那大军就无法继续行进。高欢当时如日中天、目中无人，原以为自己亲征可以势如破竹，轻易攻克这座弹丸之城，直趋长安。

但事实并非如此，高欢率领军队攻打玉壁城近两个月，施展各种智谋和手段，昼夜不停，最终也没有拿下玉壁，还死伤数万大军。最后，高欢眼看破城无望，进军受阻，不得不退兵。回去后，高欢忧愤成疾，没多久便死了。

这一战以少胜多，使得韦孝宽闻名天下。此后，韦孝宽颇得宇文泰器重，成为军中名将，领兵南征北战，30年来立下无数赫赫战功。在周武帝一朝，韦孝宽上书《灭齐三策》，主张伐齐。周武帝两次亲征北齐，基本沿用了韦孝宽提出的"三策"，最终消灭了北齐，统一了北方，可见韦孝宽的军事才能了得。

后来，周宣帝即位后，开始胡作非为、荒废朝政，使得韦孝宽对大周皇帝十分失望。他见杨坚雄才大略，甚得民心，内心里也转而支持杨坚！

杨坚在面对尉迟迥作乱的危局时，首先想到的就是老将韦孝宽。一是因为韦孝宽跟杨坚的岳父独孤信是好友，而且跟他父亲杨忠交情匪浅。二是韦孝宽带兵能力强，在军中威望高，有实力压制住尉迟迥。三是韦孝宽的人品好，值得杨坚信任。

大象二年（580）六月初十，杨坚正式任命韦孝宽为行军元帅，任命郧公梁士彦、乐安公元谐、濮阳公宇文述、化政公宇文忻、清河公杨素、武乡公崔弘度、陇西公李询等人为行军总管，讨伐尉迟迥。

与此同时，尉迟迥在北周东面发动了全面进攻。他命令大将军石逊进攻建州，建州刺史宇文弁不战而降。

尉迟迥派遣西道行台韩长业率军攻打潞州，并活捉了潞州刺史赵威，任命当地人郭子胜为潞州刺史。

尉迟迥又派大将军宇文威去攻占汴州；莒州刺史乌丸尼等率领青州、齐州的军队包围了沂州，大将军檀让攻克了曹州、亳州，然后大军驻扎在梁郡。

尉迟迥部将席毗罗，随主叛乱，拥兵八万驻扎蕃城，发兵攻陷了昌虑、下邑二地。大将李惠从申州率军进攻永州，一举将其攻克。

可见，在尉迟迥起兵之初，攻势相当迅猛，各地都有胜利战果，大有星星之火可以燎原之势。

此时韦孝宽率领大军出了函谷关，向东进发，汇聚各路人马之后，也有十万之众，浩浩荡荡东进。杨坚对韦孝宽这路大军抱有很高的期望，毕竟他将全部身家都赌了进去，还派了多位北周大将随军担任总管，声势浩大。

刚开始，韦孝宽信心十足。他率军东进，在怀州一带与尉迟迥麾下的猛将薛公礼相遇。韦孝宽用兵巧妙，一鼓将薛公礼大军击败，于是乘胜进驻怀州永桥城东南。

永桥城不大，却是军事要镇，城墙高大，十分坚固。尉迟迥也知道它的重要性，所以，在永桥城内屯重兵，就等待韦孝宽率军来攻。

诸将纷纷请缨出战，都说要强行攻打永桥城，攻下后，在这里休整，然后再一路东进。

但韦孝宽摇头，否决了他们的建议。

韦孝宽说："此城虽在要地，但小而坚固，我军新出，倘若攻而不克，会打击我军士气，有损我之军威，即便拿下此城，也不会影响战局，不如派一支兵马在这里防范，切断城内的粮草补给，阻断他们外出的道路，将他们困于此地便可，大军随我继续绕路进发。"

众将士闻言，也不便多言，听从了韦孝宽的命令，继续前进，入驻武陟一带。

但到了武陟，这里的叛军将领是尉迟迥之子尉迟惇，他年富力强，也是一员猛将，带了10万精锐兵马驻扎在沁水东岸，对韦孝宽的大军虎视眈眈。

韦孝宽所部看到尉迟惇兵强马壮，心知注定要有一番恶战，生死难料，于是，内心开始抗拒，不遵号令，松懈怠慢，谁也不愿向前进军，跟对面的尉迟惇大军作战。

韦孝宽心里着急，加上年事已高，当天便生病了，只能让身边侍女伺候着，军令都很难发出去。于是，朝廷大军按兵不动，双方在武陟形成对峙。

此时双方暗流涌动。尉迟迥一方开始打心理战，派人秘密进入军营，以金银财宝贿赂韦军将领，还许诺事成之后，另有重赏。

很快，李穆的侄子李询得知军中有将领收受尉迟迥贿赂之事，尤其是梁士彦、宇文忻、崔弘度三人，意志不坚，收取贿赂金额很大，有阵前倒戈的危险。他赶紧把这一消息密奏给杨坚。

杨坚一听，这还得了？主帅病倒了，麾下大将接受叛军的钱财，那仗还怎么打？

一向喜怒不形于色的杨坚，这回可是真的急了。他赶紧把心腹刘昉、郑译找来，商议如何打破这个局面。不过这刘昉、郑译二人搞阴谋诡计还行，要说智谋和远见远远不足。郑译给出的解决办法简单粗暴，既然前线将领有问题那就换人，杨坚听完犹豫不决，正在这时，有一个人匆匆赶来阻止，这个人就是李德林。

李德林德高望重，学识渊博，有政治远见，他听到杨坚和刘昉等人讨论临阵换帅的消息，急忙赶来劝诫。李德林是这样说的："你与诸位将军都是国家的重臣，地位差不多，他们并没有忠诚于你的义务。现在你挟天子以令诸侯，强行控制他们，本来大家心中就有一些不满。现在你怀疑三位将军不忠诚，想要派其他人过去，但你能保证新派去的人比他们忠诚吗？而且所谓的收受敌军钱财贿赂之事，本来就虚实难辨，安知不是敌军的离间之计？如果现在派人追究，很可能使前线将领因畏惧朝廷处罚而投靠敌军，促成兵变。这会使韦孝宽将军和其他将士人人自危，岂非自乱阵脚，动摇军心？临阵换帅的事情，自古就有，当年燕国不信任乐毅，改换了骑劫，赵国不信任廉颇，改换了赵括，结果如何，不都是以惨败收场吗？这些血淋淋的例子都是教训，可千万别重蹈覆辙啊！"

这段话被《隋书》记载下来，原话为："公与诸将，并是国家贵臣，未相伏驭，今以挟令之威使得之耳。安知后所遣者，能尽腹心，前所遣人，独致乖异？又取金之事，虚实难明，即令换易，彼将惧罪，恐其逃逸，便须禁锢。然则郧公以下，必有惊疑之意。且临敌代将，自古所难，乐毅所以辞燕，赵括以之败赵。"

杨坚听完，大惊失色，赶紧说道："若不是先生提醒，我险些误了大事啊！不知先生可有良策，能够帮我化险为夷？"

此时的杨坚，对李德林的才能和远见钦佩不已，所以虚心求教。

李德林说："以我愚见，你应该派一个值得信任、有一定声望的心腹去往前线做监军。只要监军一到，前线的将领即便心志不坚，也不敢再轻举妄动了。"

"有道理！"杨坚闻言大喜，对李德林佩服得五体投地。

现在杨坚决定不派将领，而是以改派监军的方式，稳定前线军心，监督前线将士作战，于是，派谁去成为当务之急。

杨坚正在考虑人选，便有人毛遂自荐，这个人就是高颎。他原本是杨坚岳父独孤信的部下，当时宇文护专权，逼迫独孤信自杀，独孤家族衰败，独孤信许多门生故吏直接断了跟独孤家的联系，与独孤家的人形同陌路，划分界限。只有高颎懂感恩、念旧情，不趋炎附势，还继续跟独孤家的人来往。他的这种品质得到了杨坚夫妇的认可。等杨坚建立丞相府后，杨坚的夫人独孤伽罗推荐高颎担任丞相府的录事。

在这关键时刻，高颎挺身而出，毛遂自荐，主动担负起监军之职，还立下军令状，这让杨坚非常感激。他当即任命高颎为大丞相特使，携杨坚贴身佩剑去往前线担任监军，如同大丞相亲临，诸将有不听从号令者，一律按军法处置。

就这样，高颎马不停蹄地赶往前线。他到达之后，就立即开始整顿军纪，使得上下肃然。

其实，韦孝宽的病并不严重，只是当时军中形势过于严峻，他一时不知如何解决，于是趁机称病暗中观察，考虑如何化解军中危机。此时朝廷派来监军高颎，两人相互打配合，一下就解决了军心不稳的问题，使得韦孝宽那颗悬着的心终于落了地。

韦孝宽升帐点将，重振士气，派人在沁水上架桥，准备渡河与叛军决战。

尉迟惇见状，立即从上游出兵，打算顺流而下，还试图以火烧桥。

高颎实在是位不可多得的谋士，他派人事先制作好土墩，多建浮桥，加快大军过河的速度，而且还将一些高大的土墩放入浮桥的上游，阻断敌军船只靠近，使敌军无法烧毁桥梁。

尉迟惇原本是沿河布阵20里，见官军意欲过河决战，便命令部队后退，打算等韦孝宽大军半渡时，再用火烧掉浮桥，然后率军三面合围，发起攻击，消灭半渡之敌军，这就是《孙子兵法·行军篇》所记载"半渡而击之"的计谋。

兵法中记载得很清楚，当敌人渡河一部分人已经上岸而另一部分人还在渡河时，首尾难以兼顾，这时是发动进攻的最好时机。因为此时敌人立足未稳，一旦发起攻击，敌人势必惊慌失措，那么胜利就很容易了。泓水之战中公孙固曾向宋襄公提出这条计策，然而宋襄公因为讲究仁义，没有半渡而击，反而让敌人顺利渡河，准备好阵势，再进行君子之战，结果大败，成了反面教材。

在楚汉之争的时候，韩信使用过"半渡而击"的计策，获得大胜。当时韩信派一万士兵趁着夜色，背着沙袋堵塞潍水上游，然后在下游假装渡河攻击齐楚联军，两军刚一交锋韩信就佯装不敌而败退。楚军大将龙且一向轻视韩信，见韩信退兵更是冷笑嘲讽，引兵渡河追击韩信。

韩信抓住时机，派人搬开潍水上游的沙袋，顿时河水滚滚而下，楚军大部分人马还在河水中，直接被冲得人仰马翻。韩信趁机下令进攻，一鼓作气击溃齐楚联军，斩杀了龙且。

尉迟惇就是打算效仿韩信，打算在朝廷兵马过河时冲锋，再让水兵去破坏桥梁，一举击败韦孝宽大军。

可是，他精心准备的火船还没有接近桥梁就被阻截了，朝廷大军很快全部渡过沁水。过河之后，高颎反而下令，让人放火烧掉桥梁，不留后路。有"置之死地而后生"的架势。

韦孝宽在军中威望高，也懂得用兵，此时他对着三军将士大喊："将士们，我们已经没有退路了，只有击败敌军，我们才有活路，做好全力冲锋的准备，消灭敌军！"

老将军亲自在阵前鼓舞士气，将士们顿时被激发了求生欲和战斗力。

朝廷兵马发起冲击，绝地求生，战力惊人，大有当年项羽"破釜沉舟"之势。再加上这支关中军本就是北周的精锐力量，交锋之后，瞬间就击垮了叛军阵列，使得叛军一败涂地。

兵败如山倒。尉迟惇看着局面失控，自己已无力回天，只好带着一部分残兵逃往邺城。

韦孝宽下令乘胜追击，朝廷大军势如破竹，直抵邺城，兵临城下。

到了关键时候，尉迟迥在后方坐不住了，这位昔日久经沙场的名将，率领 10 万大军赶到邺城要与韦孝宽做生死对决。

邺城内有 3 万兵力，加上尉迟迥带来的 10 万大军，足有 13 万大军。叛军在城南摆开阵势。此时，尉迟勤也亲率 5 万兵马从青州赶来驰援，尉迟勤派出三千骑兵为先锋部队，率先到达，增加了尉迟迥一方的胜算。

很快，战斗打响了，尉迟迥调动手下精锐，头戴绿巾，身穿锦袄，号称黄龙兵。别看尉迟迥已经 70 多岁，已经年迈，但他在军中威望极高，这些士兵对他言听计从，都十分尊敬他。此时三军将士见尉迟迥亲自披甲上阵，士气高涨，冲锋陷阵，十分骁勇，反而压制住了朝廷军队的气势。

这时，邺城百姓见尉迟迥大军如此英勇，打得朝廷军队节节败退，都从城池侧门出来看热闹。这些人站在城南一处高坡上，远观两军厮杀交战，兴致勃勃，竟有数万之众。

行军总管宇文忻见状，立即找到韦孝宽、高颎，提出一个计策，那就是派人进攻那群围观的百姓，制造混乱，然后往城内驱赶百姓，趁机攻城。只要拿下邺城，城外这十几万叛军士气定会受到影响，到那时叛军也就不战自溃了。

韦孝宽听完，觉得有道理，但是毕竟要对百姓下手，还是心中不忍，但高颎觉得，非常时刻当用非常之谋，能取胜才最为重要。

韦孝宽见高颎应允，也就同意了，当即调来一支精兵，先朝着围观百姓射箭，制造混乱。那些百姓有的受伤，有的被射杀，顿时哭天抢地往城内奔逃。此时，高颎、李询亲自率领精兵驱赶百姓入城，利用混乱场面，用百姓作掩护，顺利冲杀进邺城内。

邺城外的叛军都是背城而战，而此时邺城告急，城内乱做一团，城上浓烟四起，旌旗被折断，城池已经被高颎、李询攻陷。

宇文忻趁机让士兵大呼：“邺城已丢，叛军战败！”

叛军不知道城里情况，眼看背后被偷袭得手，士气顿时受到很大影响。

韦孝宽也趁机指挥关中精锐反攻，邺城叛军死伤惨重。

最终，尉迟迥战败，被官军围住。尉迟迥见大势已去悲叹一声，便自刎身亡。尉迟惇和尉迟勤率领残兵败将，向东逃跑，但很快被朝廷大军追上围剿。

尉迟迥一死，叛军就没有了主心骨，如同一盘散沙，韦孝宽毫不费力，横扫相州叛军势力，三个月内，平定叛乱，肃清响应尉迟迥的藩镇势力。十月，韦孝宽班师回朝。不过，经过这几个月的指挥作战，韦孝宽积劳成疾，于十一月去世了，享年 72 岁。

尉迟迥是"三方叛乱"的主力，他灭亡了，剩下的司马消难和王谦之乱，杨坚倒是没有那么担心了。

接下来，杨坚开始对付司马消难。司马消难原是北齐人，字道融，河内温县人。司马家族在北齐是当之无愧的豪门大族，而司马消难也是一个不折不扣的豪门子弟，接受过正统的教育，读过一些经史子集，结交了不少才子。他经常举办宴席，宴请名流，高朋满座，他的名气也因此在北齐广为流传。后来，司马消难娶了高欢的女儿，被升为驸马都尉、光禄卿，曾出任东魏的豫州刺史。

后来高洋篡权，建立北齐，跟北周抗衡。高洋晚年的时候，猜忌心很重，昏庸暴虐，还滥杀朝廷大臣和宗室，使得朝野上下人人自危。司马消难因为与宗室高涣关系甚密，被高洋猜忌，被迫打算投靠北周。

高洋得知此事，派人围堵缉拿司马消难，但宇文护派杨坚的父亲杨忠和达奚武带兵前去接应。由于杨忠用兵巧妙，冲破了层层围堵，把司马消难安全带回北周。

司马消难投靠北周后，被授为大将军，封荥阳郡公。由于杨忠这次极力营救司马消难，因此，司马消难对杨忠抱有感激之情，二人结拜为兄弟，交情很深，司马消难经常去杨家做客。杨坚对他一直以叔父之礼相待。

后来，宇文阐娶了司马消难的女儿，等 8 岁的宇文阐做了皇帝后，司马消难的女儿成了皇后，司马消难被任命为郧州总管，掌握了地方实权。周宣帝驾崩后，杨坚大权独揽，掌控朝政，这让司马消难无法接受，他认为自己的资历比杨坚老，跟皇帝的关系更亲近，所以，他更有资格做北周的辅政大臣。

在权力面前，任何亲情都靠不住，更别说昔日结拜的交情了，司马消难认为杨坚的辅政大臣之位本该是他的，他心中嫉妒得发狂，就在尉迟迥起兵一个半月以后，司马消难指使心腹田广等人，杀掉总管府长史侯莫陈杲、郧州刺史蔡泽等40余人，然后率领他管辖的八镇兵民起兵响应，反叛朝廷。

但司马消难觉得此时声势还不够，为了争取陈国的支持，他把儿子司马泳送到陈国为人质，希望陈国能出兵帮他，共同对抗朝廷大军。

当然，司马消难的起兵也绝不仅仅是头脑发热、眼红嫉妒这么简单，虽然他地位尊贵，又担任地方大员，拥有实权，但是，司马消难也看出了杨坚"挟天子以令诸侯"的野心，恐怕用不了多久，杨坚就会篡权夺位，改朝换代，到那时，北周小皇帝宇文阐的下场可想而知。自古以来，这样被废的前朝皇帝往往都没有好结果，禅让过后，必然会死于非命。

司马消难作为国丈，他很清楚，一旦杨坚夺权，建立新朝，废掉宇文阐，自己这个国丈的好日子恐怕也就不多了。只有保住宇文阐的皇位，击败杨坚，他这个国丈的身份才能稳固，司马家族的荣华富贵才能保住。否则，到时候，司马家族也会跟着宇文皇室一起沦为政治牺牲品。

正是因为司马消难看准了这一点，他才会冒险起兵，反对杨坚。

此时的杨坚，正在关注尉迟迥那边的战局，得知司马消难起兵的消息后，他勃然大怒，立即传旨命襄州总管王谊担任行军元帅，征调荆州、襄州一带的军队，讨伐司马消难。

这个王谊也不简单，他熟读兵法，善于计谋，而且不畏强权，当年宇文护专权时，有位大臣上朝时仗着是宇文护的亲信，对北周明帝宇文毓不恭，王谊见状勃然大怒，拔剑上前就要砍了他，震惊众人。从此，朝臣们再也不敢在皇帝宇文毓面前放肆了。

后来周武帝宇文邕当政，王谊跟随宇文邕四处征战，立下不少功劳，深受周武帝的信任和赏识。

不过，周武帝很快就驾崩了，周宣帝宇文赟即位。宇文赟性格乖戾，处处跟父亲对着干，极其叛逆。王谊由于性格耿直，刚正不阿，又深受周武帝器重，自然被宇文赟所不喜，所以就被外放到襄州担任总管。

这时，王谊接到朝廷的任命，十分上心，不足 10 天，他就在荆襄之地，组建起一支强大的队伍。八月初，王谊亲率大军，浩浩荡荡向郧州进发。

司马消难在朝中之时，就畏惧王谊，知道王谊是个厉害角色，颇懂兵法，为人正直。此时听说王谊亲率大军前来平叛，竟然吓得连夜带着亲信，渡江逃去陈国了。

当时南陈正是陈宣帝当政，他对司马消难还不错，直接任命他为车骑将军、大司空、随郡公，可以继续对北周郧州八镇发号施令。

不过，这种遥控指挥，实在难有什么效果，身为主帅，连夜逃走，让部下留下来对抗朝廷大军，军队战斗力很难保证。再加上他也没有征战杀伐的胆量和能力，只会纸上谈兵。他掀起的这次叛乱，不到一个月就被王谊给平定了。

捷报传回京师，杨坚很高兴，趁机拉拢王谊，把自己的第五个女儿嫁给了王谊之子王奉孝，这样他和王谊就算结亲了。不久，杨坚又派人拟旨，封王谊为大司徒，位列三公。

至此，王谊这位忠于北周宇文家族的一代名将，就开始倒向杨坚一边了。

之后，就是平定王谦之乱。王谦起兵反抗朝廷，跟尉迟迥和司马消难不同，他既不是因为嫉妒和眼红，也不是想通过清君侧来获取更多的政治资源和更高的地位。王谦只是单纯地忠心于北周皇室，看不惯杨坚这种专权行为，要整顿朝纲，清除权臣。

王家也是关陇贵族，王谦的父亲王雄，曾经跟着宇文泰南征北战立下不少功勋，后来跻身于西魏十二大将军之列。北周取代西魏之后，王雄官至太傅，封庸国公，食邑万户，是北周为数不多的几个万户侯之一。

不论是王雄还是王谦都有很强烈的忠君思想，他们家族的荣耀都来自于宇文家族，他们又是北周的臣子，所以满脑子都是忠君报国的思想。

王谦在巴蜀之地得知杨坚辅政，大权独揽，操控皇权，架空皇帝，先后诛杀宇文家族宗室成员后，十分愤怒，认为杨坚是乱臣贼子，王家世代深受皇恩，理应拨乱反正，匡扶宇文氏。

于是，王谦于大象二年（580）八月七日，宣布起兵谋反，讨伐杨坚。

他管辖之下的西南地区的18个州纷纷响应，甚至附近渠、庸等10个州也表示会配合响应，共同进退。

杨坚在京城得知这个消息时，顿感压力，因为尉迟迥、司马消难之乱尚未解决，两地至今都没有捷报传回，王谦选择这个时候起兵，简直是乱上加乱。巴蜀地区地势险要，如果王谦占据巴蜀与长安断绝关系，坚守自立，对朝廷是一次严重的打击，也严重威胁着西部的安全。

平乱刻不容缓，杨坚立即任命梁睿为行军元帅，率领20万大军前往征讨。

梁睿也是世家大族出身，他的父亲梁御曾官拜西魏太尉。他成年后步入行伍，征战厮杀30年，是北周的一位名将。此时刚好50岁的梁睿，作战经验丰富，用兵如神，做事干练，亲率20万大军，信心满满进逼益州。

这一路行军很顺利，先是破通谷、龙门两处要隘，势如破竹，然后大造声势，挥师西进，向剑阁等地进军。

剑阁是益州的天险，地势险峻，但是通谷、龙门迅速失守，已经吓破了剑阁守将的胆，等梁睿大军一到，剑阁守将就不战而降了。

最后，梁睿与王谦在成都进行了一场大决战，王谦命麾下将领达奚惎、乙弗虔守城，他亲率5万精兵，在城外布阵，与梁睿的大军对战。但是，王谦不知道达奚惎、乙弗虔已经私下投降了。这一战里应外合，梁睿彻底击垮了王谦的军队。王谦只带了几十骑逃走，在新都县被当地的县令擒获，押送到了梁睿军中。

梁睿为了尽快平息叛乱，下令将叛军首领王谦当众斩首，将其首级传送到京师。至此，益州王谦之乱结束。

四、晋封隋王

三方叛乱来势汹汹，但只用两个多月就都被平定了，并没有对朝廷造成多大危害。朝廷内部反对声音也渐渐平息，匡扶北周皇室的呼声并没有掀起风浪。究其原因，北周刚刚建国24年而已，在那个动乱的年代，许多臣子还没有形成绝对的忠君意识。

那个时代的权贵和士大夫，见惯了丛林法则，弱肉强食，宇文泰扶持西魏皇帝，成为权臣，把持朝政。宇文护改立北周，继续做权臣，架空皇帝，甚至还亲手废掉、杀害三个皇帝。这弱肉强食的一幕一直在上演，谁的权力大、实力强，就可以操纵朝政，甚至废立皇帝，大臣们对此早已司空见惯。

此外，周宣帝在位期间，性格古怪、凶残暴戾、穷奢极欲、胡作非为，已经让许多老臣、重臣心灰意冷，对北周失去了信心。相反，自从杨坚辅政，他拨乱反正，修改律法，赏罚有度，厉行节俭，赢得了大臣和百姓的认可和尊重。因此，许多人心中已经在默默支持杨坚了。

平定三方叛乱后，杨坚的统治更加稳固。大象二年（580）九月，杨坚以周静帝的名义，废除了左右大丞相，增加大丞相一职，由他担任这个增设的大丞相，独揽相权，真正做到了一人之下，万人之上。

接着，杨坚又任命长子杨勇为洛州总管、东京小冢宰，统辖原北齐旧地。同时还高规格追封他的曾祖杨烈、祖父杨祯、父亲杨忠，使得杨氏家族更加尊贵。

与此同时，杨坚看着宇文家族剩下的几个宗室亲王也格外碍眼，于是开始进一步清理宇文氏宗族势力。就在十月，杨坚先找了个借口，诛杀陈王宇文纯。十二月，又诛杀了代王宇文达、滕王宇文逌。这样一来，所谓的"五王"都被杨坚除掉了，他们的势力也被连根拔除。至此，宇文家族彻底衰落，无法跟杨坚抗衡。

在杨坚的授意下，郑译、刘昉等人以大丞相功盖寰宇，理应封王为借口，游说周静帝宇文阐，封杨坚为王。

宇文阐当时只是个8岁的孩童，他哪有什么主见，见一群大臣联合进谏，直接就蒙了，很快答应下来。同年十二月周静帝下诏，将杨坚由隋国公晋为隋王，封了十郡之地为其国，在他的封国内，可以设置丞相以下各级官职。杨坚安插自己的亲信为官，提拔忠于他的人才，开始打造小朝廷的班底。

转眼到了新年，新一年应该有新气象，杨坚早就做好了在这一年改朝换代的准备。

于是，大象三年（581）正月初一，杨坚便以周静帝的名义下诏改元，把大象三年（581）改为大定元年（581），这个年号，有天下大定的意思，也暗示着他要鼎定乾坤了。同年二月九日，周静帝又下诏拜杨坚为相国，可剑履上殿，赞拜不名，加九锡之礼，身为臣子，他的权力已经达到了顶峰，只差最后一步废掉皇帝，自己登极了。

这时，满朝文武大臣都看出杨坚想要做皇帝，于是，有大臣开始秘密上表，劝杨坚登极为帝。第一个上表之人就是并州总管李穆，其他大臣见状也不甘落后，这可是效忠的大好机会，而且也没有风险，一旦成功，那就是拥戴之功，顿时，群臣纷纷上表劝谏杨坚登极。

杨坚虽然心中很想这么干，却不能直接接受，自古以来，尤其是秦汉之后，君王禅让时是需要"三让三拒"的，这是一块遮羞布，不能在群臣面前直接上演夺权的戏码，那样是会被诟病的。哪怕三国时期曹丕篡汉，也是走这个过场。

群臣上书劝进，杨坚推辞了，于是，李穆联合大臣，进宫胁迫小皇帝周静帝主动将皇位禅让给隋王杨坚，以保全性命，让天下太平，百姓免遭战乱灾祸。

宇文阐只是 8 岁的孩子，哪见过这等架势，看到大臣们跪地相劝，他吓得哭着跑去宫内去问皇太后杨丽华，也就是杨坚的大女儿。

为什么小皇帝不去问自己的生母皇太后，而是去找杨坚的女儿呢？

主要是因为周静帝的生母皇太后朱氏没有强大的外戚做靠山，朱家不是关陇贵族，势单力薄，平时在宫内都得看别人的脸色，做事谨小慎微，面对这等大事，她哪敢多嘴？

另外，杨丽华是天元大皇后，她性格善良，对宇文阐也很好，将他视如己出，二人感情很深。周静帝还是小孩子，自然分不清楚那么多错综复杂的关系。他觉得杨丽华是正牌皇太后，威望高，平时对他好，有大事情就应该找她帮忙解决。

那杨丽华得知这件事后，又是如何表现的呢？

根据《北史》记载："后初虽不预谋，然以嗣主幼冲，恐权在他族，不利于己，闻昉、译已行此诏，心甚悦。后知隋文有异图，意颇不平。及行禅代，愤惋愈甚。"

意思是说，杨丽华在周宣帝刚驾崩时，是希望杨坚辅政的，毕竟新皇帝年幼，而外戚太多，权力落到自己人手里，总比落到别人手里强。于是见到刘昉、郑译起草的诏书内容是让杨坚做辅政大臣，杨丽华内心是高兴的。但后来得知杨坚想要宇文氏的江山，胁迫周静帝禅让，杨丽华非常生气。

皇太后杨丽华派人宣杨坚入宫，当面质问他，是否真有此意。

刚开始杨坚沉默不语，但面对大女儿的不断逼问，杨坚也只好摊牌说道："大臣们纷纷上书，持此意见，我能有什么办法？再说，我现在做了异姓王，功高震主，诛杀五王，有多少人希望我倒台，置我于死地？我现在也是骑虎难下，无法回头了。只要我交出权力，那么接下来，我们杨家，包括你在内，都将死无葬身之地。所以，为了杨家，为了天下黎民百姓，我也只能硬着头皮干下去了。"

"你……"杨丽华彻底心惊了。

她本以为把父亲宣入宫内，能够用亲情打动他，保住宇文家留下的江山。只要再过几年，宇文阐就能自理朝政了，父亲再还政给皇帝，大家相安无事，自己依然是皇太后，可以庇护杨家不倒。

但是，杨丽华从她父亲的眼神和表情看出，杨坚是认真的，是经过深思熟虑、早有安排和部署的，他已不能回头了。

正如杨坚所说，他功高震主，诛杀五王，已经骑虎难下，只要他交出权力，很快就会有人夺走他的权力，然后给他致命一击，将杨家彻底铲除。

杨坚绝不会为了一个虚妄的"仁德"名声，就拱手交出权力，然后任人宰割。他只要狠下心，就可以改朝换代，打造属于杨氏的江山，成为开国皇帝，不必再如履薄冰，受制于人，每日提心吊胆，钩心斗角，随时有灭族之祸。

最是无情帝王家。

杨丽华无助大哭，伤心欲绝，转身进了内宫。

看着女儿悲痛的样子，杨坚内心复杂，知道自己这么做，对不住女儿。但是，他不能心慈手软，否则，一步踏错就是万劫不复。

杨坚望着女儿远去的身影，心中打定主意，等自己做了皇帝，一定不能亏待她，让她善终。

第五章

建立大隋，剪除外患

一、代周立隋

杨坚解决掉朝中内外的麻烦之后，已经大权在握，稳如泰山。此时，劝杨坚登极的呼声此起彼伏。

杨坚当然不能马上接受，所以，他再三"推辞"，劝进的大臣们也很配合，再三劝进他登极，他越是推辞，群臣就越要劝说，大家都心知肚明这是做戏，所以，每个人都极力表演。

地方上握有重兵之人，如梁睿、李穆、王谊等人也都纷纷上书劝进，他们说话的分量更重，朝中文臣武将纷纷跟进，最后，杨坚只好"不得已"接受了。

群臣组团去了后宫，到周静帝宇文阐那里请愿，希望他能够顺应天意，禅位给隋王杨坚，既能保全性命，又能流传贤名于后世。

见到大臣们长跪不起，眼神中带有威胁之意，8岁的宇文阐吓坏了。皇太后杨丽华见到此情此景，心知宇文家大势已去，只好让宇文阐接受大臣们的请愿，下诏"禅让"皇帝之位。

其实，让小皇帝下诏禅让只是表面程序，诏书根本不用他来写，早有人准备好了禅让诏书，下笔之人，就是才华横溢的李德林。

据《隋书》记载，诏书是这样写的：

> 元气肇辟，树之以君，有命不恒，所辅惟德。天心人事，选
> 贤与能，尽四海而乐推，非一人而独有。周德将尽，妖孽递生，

骨肉多虞，藩维构衅……相国隋王，睿圣自天，英华独秀，刑法
与礼仪同运，文德共武功俱远……朕虽寡昧，未达变通……今便
祇顺天命，出逊别宫，禅位于隋，一依唐、虞、汉、魏故事。

诏书的意思很明显，把北周气数已尽、叛乱四起、骨肉相残的事情描
述一下，然后表示天下已归心于隋王，虽然皇帝年纪小，但也看清了北周
形势，甘愿禅位于隋王了。

杨坚再三推让才接受禅让，至此，这场北周禅让的表演才结束。在公
元 581 年二月十三日，杨坚举行禅让大典，接受了北周的传国玉玺，正式
称帝！

这一日，杨坚正式登极，在南郊设坛，祭祀告天，下诏大赦天下，更
新国号为"隋"，改元开皇，都城依旧是长安，杨坚就是史书中的隋文帝。

杨坚这一次鲤鱼跃龙门，实现了身份大逆转，一跃成为大隋王朝的开
国皇帝。接下来，杨坚开始追封祖宗，册封皇后，册立太子，分封杨家宗
室子弟，也为朝廷的文武百官加官晋爵。这些都是登极之后的必要步骤，
因为有许多双眼睛都盯着他呢。

许多有拥戴之功或平乱有功的大臣，如李穆、王谊、梁睿等人，都率
先受到了加封，身份更加尊贵。

当然，李穆、王谊一直支持杨坚，积极响应杨坚的决策，他们得到晋
封理所应当。但是，也有一些官员耿直刚正，虽然没有站出来反对杨坚称
帝，但是也没有那么积极，甚至做好被冷落、辞官的准备，杨坚没有追
究，对他们加以安抚，展示自己这位新皇帝的宽宏大量。

当时有一个官员名叫荣建绪，他是西魏兵部尚书荣权的儿子，性情耿
直，颇有能力和学问。在北周做官时，他跟杨坚关系匪浅，就在杨坚准备
篡权、图谋取代北周的时候，荣建绪申请出任息州刺史。

杨坚觉得荣建绪有一定能力，想让他留在长安城帮助自己。于是，杨

坚亲自挽留荣建绪。

"荣大人，眼下正是多事之秋，你还是先别到息州当刺史了，就留在京城辅助我，到时候，你能获取更大的富贵！"

但是，荣建绪对北周可谓忠心耿耿，并没有因为跟杨坚关系好，就被荣华富贵所诱惑，他没有答应杨坚的请求。

"正因为现在是多事之秋，我才不得不离开京城，隋王，您是干大事的人，这是我等比不了的，但我荣建绪做事，有可为，有可不为。有些事，不是我该做的，我绝不做。有些话，不是我该听的，我也不敢多听。"

荣建绪拒绝了杨坚的拉拢，并没有留下帮助杨坚。他内心对道义的坚守、对北周朝廷的忠心，大过私交和个人名利。

数个月后，杨坚建立大隋，成为开国皇帝。等到各地刺史回京述职朝拜的时候，杨坚接见了荣建绪。此时，两个熟人的身份之间已经有了一道不可逾越的鸿沟。

杨坚面对昔日老友、今日向他跪拜的臣子，微笑问道："荣大人，当初朕苦口婆心劝你留下来，你却执意去息州任职，现在可曾后悔？"

杨坚的这一番话，其实有暗讽之意，杨坚想看到荣建绪的悔意，看到他跪地承认自己目光短浅，从而满足帝王的虚荣心。

但荣建绪并没有如杨坚所愿，而是列举出历史上的名人事迹，表明自己的态度。

荣建绪说："刘裕取代东晋，建立刘宋王朝时，东晋大臣徐广悲不自胜，失声痛哭，受人敬仰。三国时期，曹丕建立曹魏后，汉末大臣杨彪，自恃汉臣身份，不愿意为曹魏效力，于是辞官，终身赋闲在家。这些人虽然没有得到重用，但是对得住自己心中的道义，有什么可后悔的？我本来就是北周的臣子，不做僭越之事，本来就是为了守住自己的本分，难道正直之人都该后悔自己的坚持吗？"

杨坚闻言，虽然对荣建绪的话不满，但是内心还是很敬重荣建绪的，他忠于朝廷，忠于君王，恪尽职守，值得尊敬和信赖。

虽然刘昉、郑译都是杨坚夺权的关键人物，篡改了周宣帝遗诏，但是二人为了个人私利，把杨坚推到辅政大臣的位置，然后帮着杨坚对付宇文氏宗室。可以说，如果不是刘昉、郑译擅自做主，宇文家族的势力也不会轻易被杨坚掌控。杨坚内心中还是在不断疏远刘昉、郑译二人的，甚至打心底提防、厌恶这类人，毕竟他们今日可以出卖他的主子，做不忠之事，那么来日，他们也会为了利益出卖自己。

所以，尽管杨坚对荣建绪的说辞有些意见，但仍给荣建绪加官晋爵。

因为杨坚很清楚，隋王朝要稳固长久，就需要一大批像荣建绪这般正直忠诚，对朝廷无二心之人。此外，隋王朝刚建立，人心未稳，杨坚此举趁机展现了自己的包容大度，只要不站出来跟杨坚对着干，杨坚都会安抚，越是品格高尚的大臣，杨坚越是不计前嫌，一律加以重用。

正是杨坚善待荣建绪的做法，计前朝的旧臣看到了杨坚的帝王胸怀和气度，许多大臣逐渐断掉对北周的念想，开始一心为新朝廷效力。

就这样，杨坚笼络了人心，让朝廷的文武大臣们从心理上认可了刚建立的隋朝。

等政局平稳一些后，杨坚迫不及待地开始处理前朝小皇帝和宇文宗室，因为只要他们健在一天，威胁就依然存在。在杨坚看来，宗室的人与前朝的那些大臣不一样，大臣们无论效忠哪个朝廷依旧是臣子，但是前朝的皇帝、王爷都有皇室血脉，万一日后找机会谋反，会引发更大的动乱。若被有心人裹挟，打着"拨乱反正"的旗号，定然会掀起一场惊涛骇浪。

于是，杨坚在登极后，就下诏封周静帝宇文阐为介国公，食邑万户，其他北周诸王都降爵位为公。

即便如此，杨坚还是觉得不够彻底，只有将这些人除掉他才能安心。他有了这个想法后，便找来心腹商议此事。这时，内史监兼吏部尚书虞庆则劝谏杨坚，应尽早将宇文宗室全部杀掉，永绝后患。大臣高颎、杨坚之弟杨惠，也纷纷支持虞庆则。

杨坚内心高兴，但表面上还装作惊讶地问道："这样做，难道就不会让人心寒，觉得朕过于冷血无情了？"

虞庆则摇头道："现在不是心慈手软的时候，对敌人的仁慈就是对自己的残忍！这些亲王若是继续活着，哪怕陛下给他们爵位，给他们俸禄，好生供养着，但是，他们能够真心臣服吗？是陛下夺去了宇文家族的江山啊。您给他们再多的好处，他们也会一直仇恨您。一旦朝廷出现动荡，这些人很可能会出来兴风作浪。陛下能保证您的后人能像您一样英明神武，可以处理好这些问题吗？"

杨坚听到这里，心里已经有了想法，那就是斩草除根。因为杨坚也担心自己若是出现意外这些人会夺走自己的江山。

"好，那就听卿所言，就这么做了。"杨坚神色坚毅，脸上带着一丝杀机。

但这时，李德林听闻消息，立即进宫进言阻止。

"陛下，臣听闻您有意对前朝废帝和诸王动手，此事不可。"

"为何不可？"杨坚询问。

李德林解释道："若是陛下您刚登极，就对前朝废帝和诸王滥杀无辜，一定会让很多大臣寒心，有损陛下贤德仁义之名。而且，陛下的江山，本就是从孤儿寡母手中所得，许多人不服气，现在陛下只有展现宽宏气度，仁义之心，才能教化大臣和百姓向善，大隋王朝才能从动荡混乱之中解脱出来，进入到和平稳定的阶段。"

其实李德林这番话有一定道理。

但杨坚心中对儒家那一套仁义理论还是抱有怀疑的态度，因为自从北方少数民族南下之后，大国吞小国，朝代更迭频繁，儒家思想已经遭受了冲击。杨坚历经六朝，对血雨腥风司空见惯，他不想空讲仁义道德，而给自己留下政治隐患。

所以，这一次杨坚没有采纳德高望重、学问深厚的李德林的谏言，执意对宇文氏皇室成员赶尽杀绝。

"李爱卿只是一介书生，不知这其中凶险，哪有资格讨论此等国家大事，退下吧！"杨坚让李德林退出宫外，不许再劝谏。

就这样，杨坚开始布下杀局，三个月后，9岁的周静帝宇文阐忽然暴毙。随后，宇文泰、周孝闵帝、周明帝、周武帝、周宣帝等人的后代，也相继出事，莫名其妙地接连死亡。可怜宇文泰一代枭雄，最后被杨坚断了香火。

杨坚解决了北周宗室问题之后，还有一个人让他感到棘手，那就是他的女儿杨丽华。他是杨丽华的父亲，肯定不能像对付周静帝那样将她处死，毕竟她是自己的亲生女儿。而且自己也是因为沾了杨丽华的光，才能顺利辅政，最终改朝换代。他对女儿心存愧疚，因此，杨坚改封这位前朝的皇太后为乐平公主，许诺她　生荣华富贵，甚至还打算为杨丽华再招一个驸马，但被杨丽华拒绝了，从此她远离皇宫生活，守寡而终。

所有的问题都迎刃而解，一切阻碍被杨坚化解于无形，至此，杨坚真正坐稳了皇帝宝座。他心中清楚，自己得来的江山，不够光明正大，为了洗掉污点，他登极后立志做一代明君，能够大有作为，让天下百姓衷心拥戴他。于是，杨坚要开启一个属于他的盛世！

二、力压吐谷浑

杨坚夺权之初，爆发了"三方之乱"，使得北周的天下处于短暂的内乱之中。杨坚忙于派兵剿灭尉迟迥、司马难消、王谦及其他大大小小反叛势力，所以无暇顾及邻邦的动向。于是，南陈、突厥、吐谷浑都蠢蠢欲动，派兵滋扰北周边境，企图跟北周叛乱的将领里应外合，趁机把北周消灭，或从中渔利。

但是，随着杨坚用兵神速，及时镇压了三方之乱，并剪除"五王"，他开始腾出手来，面对外敌的滋扰。

这时，吐谷浑正派兵对隋朝边境用兵，打算趁着隋朝刚建立，人心不稳，政令阻塞的时候，多捞一些好处。

吐谷浑是中国古代鲜卑首领慕容吐谷浑，带着族人迁徙到西北地区后所建立的地方政权。经过上百年的发展壮大之后，其势力范围已经延伸到了新疆东南部地区，甘肃、青海、新疆的大部分地区，都已经在其控制范围之内。

> 其地东西三千里，南北千余里。官有王公、仆射、尚书及郎中、将军之号。
>
> ——《周书·吐谷浑传》

晋义熙元年（405），吐谷浑首领树洛干自称大单于、吐谷浑王。到了南北朝时，吐谷浑先后依附宋、齐、北魏。公元 535 年，吐谷浑王夸吕始称汗，建都于青海湖以西的伏俟城。

夸吕野心很大，称可汗之后，组建起一支强大的骑兵部队，朝着四周扩张，兼并了一些西域小国。北周内乱的时候，他看到机会，利用吐谷浑骑兵机动性强的优点，派兵骚扰北周边境。当杨坚称帝后，吕夸不但没有停下来，反而带了不少兵马侵入隋朝边境弘州。

由于隋朝刚建立，人心思定，杨坚正在推行新朝的政令并进行变革，以休养生息，所以，一开始他并不想跟吐谷浑交战。得知吐谷浑骑兵来回如风，不断侵扰边境，地方驻守的军队无法有效阻挡吐谷浑的侵扰，杨坚索性下旨撤掉了弘州建制，打算放弃那块地盘，以换取大隋立国之初的安宁。

但隋朝此举，不仅没有让吐谷浑见好就收，反而变本加厉，越过弘州，继续向凉州进发，看那架势还想长驱直入直到关中地区。杨坚这下怒了，决定不再隐忍，以牙还牙，要给吐谷浑一点颜色看看！

杨坚召集群臣，表情严肃地说："吐谷浑好大的胆子，数次进犯我边境。本来朕念着天下百姓思定，暂时息止干戈，没想到吐谷浑给脸不要脸，竟然更加肆无忌惮。这一次，朕决定派兵讨伐。"

大臣们见皇帝要抗击吐谷浑，纷纷附和赞同。毕竟朝廷的官员历经西魏、北周等朝，有丰富的作战经验，对出兵打仗这种事司空见惯。朝廷上下不乏骁勇善战之人，所以，杨坚西征吐谷浑的决策，得到了朝廷的广泛支持。

这一次，杨坚思索一番后，选中了元谐作为讨伐吐谷浑的将领。元谐是当年杨坚在太学读书时的同窗，二人私交不错。元谐精通军事，这些年立过不少功劳。在尉迟迥叛乱时，杨坚令元谐随韦孝宽出兵平乱，元谐立下大功。

因此，在杨坚建立隋朝后，元谐被升任为上大将军，封乐安郡公，食邑千户。

如今吐谷浑犯边，杨坚想到了元谐，命他挂帅出征。

临行之前，杨坚告诫元谐，此战要速战速决，驱除吐谷浑骑兵，保全百姓即可，不要深入高原，去吐谷浑的地盘作战。

元谐得到指示之后，心知陛下是要稳妥，不求大功，只求局势安稳。毕竟隋朝刚建立，杨坚不想因为吐谷浑把隋朝拖入战争的深渊，他现在只想安稳过渡，和平发展，让朝廷上下政令畅通，巩固他的皇权。

元谐临行前向杨坚做出保证："请陛下放心，臣一定谨记在心，完成使命。"

杨坚点头说："元卿做事，朕很放心，朕等你凯旋！"

根据《隋书·令狐熙传》记载："时吐谷浑寇边，以行军长史从元帅元谐讨之，以功进位上开府。"

此次出征，元谐为行军大总管，令狐熙出任大总管府长史一职，与其他诸路地方总管俱受元谐调遣、节制。

开皇元年（581）八月，元谐率军离开长安，沿途派人四处收集有关吐谷浑的情报，以便能够研究出制敌之术。

这一研究，元谐很快就发现了吐谷浑军的弱点，这是一个游牧民族建立的政权，平时居无定所，要对付这种游牧政权的大军，需要靠计策，不能正面硬打，毕竟吐谷浑军队都是骑兵，与中原的步兵相比很有优势。

吐谷浑可汗慕容吕夸，得知大隋出兵，也不甘示弱，继续征调各部落兵力开赴弘州、凉州一带，沿途甲骑不绝，准备跟隋军大战。

双方在青海丰利山一带相遇，并在此展开激战。吐谷浑大军的统领是河西总管、定城王钟利房及其太子可博汗。隋军这边是行军总管贺娄子干率先锋率先抵达。由于这次隋军出动的也是精锐，骑兵数量也不少，所以并没有把吐谷浑军队放在眼里，直接发起了猛攻。

战斗一打响，隋军这方就势如破竹。面对敌人来犯，大隋将士个个奋勇当先，一往无前，打得吐谷浑军节节败退，第一次交锋，以吐谷浑的失败结束。

钟利房与可博汗带兵退了20里安营扎寨，商议对策。钟利房认为，单凭吐谷浑的力量很难战胜隋军，需要外援帮助才行。

可博汗不解问道："我们找谁来帮忙？"

钟利房回答："派人去联络党项各部，邀请他们出兵，形成一支奇兵，从侧面偷袭，这样可以大胜隋军。"

可博汗一听，觉得定城王钟利房的建议不错，就让他立即实施。钟利房派人携书信前去联络党项各部，邀请他们出兵共同攻打隋军。党项各部迫于吐谷浑的压力，同意出兵。

钟利房得到回信之后大喜，他连忙让太子可博汗率主力军负责正面作战拖住隋军主力，自己亲率2万精锐，悄悄地从上游渡过黄河，绕到隋军的背后偷袭，夹击隋军。

不得不说，钟利房的想法是很好的，但是，隋军主帅元谐可不是那么轻易上当的人。

当首战告捷之后，元谐已经率领主力大军抵达，他用兵谨慎，派出许多探子，时刻关注吐谷浑军营的动向，提前知道了吐谷浑派人去党项请援军的事，也洞悉了钟利房要分兵渡河偷袭的计划。

元谐决定将计就计，亲率大军，对吐谷浑太子可博汗率领的主力发起了猛攻。可博汗哪里抵挡得住，在隋军攻击下，被迫向后撤军，向青海湖的方向撤退。钟利房率领的 2 万精锐刚要渡河，发现隋军已经开拔，打得吐谷浑的主力移动了位置，他之前想的偷袭计划宣告失败。于是，钟利房连忙回师，在丰利山一带被隋军围堵。

双方进行拼杀，隋军早有准备，以逸待劳，而吐谷浑的游牧骑兵在山间发挥不出威力，因此被隋军打得大败。

元谐见状，下令乘胜追击，将太子可博汗率领的主力部队击败于青海湖附近。可博汗和钟利房被隋军围困，难以突围，大为惊慌。这时，元谐没有赶尽杀绝，而是停止进攻，派人送去书信，对二人晓以利害，许诺只要他们肯认输，就能饶过他们，两国和好如初，从此停止干戈。

钟利房和可博汗权衡再三，只能答应元谐的条件，与元谐缔结盟约。盟约中规定吐谷浑退出所侵占边陲地区，并向隋朝称臣。

盟约达成，吐谷浑残军退走。元谐留下贺娄子干等人镇守凉州，自己率军班师回朝。

在这场战争中，隋军斩杀吐谷浑兵马数以万计，其中俘虏的士兵更是不计其数。盟约缔结后，吐谷浑太子可博汗带领王侯在内的 30 多人率领部众，投降于隋军。

隋文帝为了安顿这些投降的士卒，专门册封吐谷浑高宁王为河南王，专门负责统领这些吐谷浑部落的降卒。而吐谷浑可汗夸吕可汗见势不妙，立马率领自己的军队沿着青海湖向东逃窜。

这是隋王朝与吐谷浑的第一次正面交锋，这次战争的胜利，极大地提高了杨坚的自信，既树国威，又树皇威，这是杨坚登极以来最扬眉吐气的时刻，他亲自下诏褒奖元谐"伸张国威，开疆拓土"，论功晋升元谐为柱国，皆大欢喜。

三、稳固内政，颁布《开皇律》

杨坚解决了吐谷浑侵扰边境的问题后，有更多精力来稳固大隋江山，推行新的治国举措。他做了三件大事，这三件大事不论是对当时刚建立的隋朝，还是对后世王朝，都有巨大的影响。

第一件大事是改革中央官制，确立了三省六部制。

北周的中央官制为六官制。中央设立大冢宰、大司徒、大宗伯、大司马、大司寇、大司空，这六官又叫天官、地官、春官、夏官、秋官、冬官，分别掌管各类行政事务，六官由大冢宰统领。六官制是宇文泰当政时制定出来的制度，后来一直沿用到北周。

当初宇文泰之所以实行六官制，其实是出于两个方面的考量。

第一，追求复古，证明西魏政权的合法性。宇文泰一手打造了西魏朝廷班底，挟天子以令关中诸侯。草创之初，西魏的实力的确不如东魏，宇文泰为了跟东魏抗衡，突出西魏政权的合法性，于是想借助关中的地缘优势做文章。毕竟这里出过西周、秦等正统王朝，尤其是西周，在古人心目中地位很高。所以，宇文泰就效仿西周法度制定天、地、春、夏、秋、冬六官制度，西魏实行新的六官制度，宣示了西魏的正统性。

第二，强化个人专权地位的需要。宇文泰是西魏的实际控制者，若要将专权合法化，需要有一个适合的官职使他的地位合法化。于是乎，宇文泰推行新的六官制度，其中大冢宰（天官）能统领其他五官，居于主导地位。宇文泰当仁不让担任了大冢宰之职，为他把持西魏朝政提供了制度依据。

基于这两个原因，宇文泰推行六官制度，这项制度一直沿用到北周，直到杨坚辅政专权新搞出了一个大丞相之职，才跳出了六官制度的限制。

如今，杨坚建立了隋朝，他深知六官制度的弊端。因此，杨坚对六官制度十分嫌弃，他可不想在大隋王朝养出一个权臣来。因此，杨坚决定废除六官制度，实行汉魏官制。

何谓汉魏官制？它既不是汉朝官制，也不是曹魏的官制，是把南北朝时期经过历代政权改革的中央官制杂糅到一起，重新整合，从而形成一套新官制，以适应全新的大隋王朝。

根据史书记载，杨坚是这样设置的：

> 置三师、三公及尚书、门下、内史、秘书、内侍五省，御史、都水二台，太常等十一寺，左右卫等十二府，以分司统职。
>
> ——《资治通鉴》

这个新制度的核心，就是三省六部制。

所谓三省，就是内史、门下、尚书三省，与唐朝的中书、门下、尚书三省相当。其中，内史省负责起草诏令，长官叫作内史令；门下省负责审核诏令，长官叫纳言；而尚书省则负责执行，长官叫尚书令。由于尚书令位高权重，一般情况下此职空缺。所以尚书省实际长官为尚书省副官左右仆射。

隋朝的六部则是尚书省下设的吏、礼、兵、都官、度支和工等六个行政部门，后来唐朝的吏、户、礼、兵、刑、工六部，就是从隋代六部的基础上发展而来。

三省六部制是中国古代官职发展过程中的一大变化。三省之间相互制约，使得权力集中于皇帝之手，皇权变得更加稳固。

三省制的推行，将决策权与行政权分离。比如内史省和门下省是最高决策部门，主管诏令的起草和出台，但是不管执行。而尚书省是最高行政部门，主管诏令的执行，但是不管决策。这也分割了宰相的权力，有利于皇帝集权。

接下来，杨坚开始对地方制度进行改革，把原来的州、郡、县三级行政体制，改为州、县两级。因为当时行政区偏多，造成地方上混乱不堪的局面，官员冗余，不好管理，同时也增加了财政成本，于是，地方体制的改革迫在眉睫。

开皇三年（583），隋文帝杨坚下诏，撤销全国各郡，这样之前实行的州、郡、县三级制，又变成了州、县两级制，地方行政区划变少，地方财政支出也随之减少，减轻了百姓的负担，是利国利民的一件好事。

此外，地方佐官也改为由中央直接任命，不再由地方长官自行辟召了。秦汉以来，地方官征辟佐官，大多任用地方门阀士族子弟，毕竟强龙压不过地头蛇，哪怕是朝廷任命调过来的刺史、县令等，也需要依靠地方高门大族打好关系，才能站稳脚跟。

隋文帝杨坚还规定，原来由地方行政长官辟召的佐官，统统下放担任乡官，只管地方教化，不再管理行政事务。从此，地方佐官一律由中央朝廷任命，而且考核严格，一年一小考，四年一大考，是去是留要依据考核情况而定。

这样一来，隋文帝加强了中央集权，将地方官吏的任免权重新掌握在了朝廷手里，中央和地方的步调高度一致，也使得政策条令的推行更加顺畅，地方门阀士族的影响力被削弱，从这一点，可以看出隋文帝的战略目光和政治手腕都是很强的，促进了社会的进步。

中央和地方的制度都健全了，接下来，隋文帝杨坚对律法也进行了改革，他认为北周的律法已经不适用隋朝。北周法规又杂又乱，而且多是重典，尤其是周宣帝时期，更是搞出了严刑酷法，即便是朝廷大官，也经常因为小错被杖责，搞得大臣们人心惶惶，所以才被杨坚钻了空子。

杨坚是既得利益者，更清楚律法的重要性。律法关乎国家的安稳，没有一部合适的律法，官员畏惧，百姓恐惧，这样的高压环境下，王朝不灭亡才怪。

所以，隋文帝杨坚刚登极不久，就组织大臣，修订法律，制定出新的律法——《开皇律》。他要求新的法律条文务必从简、从疏。最后，把北周1800条律法条文，删减到了500条，减少了三分之二还多。减轻了施加于百姓身上的枷锁。

去前世枭、辗及鞭法，自非谋叛以上，无收族之罪。始制死刑二，绞、斩；流刑三，自二千里至三千里；徒刑五，自一年至三年；杖刑五，自六十至百；笞刑五，自十至五十……除前世讯囚酷法，考掠不得过二百；枷杖大小，咸有程式。

——《资治通鉴》

这是被记载于史书的隋朝律法内容，我们可以看出，《开皇律》中废除了车裂、枭首示众这一类的酷刑。除了谋反这样的重罪，其他罪名不得株连。

每一类刑罚，都要比前朝轻很多。比如第五类笞刑，周宣帝时期杖责的底线是240下，隋朝一般是10—50下，如此对比，可见隋朝刑罚已经大为减轻了。

此外，新律法中严禁严刑逼供、屈打成招。《开皇律》中的许多法律思想，哪怕放在现代，也都是先进的。

所以说，隋文帝制定的《开皇律》，几乎奠定了中国古代法律的基本精神和基本框架，此后历朝法律，如唐律、元律、明律、清律一律以《开皇律》为蓝本。可以说《开皇律》奠定了中国封建社会后期法律制度的基础。据说，它还影响了后世日本、朝鲜、越南等邻国律法的修订，甚至足以跟西方《汉谟拉比法典》相媲美。

隋文帝大刀阔斧地对政治、法律等方面进行的一系列改革，打造出了一套适合隋朝的治理模式，推动着这个崭新的王朝蒸蒸日上。

四、选贤任能，营造新都

隋文帝杨坚进行了一系列改革，隋朝政治环境焕然一新，但再好的制度也需要人来运行，接下来，杨坚开始选贤任能，搭建朝堂各机构的文武班子。

首先，隋文帝选择高颎担任尚书省、门下省的长官，地位最高。其次，任命虞庆则和李德林共同执掌内史省。虞庆则兼任吏部尚书，李德林兼内史令一职。

> 以相国司马高颎为尚书左仆射，兼纳言；相国司录京兆虞庆则为内史监，兼吏部尚书；相国内郎李德林为内史令。
>
> ——《资治通鉴》

这三人都在杨坚夺权称帝的过程中做出过突出贡献，是杨坚强有力的支持者，而且他们也都具备很强的能力。高颎文武全才，讨伐尉迟迥之乱时担任监军，不仅稳定了前线局势，还带兵辅助韦孝宽消灭了尉迟迥之乱，功劳最大。

虞庆则在前期虽然没有出上力，但是在杨坚称帝后，他第一个提出诛杀北周废帝和宇文宗室诸王，成为隋文帝在朝堂上的一把利剑。至于李德林，在杨坚身边出谋划策，辅助他成为大丞相，又拟定禅让诏书，在平定尉迟迥之乱时，也起到了关键作用。只不过，后来在是否诛杀北周宗室这个问题上，杨坚与李德林的想法背道而驰，所以三人中他的地位最低。

除了高颎、虞庆则、李德林三人外，还有一个人也受到了隋文帝的重视和提拔，此人就是杨坚的堂侄杨雄。杨雄一直跟在杨坚身边鞍前马后，为杨坚建立隋朝立下不小功劳。杨坚提拔杨雄担任十二卫大将军中的左卫大将军一职，相当于国家最高军事统帅。

这四个人成为当时隋朝文武班子中最重要的核心政治人物。之后，杨坚又物色了一个能臣，这个人就是苏威。

据史书记载，苏威出身不凡。他的父亲苏绰也不是个简单人物，他曾是第一批支持宇文泰建立西魏的大臣。苏绰博学多才，向宇文泰提出了著名的《六条诏书》，从教化、选才、狱讼、赋税等六个方面，阐述如何治理好国家，还创立记账法，编写财政预算等，这些建议都被宇文泰采纳，帮助宇文泰迅速稳住了西魏的朝政局面。

宇文泰此后把苏绰当成了治国能臣，下令让大臣们背诵《六条诏书》，并学习苏绰创立的记账法，如果不懂这些，无法做官。

公元546年，苏绰病故，灵柩要被运去乡里归葬时，宇文泰在城门扶棺痛哭，十分惋惜失去这位治国能臣。

> 尚书平生为事，妻子兄弟不知者，吾皆知之。惟尔知吾心，吾知尔意。方欲共定天下，不幸遂舍我去，奈何！
>
> ——《周书》

可见，宇文泰对苏绰十分认可，想着和他一起平定天下，奈何苏绰病故。

苏威因为父亲的光环，自然很早就被朝廷当政者关注到。宇文泰死后，宇文护专权，想要把苏威招揽到麾下，为己所用。宇文护还特意把他的女儿嫁给了苏威。苏威不敢拒绝，便娶了宇文护的女儿，但是，苏威为人谨慎，心思缜密，他看穿了宇文护这种权臣的下场一般都会很惨，因此他并不接受朝廷授予他的官职，新婚不久，就带着新娘子隐居山林，效仿竹林贤士，表示自己对官场毫无兴趣。

后来，宇文护被周武帝诛杀，许多人都被株连，但身为宇文护女婿的苏威却逃过一劫。不仅如此，宇文邕爱惜苏威父子的才学，多次下诏，希望苏威能够出山，到朝廷做官，但苏威无动于衷，以身体有病推托了。苏威自己都没有想到，他几次婉拒周武帝之后，名声反而更大了。民间传言苏威有麒麟之才，品行高洁，无心世俗，为许多文人、官员所钦佩。

杨坚建立大隋，正式称帝后，派人四处寻访苏威，发现苏威在乡下务农后，立即下诏传唤。苏威见天下大定，这才肯出山。他一入朝，就被杨坚任命为门下省的长官纳言，兼任度支尚书（相当于唐代户部尚书）。

那苏威的能力如何呢？可以说，苏威子承父业，甚至可以说是青出于蓝而胜于蓝，他不仅继承了父亲的才华，还做事务实，精通财赋，也懂得治国之道。他没有按部就班地继续执行他父亲在西魏初期制定的赋税措施，而是一上台，就立即制定新的赋役制度。

许多大臣对此并不理解，以为苏威是跟他老子的政策过不去，要凸显他的才能。但苏威绝非这样肤浅，他跟隋文帝解释，西魏建立之初，百废待兴，国库空虚，所以推行的赋役制度比较严苛，比如西魏时期，要求男子18岁算成丁，可以分到田地，每年要向朝廷提供田租、徭役、布绢等。

虽然与前代相比把成丁年龄提高到18岁，但底层百姓仍不堪重负。现在大隋地大物博，百姓人数也增加不少，可以适当减轻赋役，不然很容易让百姓生活难以为继。

杨坚听完之后也觉得有道理，大力支持苏威放开手脚去做，于是，苏威提出，要继续减轻百姓的负担。

根据《资治通鉴》的记载：

初令民二十一成丁，减役者每岁十二番为二十日役，减调绢

一匹为二丈。周末榷酒坊、盐池、盐井，至是皆罢之。

将成丁承担赋役的年龄提高到了 21 岁，无偿劳役从每年 30 日减少到每年 20 日。上交的丝绢从一匹降到两丈，减轻了农民负担。此外，苏威还宣布免收酒税和盐税，让利于当时的工商业者，这一系列惠民政策，瞬间赢得了大隋百姓对隋文帝的拥护。

苏威不仅很有政治才能，品德也很好，懂得勤俭节约的道理。他见皇宫里挂帐子的钩子都是用银子做成，十分心疼，于是，他找到机会跟杨坚滔滔不绝地讲起古人勤俭节约的故事，杨坚一听，大为感动，马上命人把皇宫里的银钩子换成铁钩子，带头提倡节俭。于是，勤俭之风在大隋蔓延开来。

在杨坚看来，苏威是一个处事干练、诚实可靠的人，值得更多的信任。开皇二年（582），隋文帝在纳言、度支尚书的基础上，又给苏威加了三个头衔，分别是大理卿、京兆尹、御史大夫，可见隋文帝对他的器重。

但苏威一点也没有骄傲自满，或是恃宠而骄，他一直战战兢兢，并没有被权力冲昏头脑。除了苏威，高颎也是如此，据史书记载，高颎即使在夜里也经常思考公务，每晚睡觉前，在床榻前放好纸笔，一旦梦中想到什么有利于治国的想法，半夜醒来后就立即记下，免得早晨忘掉。

隋初各项制度的改革，都倾注了这些重臣的心血，在他们的变革和运行下，隋朝上下气象一新，使得天下百姓都感受到了这个新王朝的朝气和温度，对于饱受战乱的百姓而言，自然十分感激朝廷，更加拥戴这位英明仁慈的皇帝。但隋文帝还觉得少了些什么，也许需要个大的仪式或工程，来显示新朝的恢弘气度，为过去的西魏、北周画上句号。

基于这种考虑，隋文帝打算建造一个新的都城，把京城的百姓和权

贵，都迁入新的都城之内。

目前大隋的都城长安位于渭水南岸，是西汉旧城。在西汉200多年的时间里，这里几经营建，曾经盛极一时，司马相如曾写过《上林赋》来歌颂长安，此处的繁华可见一斑。东汉、西晋、前赵、前秦、后秦、西魏、北周等都把长安城作为自己都城。

但除西汉之外，但凡在这里定都的王朝，存在时间都不长，最长的也只有30余年。而且，从东汉末年至隋朝立国，长安城屡遭破坏，往日的繁华盛景几度毁于战火。

到杨坚称帝时，长安城已经风光不再。规模狭小、凋败不堪，城市格局不规整，宫殿位于城市的西南角，无法彰显皇家气度。衙署与民居混杂，不便日常管理。此时的长安城水污染严重，因排污不畅，浅层地下水被严重污染，以致"水皆咸卤，不甚宜人"，加上渭水南侵的缘故，一旦洪水泛滥，城市就有被淹的风险。

另外，城内还有许多闹鬼的传闻，毕竟杨坚杀了不少宇文家族的人，因此，听到这些传闻，杨坚还是有些忌讳的。

开皇二年（582）六月，杨坚私下召高颎、苏威进宫商量再造新都之事，几人一直商量到半夜，最终，高颎、苏威都赞成迁都，但杨坚还是下不了决心。毕竟大隋立国不久，府库并不宽裕，建造新都这样耗时、耗财的浩大工程，杨坚还是有些犹豫。

不过，到了第二天，著名风水大师庾季才上的一道奏章，打消了杨坚的顾虑。奏章是这样写的："臣仰观玄象，俯察图记，龟兆允袭，必有迁都！"这句话的意思是说，他夜观星象，发现上天有所预示，大隋要迁新都了。

本来举棋不定的杨坚看完此话之后，打定主意营建新都。然后以李穆为首的许多关陇贵族也纷纷上书，站出来支持杨坚建新都，事情就这样敲定了。

开皇二年（582）六月，杨坚正式下诏营建新都。

这次建造新都，并不是要搬离关中地区，因为关内是杨坚的发迹之地，也是关陇贵族的大本营。这里进可攻，退可守，不能放弃。杨坚看中了龙首原以南的开阔地区，这里不仅是古人说的龙脉所在，而且地势平坦，远离渭河，不会受到水患影响。

位置大致圈出来了，但是由谁负责规划和建造呢？造城可是专业活儿，需要找到专业人士。杨坚看中一个人，他的名字叫宇文恺。根据《隋书·宇文恺传》记载，宇文恺是鲜卑人，从小"好学，博览书记，解属文，多伎艺，号为名父公子"。而且精通建筑方面知识，属于一个综合性人才。其实宇文恺的出身也很厉害，不亚于杨坚。宇文恺的父亲宇文贵跟杨坚的父亲杨忠一样，都是西魏的十二大将军。他的兄长宇文忻是一位名将，在平定尉迟迥叛乱时，立下大功。但宇文恺对带兵打仗并不感兴趣，反而钻研能工巧匠的技术，时间久了，他成为建筑方面的专家。

为了确保工程如期顺利完成，杨坚特地任命左仆射高颎为正监，全权负责新都的营建工作。宇文恺为副监，但新都的一切规划、设计、建造都由他实际负责。

为了使新都符合杨坚的心意，宇文恺多次前往洛阳、邺城这两大古代名城考察学习，利用关中龙首原南麓有六条高坡的地形特点进行设计，使新都北临渭水，东濒灞、浐，西有沣水，南面遥对终南山，位置选择得相当有讲究。

宇文恺将龙首原的六条高坡与《易经》乾卦中的六爻相结合，将新都城中最重要的建筑都建在这几条高坡延长线上。

总体来说，宇文恺的都城设计，体现了以下几大特点：

（一）规模宏大，气势雄伟。

新都城规划东西长 9721 米，南北宽 8652 米，周长为 36.7 千米，总占地面积为 83.1 平方千米。这个规模不论是在中国古代，还是在当时世界上，都是无与伦比的。它约是汉代长安城的 2.3 倍，与国际上的国都相比，它更是当时东罗马帝国都城拜占庭的 7 倍左右。可见，大隋新建的大兴城，是当时当之无愧的世界名城。

（二）城中街道纵横如格子，把城市分割成一个个坊区，分区管理。

城中街道宽敞，外部城门通向城门的几条主干道宽度在 100 米以上。特别是城内的朱雀大街宽达 150 米左右。城内的街道纵横交错，形成网格，把整个大兴城分割成 108 个区域，称为 108 坊，每坊都有专名，置专门的管理机构，管理起来极为方便。每一坊中都有街道，到了晚上，实行宵禁政策，坊门关闭，确保都城夜间的安全。

（三）城内分区设计，主要分为宫城、皇城和外郭城三个部分。

整座城市在方正对称的原则指导下，沿着南北中轴线，将宫城和皇城置于全城的重要位置，而外郭城则围绕在宫城和皇城的东、西、南三面。分区整齐明确，这也是一种防范措施。皇宫位于最北面高地上，居高临下，与普通百姓区域分隔开，地位越低，离皇帝居住的地方就越远。然后在皇宫的背面划出一片禁苑，作为皇帝的后花园，驻扎军队保护皇宫的安全。

在都城建造的过程中，为了解决交通和物资运输问题，杨坚还命水利专家郭衍带人开凿一条运河。此河连接渭水，经大兴城北，东到潼关，长达 200 多千米，既解决了交通运输问题，又解决了城市的用水问题。

建造新都是一个浩大工程，杨坚没有好大喜功，操之过急，更没有穷奢极欲，要求全部使用上等材料。他提出两个建设性意见：一是分期建设，先建宫城、皇城，再建外郭城及其他配套设施。二是废旧利用，建筑所需要的木料从旧都拆取。城中许多宫殿和建筑物所用的木材皆是旧物。如此一来，建造成本也就降下来了。

半年后，宫城和皇城建成了，外郭城也粗具规模。如此浩大的工程，竟然以如此快的速度完成，而且没有劳民伤财，可见隋文帝的办事能力。

开皇三年（583）正月，杨坚巡视过后，正式给新都取了一个名字：大兴城。

大兴城是杨坚在北周为官时曾经的一个爵位名，即大兴郡公，这是他一生伟大事业的开始。如今用大兴命名新都，是希望这座城市和他的国家一样，兴盛不衰！

同年三月，大兴城竣工，杨坚率领文武百官和京城百姓，正式搬入了新都大兴城，开启王朝的全新气象。

第六章

对外用兵，统一前夜

一、出兵塞外，降伏突厥

隋朝建立之后，杨坚建立新制和律法，起用新人担任重要官职，营建新都，可谓万物更新，大隋王朝呈现出一派欣欣向荣的局面。

但这时，草原上的突厥政权，也在发生变动。开皇元年（581），突厥佗钵可汗病死，遗言由木杆可汗的儿子大逻便继承可汗之位，但因大逻便的生母身份低微，草原各部人表示不服，许多部落首领一商议，打算拥护佗钵的儿子菴罗继承可汗位，大逻便表示不服。

这个时候，菴罗发现自己不能上位，便让位于摄图，后者便是突厥的沙钵略可汗。

沙钵略可汗即位之后，设牙帐于都斤山，菴罗退居为第二可汗，但大逻便仍然不服，自立为阿波可汗。沙钵略可汗继位后，依突厥的风俗，续娶北周千金公主为妻。

开皇二年（582）春天，万物复苏，北方正是农耕的季节，塞外草原却一片萧瑟。突厥跟隋朝交恶以后，等于断了财路，偏偏去年又遇上天灾，冻死了不少牛羊，农作物收成也很少，眼看要活不下去了，沙钵略只好孤注一掷攻打隋朝，抢夺一些物资回来。

同年四月，突厥先锋部队入侵边境，跟隋朝大将韩僧寿在鸡头山（今甘肃一带）遭遇，双方拼杀起来，由于隋军作战英勇，突厥部队被杀得溃不成军。上柱国李充在河北也打了一个漂亮仗，斩杀了突厥兵马数千。这两场小规模的战役，体现了隋军的战斗力。将士们面对突厥先锋部队，毫无惧色。

开皇二年（582）五月，叛臣高宝宁引领突厥大军数万，攻入平州（今河北卢龙北）。同时，沙钵略动员了五位可汗，集结40万大军，杀入长城以南，揭开了突厥与隋朝大规模战争的序幕。一时间，战马呼啸，旌旗蔽日，长城之外的草原上，万马奔腾。

突厥之所以大军压境，其实有三点原因。

第一，突厥不希望看到中原王朝变得强大。

突厥从草原上崛起之后，对中原政权造成了威胁。南北朝时，许多政权都争相拉拢突厥，例如，北周、北齐每年都会向突厥送去贡品和财物。

突厥可汗为了一直能收取好处，始终竭力维持各政权间的平衡，避免出现一家独大的局面。

如今，突厥看到大隋立国，变得越来越强大，甚至有统一南方的趋势，突厥再也坐不住了，必须要压制住大隋，阻止中原王朝的统一，突厥才能获利。

第二，跟突厥可敦的身份有关。

这位突厥可敦是北周的千金公主，她想为宇文家族报仇，所以就鼓动沙钵略可汗入侵隋朝。这位千金公主的父亲就是赵王宇文招，580年杨坚辅政专权的时候，为了把"五王"吸引到京城，特意隆重为千金公主举办了远嫁突厥的婚礼。没想到她刚嫁出去几个月，宇文家族的宗室诸王就被杨坚诛杀，北周的江山也被杨坚夺走，这是国仇家恨，千金公主时刻想着报仇，于是天天在突厥可汗沙钵略的耳边鼓动献计。最终，在她的软磨硬泡之下，突厥可汗终于答应，替她出头复仇。

第三，与当时的自然灾害有关。

开皇元年（581）突厥属地大旱，雨水很少，草地干枯，饿死大量牲畜，这对于突厥部落而言，是很大的损失。因此，突厥各部落首领也想着南下，去大隋边境打草谷，抢夺一些财物和粮食渡过难关。突厥可汗得知情况后，索性传令各部落，组织大军，一起进攻大隋。

所以，开皇二年（582）五月，突厥大军向大隋边境发起进攻，先后攻下延安、天水等六城，边关告急，紧急军情快速向大兴城传来。

隋文帝得到消息之后，脸色阴沉，对于突厥突然大举来袭充满了愤怒。毕竟在西魏、北周时期，突厥还从没有这样劳师动众，直接跟西魏、北周决战。这次如此大动干戈，进攻隋王朝，明显是不给他这个大隋皇帝颜面。

这一次，隋文帝没有妥协，而是选择了硬刚，主张坚决抗击突厥，击败40万突厥大军，以牙还牙，给他们点儿颜色看看！

之所以这样果断，是因为隋文帝心中清楚，突厥不希望看到隋王朝的崛起和强大，不想看到中原从四分五裂的状态恢复统一。隋文帝也知道双方和平共处是幻想，战争不可避免，不如索性放开手脚，跟突厥拼个鱼死网破。

另外，隋文帝刚平定了三方叛乱，征服了吐谷浑，朝中良将颇多，兵甲也足，并不畏惧战争。目前大隋的主力军队中有不少队伍曾是北周的精锐，他们经过灭齐之战，可谓锐气正盛，哪怕对上突厥的骑兵，隋文帝也有信心，可以击败突厥。

突厥的骑兵并没有受过正规训练，都是草原的牧民，聚则为兵，散则为民，虽然机动性能好，但是军纪不强。突厥骑兵看似勇猛，但是如果跟大隋精锐部队主力对阵，未必能敌。

此外，杨坚的父亲杨忠曾经跟突厥有过接触。有一次，北周约定与突厥联手进攻北齐，结果突厥的兵马无组织无纪律，一进入北齐境内便开始掠夺物资，根本无心打仗，跟北齐军对战时，竟然草草应付一下就逃之夭夭了。这让杨忠大失所望，甚至还很恼火。

事后，杨忠回到京城向朝廷汇报说：

突厥甲兵恶，赏罚轻，首领多而无法令，何谓难制驭？由比者使人妄道其强盛，欲令国家厚其使者，身往重取其报。朝廷受其虚言，将士望风畏慑。但虏态诈健，而实易与耳。

——《北史》

杨忠认为突厥兵装备差，军纪涣散，赏罚不明，法令也不统一，并不似传说中的那样骁勇善战。以前我们的士兵总觉得突厥兵马强悍，其实不过如此，没必要畏惧。

他的这番话，并没有引起北周皇帝的重视，因为自从北方少数民族南下以来，中原王朝军队跟北方少数民族军队打仗，基本就没赢过。当时北周皇帝还不想跟突厥翻脸，所以，每年都按时将财物送往草原。但杨坚没少听父亲对突厥兵马的描述，这给杨坚树立了很强的自信，使他对突厥并不感到恐惧。

当杨坚建立隋朝，自己当了皇帝之后，立即停止向突厥赠送财物。同时，杨坚下令征调百姓，修补长城，增加边塞的驻军，推行积极防御政策。

现在突厥大军南下，要进攻隋朝，隋文帝杨坚自然也不客气，传令边境将士做好作战准备。但两个月过去了，战况仍不容乐观，西北长城沿线重要州郡接连失陷。突厥越战越勇，攻破木硖、石门两个重要关口，然后分兵南下，越过六盘山，向渭水、泾水流域挺进，中原地区门户大开。此外，东路也遭受重创，高宝宁大军攻破长城，进入幽州，打败了隋将李崇。

就在此时，隋文帝因日夜操劳，战况不妙，急火攻心，一下子病倒了。卧床期间，隋文帝找来高颎、苏威、虞庆则等人商议对策，因为此战关乎大隋的安危，阻挡不住的话，大兴城就危险了。

这一次，身为内史监兼吏部尚书的虞庆则站了出来，主动请缨带军出征。

虞庆则本来就是杨坚的心腹大臣，见他毫不畏惧突厥40万铁骑，主动带军出战，杨坚自然很高兴。杨坚说道："好，不愧是大隋的肱股之臣，这次出征，一定要打出我大隋朝的威风。"

虞庆则拱手道："臣一定鞠躬尽瘁，不负陛下所托，完成任务！"

当时突厥大军已经进入了渭水流域，杨坚急忙下诏任命虞庆则为行军元帅，达奚长儒为行军总管，率十多万大军离开关中，进驻弘化阻击突厥大军。

可是，隋军出征时已经深秋，抵达前线的时候已经快入冬了，加上西北天气格外寒冷，隋军的御寒物资不足，进驻弘化不久，就有不少士兵被冻坏手脚。大军只得停下，等待后方御寒装备和粮草。虞庆则派达奚长儒带一队人马出去探路，查探突厥兵马的动向。

没想到这队人马刚离开弘化数十里，便跟沙钵略可汗的大部队撞上了。达奚长儒和将士们都傻眼了，他们只有2000人，对面的大军少说有十来万。突厥骑兵连绵数里，所过之处尘土飞扬，杀气腾腾。

"将军，怎么办，我们赶紧撤吧！"士兵们都慌了。

达奚长儒皱起眉头，让自己冷静下来。他目测了双方之间的距离，彼此之间相隔不太远，突厥骑兵人数众多，而且冲锋起来速度很快。他所带的2000人中，骑兵少，步兵多，一旦掉头逃跑，很可能被轻易追上，没有人能活命。

"不行，敌人骑兵速度太快，我军脚力比不过对方，我们不能自乱阵脚！我们只有布好阵形，有计划地后撤，才能挡住突厥骑兵的冲击！只要我们奋勇杀敌，争取时间，等到援军赶来，就能够活着退入弘化城！"

达奚长儒的一番话使得士气大振，惊慌的士兵们镇定了下来，既然不能掉头跑，就只能破釜沉舟，拼死一战了。

达奚长儒精通兵法，他镇定地立于马上，排兵布阵。士兵们长刀、长矛在手，队伍整齐有序，转头缓慢撤退，一边退，一边等待突厥骑兵的冲锋。

这时，突厥大军看到了前方的猎物，自然不会轻易放过。于是，先派一万先锋部队迅速冲杀上来。突厥骑兵犹如洪水决堤一般汹涌袭来。

隋军立即停止撤退，后面几排士兵蹲下来，手持长矛，斜指向上，形成了一片锋利的枪林。

战马冲上来连撞带踏，不断传出剧烈的碰撞声，顿时人仰马翻，刀光剑影，血肉模糊，场面十分惨烈。

隋军的步兵方阵被突厥骑兵的猛烈冲击冲开了阵形，但隋军并没有惊慌，而是化整为零，组成一个个小队伍、小方阵，继续英勇厮杀。冲进去的骑兵反而成了隋军方阵的刀下鬼。

这时，突厥的骑兵不断冲了上来，一拨接着一拨。达奚长儒有效指挥将士相互配合，边打边走，保持阵形不乱。他们每移动几米，地下都会有不少尸体横陈。

就这样，2000名隋军且战且退，散了再聚，聚了又散，紧紧团结在达奚长儒将军的周围，就是这般置之死地而后生的勇气，使他们没有被突厥的骑兵冲垮。虽然他们人数不断减少，但剩下的人依旧顽强抵抗。

这一战，打了足足三天，达奚长儒身受重伤，仍然坚定指挥战斗，并身先士卒，奋勇杀敌，这大大鼓舞了周围活下来的士卒。到了第三天，这支2000人的队伍只剩下不足300人，但弘化城也近在眼前。

"到了，我们快到城下了。"有士兵大喊，终于盼来了希望。

"快开城门啊，我们是自己人，达奚长儒将军就在这儿，快出来营救！"有士兵对着城池的方向大喊，但是，仍然没有援军出城。

其实，外面的战斗早已惊动了城内的守军，虞庆则得知消息，还亲自到城头观看。只见行军总管达奚长儒带着二三百人，浑身都是血，疲惫不堪地接近弘化城，而他们身后，则是数不清的突厥军，形势十分危急。这时，虞庆则犹豫了，他不想因为这二三百名残兵，打开城门给突厥骑兵杀入城内的机会，只能以弓箭阻击突厥大军。

突厥骑兵兵临城下，眼看就要将达奚长儒的残兵全部消灭，但是，此时沙钵略可汗犹豫了。沙钵略可汗与2000名隋军大战了三天两夜，死伤1万多人，还没有把对方歼灭，已经对隋军的战斗力感到惊骇。此时他和其他突厥将官心中清楚，这城内有10万隋军，如果这10万隋军都像这两千兵马这般悍勇，他们这些人就危险了。于是，沙钵略可汗没有再追击，也没有派兵攻城，而是下令撤退了。

就这样，身负重伤的达奚长儒带着二三百名残兵退入弘化城，竟然奇迹般地活了下来。

至此，达奚长儒一战成名，鼓舞了隋军的士气。

大兴城内的隋文帝得知消息后，大为惊叹，下诏表彰了这支英雄队伍。根据《隋书》记载，诏书是这样写的：

> 突厥猖狂，辄犯边塞，犬羊之众，弥亘山原。而长儒受任北鄙，式遏寇贼，所部之内，少将百倍。以昼通宵，四面抗敌，凡十有四战，所向必摧。凶徒就戮，过半不反，锋刃之余，亡魂窜迹。自非英威奋发，奉国情深，抚御有方，士卒用命，岂能以少破众，若斯之伟？言念勋庸，宜隆名器，可上柱国，余勋回授一子。其战亡将士，皆赠官三转，子孙袭之。

这是极高的赞扬，达奚长儒和那些将士，不论生死，皆是英雄，他们的勇气、锐气、胆气值得这份褒奖。

突厥的沙钵略可汗经此一役，似乎心里有了一些阴影，带兵退到了百里之外安营扎寨，并没有再跟隋军交战。

此时，长孙晟在突厥进行的"反间计"也取得了成功，吓退了沙钵略可汗大军，这又是怎么回事呢？

原来，沙钵略继汗位时，突厥内部矛盾已经非常激烈了，他们叔侄之间、兄弟之间相互猜忌，相互提防，甚至相互算计，恨不得除掉对方。而突厥外部也面临危机，东边的高句丽与突厥为了争夺靺鞨、契丹等部落，战火不断。可以说，当时的突厥面临着前所未有的内忧外患。

在突厥与大隋鏖战的关键时刻，长孙晟秘密出现在染干（即后来的突利可汗）面前，谎称北方铁勒造反，正在袭击突厥王庭。

染干听完，脸色大变，急忙冲进沙钵略帐中汇报："可汗，大事不好，据密报，铁勒造反，正准备袭击咱们的牙帐。"

沙钵略信以为真，本来突厥已经占领了武威、天水、安定、金城、上郡、弘化等地，这时也顾不上占领的这些地盘了，胡乱劫掠一番就急匆匆撤军北还。

突厥数十万大军被长孙晟的一个"谣言"吓退。大兴城内的百姓得知突厥撤军，都上街奔走相告，一片欢呼。但隋文帝依然没有松懈，他很清楚，这次突厥只是暂时逃走，他们的主力并没有受损，日后还会继续南下，将来会有更大规模的战争发生。

开皇三年（583），隋文帝听闻突厥各部落内部矛盾加剧，草原灾荒严重，于是再次征调大军，命杨爽、杨弘、豆卢勣与窦荣定等并为行军元帅，率军兵分八路反击突厥。

这一次，隋军兵力增至 20 万。杨爽率领李充等四将出朔州（今山西朔州一带），与突厥沙钵略可汗在白道（今内蒙古自治区呼和浩特市西北）相遇。杨爽听从李充的建议，令李充与李彻领精骑 5000 人，乘突厥兵尚未准备好时发动突袭。没有防备的突厥军被隋军突击，落得惨败。沙钵略可汗此次被打得丢盔弃甲，士兵死亡大半，被迫撤退。

杨弘、豆卢勣等人率数万隋军出灵州（今宁夏灵武西南），与突厥军正面相遇，发生一场大战，击败了突厥军队。幽州总管阴寿率步骑数万人，出卢龙塞（今河北喜峰口一带），击破原北齐将领、营州总管高宝宁，平定黄龙地区。

同年五月，隋将窦荣定担任行军元帅，率步骑 3 万出凉州（今甘肃武威）道，在高越原（今甘肃民勤西北）与突厥阿波可汗发生高越原之战。

窦荣定是隋文帝的姐夫，担任西路行军元帅，西出凉州，在高越原迎战阿波可汗。当时窦荣定率领的兵马没有突厥多，所以被围困在了高地，水源也被切断了，正当窦荣定感到无助和绝望时，天空忽然下了雨，隋军将士及时补充了水分，士气大振，冲下高岗，击退了阿波可汗的突厥兵，使其后撤数十里。

当阿波可汗休整败军，与隋军再次对阵时，窦荣定想出了一个办法，与阿波可汗约定，双方各派一个军中壮士对决，谁输了谁退军，以减少双方士兵的伤亡。

其实，这是窦荣定的计策，因为他心中早想好了人选，这个人就是史万岁。

这史万岁是个胡人，力大无穷，一身武艺，本领非凡，北周末年爆发"三方叛乱"的时候，他隶属于韦孝宽军，是行军总管梁士彦的手下。据说行军途中，他看到天上飞行的大雁，搭弓射箭，竟然一箭射三雁，从此，史万岁神箭手的名声一下子就传开了。剿灭尉迟迥叛乱时，史万岁立下大功，回京后被提拔为大将军。

史万岁后来因为卷入大将军尔朱绩谋反案，受到牵连，差点儿被砍头。后来他被罢官，流放到敦煌。刚到敦煌一带后，经常被狱卒折辱，后来史万岁展示他的射箭技术和武艺本领，狱卒十分佩服，从此特殊关照史万岁。

这年大隋对突厥用兵，史万岁投入军中，到了窦荣定的门下。窦荣定以前就认识史万岁，知道他本领很强。有此猛将辅助，他很高兴。

阿波可汗同意单挑决胜负之后，窦荣定就派史万岁跟突厥军中派出的勇士决战。刚一个回合，史万岁就横刀策马，把对方的勇士斩下马背，突厥军莫不惊骇。

阿波可汗也傻眼了，只好暂时鸣金收兵。但是，就这样带着 10 万大军直接撤退，阿波可汗心有不甘，觉得以单挑决胜负，有点过于儿戏了。

此时，隋朝的外交活动也开始发挥作用了。在《孙子兵法》里有这样的记载："故上兵伐谋，其次伐交，其次伐兵，其下攻城。攻城之法，为不得已。"可见，自古以来，两国征伐并非只有战场厮杀一种途径。

早在开皇二年（582），突厥刚出兵时，长孙晟就自告奋勇向隋文帝奏上一道奏疏，对突厥内部势力进行分析。奏章里分析得是否准确呢？答案是准确！因为长孙晟曾经作为送亲团副使，跟随千金公主的送嫁队伍去突厥，完成北周公主与突厥可汗的婚礼，长孙晟还在草原上停留了一年多，深入了解草原的风土人情，牧民的生活状态，他还勘察地形，熟悉突厥用兵模式等。可以说，长孙晟对突厥各部落的情况了然于胸。

据《隋书·长孙晟传》中记载，他在奏疏上是这样写的：

> 玷厥之于摄图，兵强而位下，外名相属，内隙已彰，鼓动其情，必将自战。又处罗侯者，摄图之弟，奸多而势弱，曲取于众心，国人爱之，因为摄图所忌，其心殊不自安，迹示弥缝，实怀疑惧。又阿波首鼠，介在其间，颇畏摄图，受其牵率，唯强是与，未有定心。今宜远交而近攻，离强而合弱……承衅讨之，必可一举而空其国矣。

长孙晟解释了草原上各部落情况：突厥一共有五个可汗，最大的就是沙钵略可汗，名字叫摄图。其余四个可汗，有的是摄图的亲兄弟，如突利可汗；有的跟摄图是宗亲关系，如阿波可汗。其中达头可汗、阿波可汗、突利可汗三人，都与沙钵略可汗或多或少存在矛盾，这三个是可以被利用的。

隋文帝杨坚翻阅过后，觉得很有道理，于是采纳了长孙晟的建议，并亲自传召长孙晟入宫相谈，让他全权负责此事，旨在分化突厥，实现将其逐一击破的战略目标。

长孙晟先派出一个使节团去找沙钵略可汗的叔叔达头可汗，赐给他一面狼头大旗，并赠送了一些金银珠宝对他进行安抚。达头可汗立即按兵不动了。然后，长孙晟亲自带领使团去找突利可汗，跟他聊往昔，谈感情，毕竟当初长孙晟出使突厥的时候，在草原上跟突利可汗相处融洽，二人交情不错，如今见面，自然少不了一番劝慰和拉拢，进而挑拨突利可汗与沙钵略可汗这对兄弟的关系。

这两个使节团的活动都取得了一定效果，两路突厥兵马虽然没有立即撤退，但是，也不再进攻隋朝边境了，看样子是在观察局势了。

这时候，长孙晟快刀斩乱麻，直接带人来到了高越原战场，见了行军总管窦荣定，跟他说了此行的来意。窦荣定听完，也表示赞同，毕竟正面作战双方都要付出惨痛代价，即便胜出，也是惨胜，到时候大隋将士也会死伤不少。如果能不动干戈，就说服阿波可汗依附大隋，退出突厥联盟，免去此次兵祸，当然是最好的局面。

长孙晟去阿波可汗帐内游说，离间阿波可汗与沙钵略可汗，声称这次阿波可汗失利，沙钵略可汗肯定会趁机吞并他的人马，独霸草原，若是不想就这样被沙钵略可汗欺负和吞并，就应该提早跟大隋朝廷合作。

阿波可汗听长孙晟分析得合乎情理，头头是道，动心了，答应派使者跟长孙晟去大兴城面见隋文帝，表达依附之意。

消息一下子传开，沙钵略可汗得知阿波可汗派遣使者去往隋朝都城，要投靠大隋，勃然大怒，觉得阿波可汗背叛了自己，背叛了突厥。于是，沙钵略可汗下了狠手，他趁着阿波可汗领军在外，率军袭击了阿波可汗的牙帐，收编了阿波可汗的部众，还把阿波可汗的母亲杀害了。

阿波可汗得知噩耗，急匆匆带人赶回牙帐。他发现昔日的家园已经千疮百孔，被毁于一旦，部落牧民都被迁徙走了，部落果然被沙钵略吞并了。自此，阿波可汗更加坚信长孙晟的话，认定沙钵略狼子野心。

阿波可汗向西投奔达头可汗，把自己的遭遇讲给了叔叔达头可汗。达头可汗听后，对沙钵略的做法很不满，决定为阿波可汗出头，于是两人合兵一处，朝着沙钵略可汗的大本营杀去。双方混战之际，被沙钵略可汗收编的阿波可汗部众忽然倒戈，与阿波可汗里应外合，导致沙钵略大败，狼狈逃走。

沙钵略部实力下降，草原上许多部落纷纷脱离沙钵略的控制，就这样，突厥逐渐分成了东、西两部，相互对峙。大隋成功化解了来自草原的危机。

二、虎视眈眈窥江南

开皇四年（584），隋王朝经过三年的发展，内外环境都得到了很大的改观，新王朝已经稳定下来。

但隋文帝并不会止步于此，他的目标很远大，那就是统一南北，结束近300年南北分裂的局面。

公元311年"永嘉之乱"西晋灭亡，东晋在江南地区重新建立政权，北方彻底成为少数民族政权的统治区。后来经过北魏汉化改革，北方各民族进一步融合。到了北周、隋朝，大量汉人已经入朝为官，跟胡人没什么区别。

隋文帝杨坚本人就有汉人血统，他建立大隋之后，更是提拔大批汉人做官。但是江南地区和中原分离已经近300年，先后建立六个政权，即所谓的东吴、东晋、宋、齐、梁、陈六朝，如今正是陈朝主政江南。

经过六朝的开发治理，江南地区不再是蛮荒之地。相反，这里山水秀丽，经济发达，生活安逸，跟北方连年征战形成鲜明对比。

在这几百年间，曾有不少英雄豪杰想要重新统一南北，但最终都失败了。要统一南北，扫除地方割据势力，谈何容易！

即便很难，隋文帝杨坚还是想要完成统一大业，让大隋的江山更强盛、稳固。

那杨坚具备统一南北的条件吗？

不得不说，杨坚的运气很好，占据了天时地利人和。杨坚本人有魄力，有手腕，有远见，又年富力强，正是做大事的时候，可谓天时。北方的北齐、北周都被隋朝取代，隋朝疆土面积扩大，又没有了吐谷浑、突厥的威胁，兵马可以毫无后顾之忧地向南推进，占据了地利。此外，大隋国力正蒸蒸日上，朝中人才济济，猛将如云，群臣朝气蓬勃，干劲很足，给了杨坚很大的自信，这是人和。

所以，杨坚在结束与突厥的战争之前，就开始为讨伐江南做部署。突厥的问题刚解决，他就迫不及待召集大臣开会，开始讨论讨伐陈国之事。

杨坚对着几位重臣说道："江南繁华又富裕，兵甲虽多，但战斗力不足，我大隋数十万大军骁勇善战，平定陈国的机会来了，诸位卿家怎么看？"

高颎回答："臣也觉得，我大隋平南陈的希望很大。若是步步为营，先麻痹对手，让陈军放松警惕，再派人在陈国境内散播谣言，扰乱军心。然后再将陈军的驻防情况勘察清楚，贿赂陈国官员，那希望就更大了！"

苏威、虞庆则等人，也纷纷发表意见，建言献策，支持隋文帝平陈。

虞庆则说道："听闻陈国的皇帝陈叔宝极度荒淫，昏庸无能，整天花天酒地，毫无进取之心，遇到这样的对手，真是天助我大隋。"

隋文帝点头，这是一个机会，如果陈国皇帝励精图治，那大隋要发动灭陈之战，双方奋力一搏，胜负就难料了。如果错过了这次机会，杨坚定会悔恨不已。

这个陈国皇帝陈叔宝究竟是什么人呢？他就是大名鼎鼎的"陈后主"，历史上有名的昏君。在南北朝末期，陈后主跟齐后主、周宣帝算是齐名的昏聩亡国之君。

如果我们仔细分析一下陈后主，不难发现他在做皇帝这件事上，的确十分昏庸。

第一，陈后主喜欢文学和音律，无治国能力。

陈后主完全以文采提拔任用大臣，毫不考虑大臣的施政能力。比如，江南有一个著名的才子叫江总，从小爱读书，写诗词歌赋还可以，但也算不上什么大才，毕竟没有流传千古的诗词拿得出手。但是，江总因为家里藏书几千卷，跟许多文人雅士结交而出名。陈后主听闻后，直接把江总召入宫中，与他谈诗说赋，讲论音律等，二人很是投缘。于是陈后主任命江总为宰相。

江总没有什么政治头脑和施政经验，就当了陈国宰相。这个宰相也不用治国，只要组织一些文人，陪着陈后主喝酒作诗，写写词赋文章即可。江总上任后，每天召集十几个文士，来到后宫陪陈后主饮酒赋诗。陈后主一高兴，就会组织后宫许多年轻貌美、懂得诗词音律的宫女出来，跟这些文人饮酒作乐，玩得不亦乐乎。

陈后主还写过一首著名的《玉树后庭花》：

> 丽宇芳林对高阁，新妆艳质本倾城。
> 映户凝娇乍不进，出帷含态笑相迎。
> 妖姬脸似花含露，玉树流光照后庭。
> 花开花落不长久，落红满地归寂中。

这一首属于宫体诗，辞藻华丽，但内容空虚，用今天的话说，就是没有正能量。当时整个江南多是这样的文风，一派靡靡之音。

唐代著名诗人杜牧曾经写过一首诗《泊秦淮》：

烟笼寒水月笼沙，夜泊秦淮近酒家。

商女不知亡国恨，隔江犹唱后庭花。

诗里面的"后庭花"就是指陈后主作《玉树后庭花》这个典故。

陈后主的心思都在寻欢作乐上了，对行军打仗之事，那是一点儿不通！甚至他还听信佞臣孔范的话，认为武将多是逞匹夫之勇，没有谋略，让他们在地方掌管重兵会威胁到中央朝廷，应该压制武将。

陈后主听信谗言之后，开始找武将身上的毛病，趁机夺走他们手中的兵权，让孔范等文臣去带兵，避免出现武将专权、威胁陈国朝廷的事。

这样一来，军中武将的确构不成地方割据势力了，但是文官打心里瞧不上军人和武夫，所以他们接管军队后懈怠练兵，克扣军饷，弄得陈国军队战斗力下降。

第二，陈后主沉迷女色，无心朝政。

陈后主沉迷酒色，儿女情长，毫无雄才大略，只想偏安一隅，维系现状，跟大隋划江而治，延续南北朝近 300 年来的局面。

陈后主跟沈皇后不和，沈皇后是陈后主的原配，二人年纪相当。此时沈皇后年岁渐长，容颜不复当年，加之陈国后宫佳丽数不胜数，陈后主自然没有心思再陪原配秀恩爱，只是偶尔探望。沈皇后很贤惠，她虽然心中不满，但嘴上并不埋怨，默默接受丈夫的冷落。

陈后主当时最宠幸的妃子是贵妃张丽华。

张丽华的父兄以织席为生，尽管她出身低微，却有倾城之姿、闭月羞花之貌，陈后主自然对她心爱不已。

张丽华除了美貌之外，性格也很好，温顺可人，聪慧不妒，经常把身边的妃嫔、宫女推荐给陈后主。因此，她的人缘很好，这让陈后主更喜欢她了。

而且，张丽华除了情商高，智商也在线，她从小读书识字，入宫之后，陪陈后主听完大臣讨论朝政之后，能为陈后主分析利弊，这可把陈后主高兴坏了，自己的张贵妃简直就是智慧与美貌的化身、完美女神啊！

陈后主穷奢极欲，追求享乐，朝政逐渐荒废，朝臣们每日以讨好皇帝为务。

陈后主除了饮酒作乐，夜夜笙歌，还大兴土木，动用大量人力、物力在皇宫内建造楼阁。楼阁落成之后，阁阁相连，雕梁画栋，富丽堂皇。阁内的装修也极尽奢华，设宝帐、宝床，金银玉器，琳琅满目，楼阁周围堆积假山，引水为湖，山水之间栽种奇花异草，宛如人间仙境。

陈后主每日都沉浸其中，饮酒作乐。陈后主的奢靡造成了财政问题。为了解决财政问题，陈后主任用身边的佞臣施文庆、沈客卿等人整顿财政。

几人得到皇帝的命令后，巧立名目，增收苛捐杂税，各种税收名目层出不穷，弄得民间百姓怨声载道，苦不堪言。

隋文帝得知这些消息之后，自然想着早点发兵，消灭陈国，毕竟这样昏庸的对手，是可遇不可求的。

隋文帝登极之初曾派出使臣出使陈国，向陈国主动示好，以麻痹对手。他吩咐隋朝使臣到了陈国后不可以傲慢自大，要尽量吹捧陈后主，如果陈国的皇帝和大臣问起大隋的情况，要低调回答，就说大隋内忧外患，举步维艰。

陈后主信以为真，认为隋朝新立，国家千疮百孔，北周和北齐的遗民都对隋朝有意见，没有真心归附。所以，陈后主夜郎自大，越来越不把大隋当回事，给隋文帝的回信中，言语上透露着傲慢无礼。

隋文帝拿到回信之后，冷笑不已，对大臣说道："弹丸之地竟如此傲慢，轻视我大隋，写信羞辱朕，此仇不报非君子，日后我大隋的兵甲，必当吞并江南，横扫陈国。"

大隋的文武百官全义愤填膺，痛斥陈国国君无礼。

隋文帝杨坚对众臣说道："目前我隋朝新立，正是稳步发展的时候，暂时先不跟陈国一般见识，等我大隋解决外患，便是我大隋出兵南下，消灭陈国之时。"

文武大臣听到隋文帝这番话，都热血澎湃，这才是有雄才大略的帝王该有的智慧和气度。

隋文帝杨坚并没有立即出兵，而是选择稳步发展，麻痹对手，先解决国家的内忧外患，再打击陈国。

在这个过程中，隋文帝也并没有闲着，虽然没有出兵攻打陈国，但暗中也使了不少手段。比如，派出不少细作进入陈国境内，烧毁陈军的粮草，破坏一些重要设施，散播谣言攻击那些正直、有责任感的陈国大臣，贿赂陈国朝中的一些奸佞之臣，等等，把陈国搅得乌烟瘴气。

隋文帝还派出了贺若弼、韩擒虎两位智勇双全的将领，领兵在长江沿线驻扎，暗中扩充军备，打造战船。

贺若弼出身武将世家，自幼酷爱读书，对行军打仗之事也十分擅长，是个文武双全的人物。贺若弼的父亲贺若敦是北周著名将领，临终前对贺若弼说，他平生最大的遗憾就是没有带兵平定陈国，希望儿子能够继承他的遗志，日后为国效力，驰骋沙场，带兵灭掉陈国。

贺若弼一直没有忘记父亲的嘱托，所以，开皇元年（581），被任命为吴州总管，镇守广陵（今江苏扬州）时，贺若弼很激动，觉得自己建功立业的机会到来了。

另一位将领韩擒虎也是一位猛将。韩擒虎原名韩擒豹，他年少时进山打死了一只老虎，才改名叫韩擒虎。此人体格魁梧，臂力过人，在军中名气很大。

开皇元年（581），韩擒虎被任命为庐州总管，为讨伐陈国做准备。

到了开皇四年（584），突厥的问题彻底解决之后，南征陈国被提上了日程。

群臣看出了隋文帝有灭陈的想法，纷纷上书献计献策。

光州刺史高劢上《灭陈五策》，还未等杨坚回复，高劢又上表请缨，表示愿意率大军南下。

高劢并非关陇贵族，他是北齐宗室，是东魏权臣高欢的堂弟。由于他酷爱读书，自幼聪敏，为北齐文宣帝高洋所爱，袭爵清河王。后来入朝为官。高劢历任右卫将军、领军大将军、祠部尚书，迁开府仪同三司、右仆射，改封乐安王。北齐灭亡后，高劢出仕北周，先后担任扬州、楚州、光州刺史。

他的文章写得很好，给隋文帝写的奏章，洋洋洒洒，文采斐然：

> 臣闻夷凶翦暴，王者之懋功，取乱侮亡，往贤之雅诰。是以苗民逆命，爰兴两阶之舞；有扈不宾，终召六师之伐。皆所以宁一宇内，匡济群生者也。自昔晋氏失驭，天网绝维，群凶于焉蝟起，三方因而鼎立。陈氏乘其际运，拔起细微，蒨顼纵其长蛇，窃据吴会，叔宝肆其昏虐，毒被金陵。数年已来，荒悖滋甚。牝鸡司旦，昵近奸回，尚方役徒，积骸千数，疆场防守，长戍三年。或微行暴露，沉湎王侯之宅，或奔驰骏骑，颠坠康衢之首。有功不赏，无辜获戮，烽燧日警，未以为虞，耽淫靡嫚，不知纪极。
>
> ——《隋书》

高劢认为陈后主昏庸，导致陈国民不聊生，现在南北的百姓都盼望着统一，希望自己能够被委以重任，参与到灭陈的战争中。

杨坚看完这篇奏章，十分满意，还亲自召见高劢，予以嘉奖。杨坚告诉高劢朝廷已经在考虑伐陈了，现在还在谋划中，若是他有好的想法和计策，欢迎他继续建言献策。

群臣纷纷响应灭陈之事，作为皇帝的杨坚，自然很高兴。不过，在正式决定对陈国用兵之前，他打算先扫除南方障碍，也就是西梁，或称南朝后梁。

三、吞并南朝后梁

根据史书记载，南朝先后经历了宋、齐、梁、陈四朝。其中梁朝在梁武帝晚年发生了"侯景之乱"，梁武帝被侯景围困在建康达五个月之久，被活活饿死在宫内。后来，侯景立梁武帝三子萧纲为帝，是为梁简文帝。不久侯景又杀简文帝，自称汉帝。其后梁武帝七子萧绎镇守江陵，派麾下将军王僧辩和陈霸先击败侯景，将其杀死，攻破建康，平定了侯景叛乱。公元552年三月，萧绎在江陵自立为帝，是为梁元帝。

不久，曾被萧绎无端讨伐、死里逃生的前太子萧统之子萧詧逃到了西魏，请求西魏丞相宇文泰发兵攻打萧绎。宇文泰同意了，派兵进攻荆州，打败梁军，俘获并处死萧绎。

萧绎死后，其麾下的将领王僧辩、陈霸先、王琳等蠢蠢欲动，给西魏造成极大压力。宇文泰为了巩固战争成果，扶持萧詧于"江陵一州之地"称帝立国，史称"西梁"。宇文泰把江陵城和荆州之地划给萧詧，其余地盘则并入了西魏的版图，至此，西梁成为西魏的附庸。

萧绎死后，坐镇建康的梁朝大将陈霸先立萧绎之子萧方智为帝，是为梁敬帝。两年后，陈霸先废掉萧方智，自立为帝，定都建康，建立陈朝。

萧詧没有实力对抗陈霸先建立的陈国，只能在江陵城一带苟延残喘，偏安一隅。当北周取代西魏后，后梁又成了北周的附属，如今北周被隋朝取代，后梁理所当然成为隋朝的附属。

萧詧在位七年，于公元562年去世，其子萧岿继位。萧岿秉承了他父亲的国策，继续依附大隋，主动示好纳贡，还促成了他女儿跟隋文帝二儿子晋王杨广的婚事。

隋文帝选择萧岿之女作为自己的儿媳妇，除了政治考量外，还有出于门第的考虑。当时的婚姻讲求门第，门当户对才行，弘农杨氏成为皇室，而江陵萧家也曾是皇族；杨氏是关陇贵族，而萧氏是南方侨姓世家大族，可谓门当户对。萧、杨联姻是南北关系史上的一件大事，为促进南北统一起到了重要作用。

当时，隋文帝派使者到江陵城去给杨广挑选王妃，大隋使者为萧岿的几个女儿逐一占卜，结果几人与杨坚的生辰八字不合。于是，萧岿把寄养在内弟张轲家的女儿喊来，让使者再占卜一下，结果显示大吉，于是就选中了她为晋王的王妃，她就是历史上有名的萧皇后。

萧氏为何年纪不大，就被寄养在外面呢？萧氏生于阴历二月，按照江南的习俗，在二月出生的女儿不祥，会多灾多难，于是，萧岿便把她寄养在她的叔父萧岌家里。但是没过几年，萧岌夫妻先后去世，萧氏便被转养到舅父张轲家。张轲家境贫寒，萧氏从小便没有享受过锦衣玉食的生活，每天亲自参与劳作，为此还吃了一些苦头，但也养成了她能吃苦的良好品德。

但萧氏毕竟是西梁的公主，她年纪渐长后，便开始读书识字，接受良好的私塾教育。萧氏长得端庄秀丽，贤淑温柔，颇有才学。

开皇四年（584）正月，萧岿亲自去大兴城朝见隋文帝，看望自己远嫁的女儿。在大兴城，萧岿身着锦衣玉带，举止优雅，不失一方天子风度。隋文帝和文武百官都惊叹萧岿气度不凡。这也在无形之中提高了晋王妃在文武百官心目中的地位。同年二月，萧岿要返回江陵，隋文帝亲自为他送行，设宴饯别。这是晋王妃萧氏与父亲最后一次见面。开皇五年（585）五月，萧岿病逝于江陵，年仅44岁。守孝期满后，其子萧琮继位。

杨坚担心萧琮年轻气盛，不识大局，与陈朝结好，共同抗隋，所以，召高颎、虞庆则等近臣商议对策。

隋文帝说道："根据江南密报，萧琮的叔父萧岩和萧瓛等人与陈国暗中来往，关系密切，萧氏宗族一直主张与陈国结好，联合陈国对抗大隋，不想让我大隋南下。他们在萧岿在位时，受到压制。如今萧岿病逝，他们担任要职，既有名望又掌握荆州一带军政大权。不甘心就这样看着西梁完全附属于大隋，企图划江而治，野心很大。朕担心萧琮年轻，被他们利用了。"

高颎回道："以梁国的兵力还不足以与大隋对抗。若是他们胆敢反叛，跟陈国串通一气，联合抗我大隋，正好给了我们灭梁国、讨伐陈国的理由，将西梁纳入到我大隋的版图中。"

隋文帝叹道："萧岿作为西梁国主，他主政时，对北周、大隋一直很友好。在尉迟炯等人叛乱时，他不但没有趁火打劫，反而资助大量粮草、军饷，朕从心底里感激他。所以，朕对于收复西梁之事，一直颇为犹豫。毕竟，朕也不想让人说咱们恩将仇报，不知感恩。但如今，萧岿病逝，这情谊就断了，解决西梁问题的时机来了。"

虞庆则说道："陛下念及旧情，实乃明君所为。但是此一时彼一时，萧岿病逝，西梁随时可能倒向陈国，若是我们动作迟了，肯定对我大隋不利，我们不如趁此机会把江陵城收入囊中，作为平定陈国的前沿阵地。"

杨坚点头说："朕先遣使者前往江陵吊唁，旁敲侧击一下，看看萧琮有什么想法，那些萧氏宗室都有什么动向。"

高颎说道："先静观其变也好，一旦发现西梁有不臣行为，我大隋立马拿下江陵。"

于是，杨坚亲笔写了一封国书给萧琮，告诫他安心施政，继续保持以往的国策。其实萧岿在临终前就跟萧琮交代，说大隋强盛有统一南北的趋势，如果萧氏要保留香火，不被灭族，就要始终与大隋交好，哪怕最后献出江陵城，进入大隋做官，也不要表露出野心，否则，萧梁皇室不会善终。

萧琮一直谨记父亲的教海，现在接到杨坚的书信，诚惶诚恐，立即向使臣表达了自己对大隋的忠心。而且，萧琮还派兵攻打陈国，用实际行动，跟陈国划清界限。

但是，西梁大将军许世武早已秘密与陈国在零陵、桂阳等郡安排的刺史陈惠纪暗中联络，打算里应外合，胁迫萧琮归附陈国。不过，这件事被许世武手下的校尉泄露，这个阴谋没有得逞。

杨坚想要派人把许世武带到京城，他亲自审问。但是，年轻气盛的萧琮听从其叔父萧岩的蛊惑，为免节外生枝，直接杀了许世武，这样反而让多疑的杨坚起了疑心，杨坚觉得这件事里有不可告人的秘密，西梁与陈国关系到底如何，到底哪些将领和大臣投靠了陈国，杨坚一时无法弄清楚。于是，隋文帝开始调动军队，进逼江陵城，打算把江陵重重围住，然后吞并西梁。

"要不要立即灭掉梁国，接纳梁国的百姓呢？"隋文帝杨坚有点犹豫，问向几位大臣。

高颎回答："陛下，臣以为现在把梁国吞并，接收那些百姓，暂时对我们大隋没有多大价值。不如放他们逃离，最好让他们逃往陈国，一旦陈国接受梁国的百姓，我们便师出有名，可以趁机发兵讨伐陈国。"

苏威恍然大悟："这是要把陈国拖入泥潭，为平定南陈寻找理由，若是陈国接纳了梁国的官吏和百姓，便是与大隋作对，到时候便师出有名了。"

隋文帝点头："将欲取之，必先予之，的确是一招妙棋！"

接下来，隋文帝开始设局，隋朝军队在荆州附近集结完毕后，他下诏令萧琮入朝拜见。

梁国君臣接到诏令大为恐慌，有人劝说萧琮不要前往，有人则说大隋强大，如果抗旨不遵，恐怕有杀身之祸。

萧岩和萧瓛等人趁机劝萧琮投降陈国，连同陈国一同对抗大隋。萧琮虽然年少，却始终铭记着父亲临终前的遗训，不敢违背。

萧琮权衡利弊决定前往大兴城，既然大隋日益强盛，对南朝又是志在必得，现在他前往长安，必能保住荣华富贵。梁国早已与大隋结为姻亲，自己的妹子还是晋王妃，自己乖乖听话，表示效忠，必会得到善待。若孤注一掷，跟大隋对抗到底肯定是没有好下场的。

任凭萧岩等人怎么劝说，萧琮始终坚持前往长安，不为所动。开皇七年（587）八月，萧琮率领 100 多人北上，面见隋文帝之后，他被扣留在京城。但是，隋文帝也看在晋王妃和萧琮如此听话的分儿上，并没有为难萧琮，还赐了宅院和仆人，让他在大兴城生活。随后，隋文帝命崔弘度担任江陵总管，率军接管江陵，稳定那里的局势。

江陵的百姓听说崔弘度担任江陵总管，也是人心惶惶。因为江陵百姓听闻崔弘度是有名的酷吏。关中还流传着一句顺口溜："宁饮三斗醋，不逢崔弘度。"西梁百姓在江陵城过得比较安逸，虽然不富裕，但至少没有严刑峻法，政治环境比较宽松，听说大隋扣押了梁国国君，派出酷吏崔弘度接管江陵，顿时人心惶惶。

此时，城内的萧岩和萧瓛等人，听说萧琮在大兴城被扣下了，崔弘度又要领兵前来接管江陵，城内人心浮动，觉得这是个好时机，于是再次与陈惠纪联络，请求他率军掩护江陵王公大臣和部分军民南下归陈。

陈惠纪率军开进江陵城，接应萧岩和萧瓛的人马和家人，并裹挟一群百姓，撤往了陈国。

萧岩等人的叛逃消息传到大兴城，杨坚以此为借口，不仅趁机斥责了萧琮，还取消了萧琮的帝号，封其为莒国公，废除了梁国的国号，至此，这个后梁算是彻底亡国了。

杨坚心中很满意，既找到借口废黜了萧琮的身份，灭了梁国；同时，他也有了借口用兵讨伐陈国。因为，按两国先前的约定，隋、陈两国不得相互招纳叛亡，如今陈国接收了本属于隋朝的叛逃者，这就是陈国不遵守先前的约定了。

借口虽然有了，毕竟打仗牵涉军饷粮草、兵甲车马等方方面面。派谁带兵，采取哪些进攻路线，等等，都需要谋划好。杨坚打算先派左仆射高颎去江陵安抚江陵百姓，免得在大隋跟陈国交战时，这些百姓叛乱闹事，给隋军造成不便。

高颎来到江陵，宣读了杨坚的旨意：废除梁国并非是要压迫梁国百姓，只是因为萧琮昏聩无道，萧岩、萧瓛等人勾结陈朝，企图祸乱大隋，这一切都与江陵百姓无关。大隋皇帝特别牵挂江陵百姓，感念这里百姓的忠心，决定减免江陵地区百姓 10 年的赋税，给予特殊待遇。江陵的百姓很快安定下来。

杨坚等高颎返回京城，得知江陵的情况后，知道这块地盘上的麻烦事算是彻底解决掉了，接下来，就是全力对付陈国，统一南北。

有一天，一位名叫皇甫绩的武官即将去晋州赴任，他前来向隋文帝辞行，但他辞行时，并没有向皇帝说明自己将如何治理晋州，而是向皇帝献策如何伐陈。

皇甫绩对杨坚说："陛下，现在外无强敌，内无隐患，万事俱备，此时正是伐陈的大好时机，大军南下，便可一举灭之。"

杨坚淡淡一笑问道："陈国虎踞江南，也有兵甲几十万，何以见得我现在出师便可以一举灭之？"

皇甫绩回答："臣认为，有三个理由。第一，此时大隋国力强盛、军队强大，伐陈犹如老虎捕羚羊，以大吞小。第二，大隋伐陈，是以有道伐无道，陈后主昏庸不堪，江南百姓怨声载道，隋朝占有道义上的优势。第三，陈国违背约定，接纳叛臣萧岩等人，我们以此为借口出兵，名正言顺，师出有名。"

隋文帝杨坚叹道："朕何尝不知道这些，也清楚天下黎民对统一翘首以盼。但平定江南，牵扯两国之战，关乎大隋的生死存亡。想当年，曹操和前秦皇帝苻坚率军百万讨伐江南，企图一统天下，消灭南方政权，结果都是以惨败收场。中原王朝自晋朝之后，四分五裂，已有近300年之久。北魏强盛时也曾要南下长江，消灭南朝，最终也没有成功。北周武帝何曾不想灭江南，但也落得出师未捷身先死的下场。所以，讨伐陈国事关重大，必须徐徐图之，集中我们的优势，找到陈国的弱点，才能完成统一大业。否则，操之过急，一旦失败，大隋也会受到重创。"

杨坚做事沉稳，不想操之过急，他之所以能够建立大隋，是因为能在漫长的绝望和等待中抓到机会，成功翻身，所以，杨坚并不急迫，他清楚陈国有水师二三十万，北方军队却都是骑兵和步兵，水师很少，在江面作战，需要战船和水师，这些，都要提前考虑。

曹操为何在赤壁之战中失败？主要原因就是曹操带的兵马都是北方士兵，水土不服，到了南方之后数以千计的人得了痢疾等疾病，上吐下泻，最后还出现了瘟疫。曹操本来派了荆州投降的水师，但是，曹操中了离间计，误杀了唯一懂得水战的蔡中等人，导致水战时没有了真正精通水师的将领，被孙刘联军火烧赤壁，大败而归。

前秦苻坚在统一北方后，为了解决南北分裂状态，不顾群臣的反对，亲率几十万大军攻取东晋。而东晋武帝采纳了谢安等人的建议，坚决抵抗外敌，最终击败了前秦军队，使得所向披靡、势不可当的苻坚栽了一个大跟头，前秦从此走向下坡路。

杨坚对前朝这些历史很清楚，所以，他只有拥有精锐水师，才心中有底。不论这些武将说得如何轻巧，但北方士兵对南方水战不熟悉也是事实，不得不考虑。

此时，杨坚对皇甫绩说道："放心吧，我大隋注定要完成统一大业，结束南北分裂的局面，成为大一统王朝，但江南一战确实关乎大隋的兴衰荣辱，不得不谨慎对待，朕已经安排人建造战船，训练水师，挑选伐陈的主帅，灭陈的这一天，相信很快就会到来。"

皇甫绩不禁对隋文帝更加敬佩，原来朝廷早已经在做伐陈的准备了。

"陛下，臣有个不情之请，希望灭陈之战，臣能有幸参与，为统一大业出一份力！"

杨坚高兴地答应下来，对皇甫绩勉励一番。

数月后，宇文恺上奏，已改建很多方舟战船。不久，杨坚携高颎、苏威、虞庆则等人前往华州省亲，其实这也算是祭祖，那里是他出生的地方。

杨坚带着文武重臣，在华州随他祭祀，颇有一种衣锦还乡的感觉。昔日杨坚在华州般若寺出生，40多年后，杨坚已经贵为大隋皇帝。他想到少年时自己立下的雄心壮志，现在，只差吞并南朝，就可以实现天下一统了。

四、大军南下

杨坚回华州祭祀之后，返回大兴城，这时，朝中上书伐陈的文武官员更多了。

尤以薛道衡的上书最为有名。薛道衡是一代文豪，他与李德林、卢思道齐名，为当时文坛领袖。

薛道衡出身官僚家庭，出生在东魏孝静帝兴和二年（540），他6岁时，父母双亡。薛道衡13岁时，读《左传》，有感于"子产相郑之功"的故事，作了一篇《国侨赞》，辞藻华美，时人称其为神童。后来北齐朝廷闻其才名，召薛道衡入文林馆，兼主客郎，负责接待他国来的使者。北齐灭亡后，周武帝任用薛道衡为御史二命士，薛道衡自以为不受重用，便弃官归乡里。

后来杨坚篡权，做大丞相时，薛道衡在大将军梁睿的麾下效力，参与平定王谦之乱，立下功劳。后来他又随军出征突厥，胜利还朝之后，被任命为内史舍人。当时薛道衡还兼任聘陈主使，曾多次南下，往返于南北之间，因此对陈朝的腐败、陈后主的昏聩，了解颇深，十分支持隋文帝南伐。

除了薛道衡外，通直散骑常侍庾季才精通星象，也上书劝杨坚伐陈。当初隋文帝决定建造新都大兴城，举棋不定，与高颎、苏威二人商议，就是庾季才入宫求见，说他夜观星象，应该迁都，才使杨坚立即做出了迁都的决定。

这次也是如此，庾季才说道："陛下，臣夜观天象，发现金星与火星交会，预示大隋国运长久，而陈国对应的星相黯淡，还望陛下早做决断，讨伐陈国。"

杨坚点头，认为时机到了。

开皇八年（588）三月，隋文帝下诏说：

> 陈叔宝据手掌之地，恣溪壑之欲，劫夺闾阎，资产俱竭，驱逼内外，劳役弗已；穷奢极侈，俾昼作夜；斩直言之客，灭无罪之家；欺天造恶，祭鬼求恩；盛粉黛而执干戈，曳罗绮而呼警跸；自古昏乱，罕或能比。君子潜逃，小人得志。天灾地孽，物怪人妖。衣冠钳口，道路以目。重以背德违言，摇荡疆场；昼伏夜游，鼠窃狗盗。天之所覆，无非朕臣，每关听览，有怀伤恻。可出师授律，应机诛殄；在斯一举，永清吴越。

隋文帝诏书一出，也就表示大隋正式向陈宣战了。

开皇八年（588）四月，隋军主力全部被调往长江沿线，晋王杨广，大臣高颎、杨素、虞庆则、王韶、王世积、韩擒虎、贺若弼等一流将帅，全部被派到长江沿线担任指挥官。

隋军驻扎在长江沿线，在益州、荆州一带造大量战船，其中有大臣请示是否需要保密。

隋文帝摇头说："吾将显行天诛，何密之有！"

大隋士兵不仅公开造船，还把废弃的木料扔到长江中。隋文帝又命人抄写了三四十万份诏书，斥责陈后主的 20 条大罪，散发于长江沿线，大造以"有道伐无道"的声势。

同年十月，隋文帝正式下诏进攻陈国，并在寿春（今安徽寿县）设淮南行台省，以晋王杨广为行台尚书令，主管伐陈之事，其中高颎为晋王元帅长史，右仆射王韶为司马。然后，隋军主力兵分三路，以晋王杨广、秦王杨俊、清河公杨素并为行军元帅，分别统领三路大军。

晋王杨广率领东路军，带长史高颎、司马王韶等兵出六合，从正面渡江进攻建康。

秦王杨俊率中路军出襄阳，他的任务是突破长江中游的武昌等地。

杨素率领西路军负责突破三峡的封锁，打通长江中游与上游之间的通道。

其他各路总管也纷纷得到调配命令，如庐州总管韩擒虎出庐江，蕲州总管王世积出蕲春，吴州总管贺若弼出吴州，青州总管燕荣出东海，共派遣各路总管 90 人、51.8 万人马，声势相当浩大。

这一次，高颎受命担任元帅长史，他丝毫不敢懈怠。因为在他心中，这一次讨伐陈国，自己责任重大，虽然杨广在名义上是东路军大元帅，但这只是隋文帝为了锻炼晋王。到底如何行军，还需要高颎与其他老将军商议。

三路大军的统帅中，晋王杨广和秦王杨俊都是杨坚的儿子，名义上掌握兵权，监督各路总管行事。西路大军的统帅却不是皇子，甚至不是宗室，而是一个叫杨素的人。

杨素是弘农华阴人，他出生于将门，父亲是汾州刺史杨敷，祖父是辅国将军杨暄。杨素自幼便胸怀大志，不拘小节。杨素年轻时喜欢读书，钻研学问，涉猎很广。杨素因在灭北齐的战争中立下功劳，被册封为车骑大将军，敕封清河县子、成安县公。

杨坚为北周辅政大臣时，杨素就与他交好，深得杨坚器重。当荥州刺史宇文胄占据虎牢响应尉迟迥叛乱时，杨素旋即被拜为大将军，率领河内兵马围剿宇文胄，成功平叛，将宇文胄斩杀。凭此功劳，杨素官升徐州总管，进位柱国，封清河郡公，邑2000户。

公元581年，隋文帝杨坚建立隋朝后，杨素被隋文帝加封为上柱国、越国公。开皇四年（584），杨素又官拜御史大夫，位列三公。

虽然杨素能文能武，官路亨通，在大隋威望渐高，威风八面，在家却是个受气包。因为他的妻子郑氏是个悍妇，性情凶暴蛮横，经常跟杨素吵架。有一次，杨素气得大骂："我如果哪天当了天子，你一定不能做皇后。"结果杨素被其妻郑氏入宫告发，杨素因此获罪，被罢免了官职。此次经历，险些毁掉杨素的前途，如果换成周宣帝那种暴戾昏君，杨素可能被满门抄斩了。

幸亏隋文帝当时准备灭陈国，正是用人之际，加上他对杨素十分了解，知道那只是杨素跟媳妇吵架的气话。不久之后，杨素被重新起用，担任信州（今重庆奉节）总管，负责督造战船。

因为杨素深知，陈国没有了荆州、益州，地盘缩小，现在之所以敢和大隋叫板，就是仗着他们有强大的水师。大隋要平定江南，消灭陈国，必须要有强大的水师。但强大的水师自然需要足够多、足够好的战船，就如同骑兵需要战马一样。

开皇七年（587），杨素在信州的永安（今重庆奉节东）悬赏召集有精湛造船技术的工匠造船。同时，他又派人到陈国偷师学艺。通过对陈国船舰的研究，终于造出一种名为"五牙"的战船。这种船上起楼五层，高有百余尺；左右前后置六拍竿，可以用来攻击敌船。船上有楼阁高50尺，能容下甲士800人，十分庞大，一旦在江面上进攻，小船根本无法抗衡。

但是，这种超级战船也有不足，那就是船体太大，不适合机动作战，调转方向很困难。所以，光有大战船还不够，杨素又令人造出了一批中等体量的船只——黄龙船，以及体积相对较小的平乘船、快舟等。黄龙船可容纳 100 多个士兵，其他船只可容纳 10—50 人不等，如此配合起来，船队既有威力也有机动性，进可攻，退可守。

杨素日夜指挥操练水师，很快，训练出了一支能够水战的队伍，使得大隋拥有了自己的强大水师，为灭陈做好充分准备。

很快，到了公元 588 年十月，杨坚宣布正式伐陈后，杨素受命为西路军主帅。他这次的主要任务是率领这支水师驶入长江三峡，然后顺江而下，逐一击破陈国布置在长江上游的水师驻军，拔掉一系列属于陈国的营寨。然后杨素再与杨俊的中路军会合，将长江上游和中游连成一片，吸引陈国主力赶去救援，使得建康城外的防御兵力减少，策应东路军的进攻，这是朝廷"声东击西"的战略，先在西部战场打出声势，吸引陈国军队的注意力，大隋真正要攻灭陈国的军队，其实是东路军，也就是杨广、高颎统领的那一支部队。

我们先看西路军与中路军的作战经过，这两路隋朝大军率先跟陈国军队交战。开皇八年（588）十二月，秦王杨俊率领 10 万中路大军进驻汉口，安营扎寨，修建浮桥和战船，摆出一副要从武昌渡江的样子。

陈朝得到消息后，一片震惊。陈后主根本不懂军事，能力也差，他亲信的大臣平时陪着陈后主一起荒唐，吟诗作对、饮酒作乐可以，但遇到国家大事，毫无处理应变能力。得知隋军正在长江中上游发起进攻，陈国上下都慌神了。

陈后主急忙问向身边的几位大臣。孔范急忙出主意，应该派兵去援救武昌。

江总也附和道："的确应该出兵，防御武昌，那里是长江上游与中游的门户，战略位置重要，不能有闪失。"

"有道理！"陈后主听信了二人的建议，担心武昌有失，迅速下诏，抽调驻守三峡口的水师增援武昌，导致三峡地区防守出现空虚。

杨素瞅准这一时机，微微一笑道："他们中计了。"

随后，杨素令水师出动，顺江而下，声威浩大，很快，大军来到虎头滩（今湖北宜昌西北）。到了这里，杨素所率的水师被迫停下来。

因为虎头滩的前面是狼尾滩，那里是沿江防线的要塞。陈国守将戚欣已经率领 100 多艘青龙船，屯兵数千人，驻守在那里，挡住了杨素大军的去路。

狼尾滩水流湍急，山势险要，十分难攻打。刚开始，杨素派出几支小股船队试探性发起进攻，但都被陈军依靠地形优势打败了。

出师不利，对士气有些影响，全军上下似乎感觉自己是北方士兵，压根就打不了水战。

但是杨素这个人睿智机敏，用兵老练，他自然看出了士气有些低沉，于是召集诸将，他要做战前动员："诸位将军，灭陈之行关系重大，我西路军更是义不容辞，负责扫平长江沿岸的防线，吸引更多陈朝主力过来，给我们的主攻军队创造机会。现在，我们面对狼尾滩，它是我们建功立业的第一战，只许成功，不许失败！"

"杨元帅，可是这狼尾滩易守难攻，着实不好对付啊！"有将领嘀咕道。

杨素淡淡一笑，继续说道："兵者，诡道也！用兵讲究虚虚实实，变幻莫测，以奇兵取胜。我们从正面进攻，各方面都不如狼尾滩的陈军有优势。但是，我们可以扬长避短。我仔细思考了一下，觉得如果我军白天乘船进攻，陈军就会发现我们，我们不如化被动为主动，改为夜间偷袭，水陆并进，定可一举拿下狼尾滩！"

众将领听到杨素这样分析，顿时茅塞顿开，纷纷觉得此计可行。

一位魁梧的将领站起身抱拳道："末将史万岁，愿意带兵从陆路杀向陈军大营！"

杨素听过史万岁的威名，这是一位难得的猛将，此时他见史万岁主动请缨出战，心中高兴，对众将说道："等我们找到当地向导，摸清了路线，就兵分两路行动。"

几日过后，隋军并没有大举进攻，只是每日派少量兵力试探陈国守军实力，吸引陈国守军注意力。这让守将戚欣和陈军将士都松了一口气，他们也看出来了，尽管隋军一个个身材魁梧，但都是北方人，不太擅长水战，几番进攻并没有构成多大威胁。

一天夜里，在当地人的引导下，杨素亲率上千艘战船，悄悄顺流而下，接近狼尾滩，陈军并没有发觉。

与此同时，史万岁和王长袭率 1 万步兵趁夜登陆长江南岸，沿着陆地上的山道进攻陈军陆上的营寨。大将刘仁恩则率领数千骑兵，往长江北岸陈军的营地杀去。

天色微亮的时候，三路隋军各自抵达了目的地，随后，响箭发出信号，三路兵马开始进攻。

杨素率领水师，正面扑向陈军的战船基地，一副要消灭陈军水师的架势。但守将戚欣并不畏惧，在水战方面，他还是非常自信的。戚欣率军从容应战，因为北方的水师，没有被戚欣放在眼里。

双方的战船开始交锋，战局十分激烈。就在这时，王长袭和史万岁率兵冲垮陈军营寨的防御，放出火箭烧了陈军的南岸军营，留守军营的陈军赶紧慌忙救火。

但火势起来之后，很难扑灭，许多陈军被烧死烧伤，战斗力大减。史万岁和王长袭率兵趁机扑入陈军营地，攻击惊慌失措的陈军。

陈军整个南岸营地陷入一片火海之中，战马带着火乱窜，陈军灭不了火，又遭到了隋军突袭，陈军大营瞬间炸开了锅。杀声震天，惨叫不断，陈军士兵犹如身处炼狱一般。

这时候，史万岁趁机大喝一声："缴械不杀！投降不杀！"

其余隋军将士见状，也纷纷跟着大喊"缴械不杀"，这是要减少杀戮，争取俘虏敌军，毕竟，拼杀起来，难免会激发陈军困兽之斗的意志，一旦陈军杀红眼，负隅顽抗到底，那隋军也会有所伤亡。如果趁机逼迫营地内的陈军投降，一来可以减少伤亡，顺利拿下大营，二来可以瓦解敌军的斗志。

果然，陈军闻言，纷纷放下手里的武器，投降隋军。

史万岁令士兵在江岸大喊："陈军大败，营地丢了！"

戚欣此刻正率水师与杨素的舰队酣战，突然听到江岸上有人喊"陈军大败"，扭过头望去，发现营地到处都是火光，显然大营被隋军偷袭，已经保不住了。他担心自己的后路被隋军堵住，决定暂时撤军，退到北岸安寨扎营，稳定军心之后，再寻机夺回南岸营地。

于是，戚欣被迫下令撤军，水师掉转船头，缓缓驶向北岸的大营，杨素则挥师乘胜追击。

当戚欣率领陈军到达北岸时，发现这里也是喊杀声一片，到处飘扬着隋军的军旗。原来北岸大营被刘仁恩所率的骑兵冲垮了，隋军已经夺下北岸的陈军驻地。

南、北两处大营都被隋军同时夺去了，这还了得！形势危急，如果现在不撤退，连水师也要被堵截了。戚欣不敢恋战，当即率领残军，顺着长江逃走了。

狼尾滩首战告捷。从这场战役中，可以看到杨素用兵灵活，精通兵法，善于出奇制胜。

此战隋军共俘虏了上千陈国将士，这些人应如何处置，将领们各执一词。有人建议直接杀掉，免得他们浪费粮食，以防兵变。也有人建议整编，让投降的士兵掉过头去攻打陈军，让他们自相残杀。

但杨素没有同意，他对待战俘相当和善，好言安慰一番后，还给他们发了盘缠，让他们解甲归田，各自回家过日子。杨素还对俘虏们宣读了隋朝的新政策，说隋朝如何善待百姓，北方百姓如何安居乐业。

这些士兵拿着盘缠，高兴地离开军营返乡了。他们回到各自的村落，开始传隋军的队伍有多厉害、多正义。

这些年，陈后主的荒唐行为，已经让全国上下离心离德，使得百姓怨声载道，陈国人对朝廷很失望，现在听到隋军是正义之师，老百姓感到喜悦，士兵也无心参战。

此时，杨素休整过后，率水师继续东进，大小战船铺满江面，威武浩荡，甲板上战士的铠甲在阳光下发着清冷寒光。

杨素端坐在大船之上，气定神闲，神情自若，两岸观望的陈国人看到这一幕都被震撼到了，有人甚至在江边遥指杨素的战船，惊呼说："那就是统帅杨素，狼尾滩的险关，就是被他指挥攻破的！"

不少百姓对雄姿英发的隋军将士望而生畏，期盼着大隋能够统一南北，结束陈国的昏暗政治。

开皇八年（588）十二月下旬，杨素率军顺利东下，来到歧亭。

这时候，陈国荆州刺史陈慧纪，派南康内史吕忠肃率军屯守歧亭。为了防止隋军顺江东进，吕忠肃令人在两岸岩石上凿孔，系上三条铁索横截江面，希望以此来阻遏隋军战船。三峡地势复杂，水流湍急，上游来的船只行进速度会很快，一旦撞到铁索上，就如同战马撞到了绊马索，会立即翻倒。如果不除掉这三条铁索，隋军的战船是无法通过这里的。

杨素并没有着急进攻，而是在歧亭上游停留，在江边安营扎寨。然后他派出探子勘察这里的地形，摸清陈军的营房布置、岗哨栅障等情况，做到心中有数。

经过一番勘察，杨素已经对这里的情况了然于胸，想好了应对之策。同年十二月底，杨素正式出击，兵分两路，水陆并进。杨素负责率水师继续向前进攻，大将刘仁恩率军从南岸登陆，猛攻陈军岸上的营寨。

守将吕忠肃率军据险抵抗，跟隋军大小激战40余次，隋军伤亡惨重，阵亡 5000 余人。

刘仁恩指挥精锐不断猛攻，但是，陈军顽强抵抗，双方僵持不下，隋军多次进攻被打退，使得刘仁恩倍感压力。

但此时的陈军，由于成功击退了陆地上隋军的多次进攻，在江面上阻击了隋军战船，士气大振，得意忘形，竟然尽割了隋军战死者的鼻子以邀功请赏，还将几袋子死者之鼻送到了隋军大营。

这激起了隋军的愤怒，刘仁恩恼火道："将士们，不论歧亭多么易守难攻，我们今天都要攻下来，为死去的将士报仇雪恨，不能让我们死去的将士们遭受这样的屈辱！"

刘仁恩这番话使得隋军同仇敌忾。隋军将士拼死力战，不断强攻，多次获胜，捣毁了陈军几处营垒，使得南岸的陈军大营岌岌可危。

吕忠肃见难以抵挡，被迫放弃营栅，连夜带军逃走。

杨素、刘仁恩顺利攻下歧亭大营，俘虏了不少陈军将士，但杨素则将他们全部释放，没有为难这些陈国士兵，赢得了陈国人的好感。

次日，杨素令士卒毁掉横拦在江上的三道铁索，继续沿江而下。

吕忠肃此时已经退到荆门的延州，倚恃荆门山的险要地形，再次阻遏隋军东进。

杨素派出善于驾舟的南方士兵 1000 名，乘"五牙"战船，用这种楼船上的拍竿，击打陈军战船，打得陈军溃不成军。

这一战，杨素再次大获全胜，还俘虏陈军 2000 余人，大破吕忠肃的水师。

吕忠肃见大势已去，仓皇间便只身逃走。杨素这一路行军，可谓是摧枯拉朽，战无不胜。再加上他优待俘虏，将俘虏都遣散回乡，俘虏回乡途中对隋军的行为大肆渲染，瞬间抬高了杨素的威望，杨素被称为"水军战神"。

这段还被记载于史书中：

素坐平乘大船，容貌雄伟，陈人望之惧曰：清河公即江神也。

——《隋书·杨素传》

隋军趁着士气正盛，一路沿着长江顺流而下，势如破竹。驻守长江南岸安蜀城（今湖北宜都西北）的陈信州刺史顾觉看到隋军如此强大，吓得弃城逃走。湘州刺史、岳阳王陈叔慎直接投降杨素。

至此，长江上游一段为隋军所控制，阻止了长江上游沿岸陈国军队驰援陈国都城，为中下游隋军主力作战提供了保障。

第七章

隋陈大战，气吞山河

一、渡江之战

隋朝西路军由杨素统领，在长江上游不断告捷，完成了初步的战略目标，给中路军、东路军一定的信心，谁说北方将士打水战就一定会输？这次杨素亲率水师，多次击败了长江上游的陈国水师，打出了隋朝将士的自信和底气。

当隋文帝在大兴城皇宫内得知杨素在狼尾滩、歧亭等地大捷的消息，也是开怀大笑，当众夸赞："这杨素将军，果然气度恢弘，有佐世之略、经世之才啊，由他率军出击，旗开得胜！"

这时候在隋文帝杨坚心中北方士兵水战不如陈国人的忧虑，终于减轻了许多。

此时，杨素大军还在向汉口进发，屯守公安（今湖北公安西北）的陈国大将陈慧纪，感到无法抵挡隋军的攻势，令三军烧掉粮草，率 3 万兵马、战船千余艘，顺流东撤，企图退守陈国都城建康。但是，途中被秦王杨俊率中路军阻截于汉口以西，使得这支陈军无法东进。

陈慧纪已经知晓前线战况，得知吕忠肃战败，长江上游沿线的要塞营垒，不是被攻陷，就是主动投降，大势已去。现在他去都城建康之路被堵，只能引兵改道去往湘州，推举湘州刺史、晋熙王陈叔文为盟主，委派水军都督周罗睺与郢州刺史荀法尚守卫江夏。

这陈慧纪为何拥有如此大的权力呢？因为他是南陈宗室，陈武帝陈霸先的重孙。他在陈文帝、废帝时期历任安吉县令、丰州刺史等职，在陈宣帝、陈后主时期，历任兖州刺史、郢州刺史、荆州刺史，手握地方大权。

数月前，西梁宗室安平王萧岩、晋熙王萧瓛率领军民 2 万多人，向陈慧纪请降。他曾带人去迎接，接受萧岩、萧瓛的归顺。同年，陈慧纪以接应降军的功劳被陈后主加封为侍中、金紫光禄大夫、开府仪同三司、征西将军，增加食邑到 6000 户。

杨素的大军顺利推进，抵达汉口，与秦王杨俊的中路大军会合。此时隋军士气更盛，战斗力更强。

秦王杨俊率领的中路军也在积极推进，其麾下的将领如于仲文、崔弘度等人，已经带兵攻取了汉口周边的城池和营寨，撕破了这片区域陈军的防线，迫使驻扎在鹦鹉洲的陈国数万精锐水军陷于孤立无援的境地。

这支水军的统帅是周罗睺，字公布，九江郡寻阳县人，南梁始兴太守周法暠之子。他骁勇善战，勇冠三军。

目前，面对杨素的西路军和秦王杨俊的中路军，摆在周罗睺面前的只有两个选择，一是死战到底，宁为玉碎，不为瓦全，为国捐躯，报效陈国。二是投降隋军，率领数万水军投靠敌军，虽然对自己的名声有损，但可以保住自己与数万将士的性命。

周罗睺陷入矛盾之中，一方面他作为将领，捍卫国家，保卫江南，是他职责所在。醉卧沙场，马革裹尸，那也是军人必然要面对的事情，而投降对于这么一位铁骨铮铮的武将而言是一种耻辱。所以，周罗睺感到了为难，他内心并不想投降！

但是，陈国这些年江河日下，皇帝昏庸，朝堂上乌烟瘴气，百官贪得无厌。就连宰相都是一群"狎客"，不懂治国理政，只知道陪着皇帝花天酒地，整日寻欢作乐，荒废朝政。他们还巧立名目，搜刮民脂民膏，使得陈国百姓生活困苦不堪，民不聊生。

基于这些，周罗睺对陈国朝廷失望透顶，不想死战。率领数万将士为一个昏聩不堪的皇帝、即将覆亡的朝廷愚忠死守并没有意义，还不如投靠隋朝，促进南北统一，成为顺应潮流的明智之人。

于是，周罗睺权衡再三，决定率所部水师投降隋军。

秦王杨俊、大元帅杨素听到这个消息，自然喜出望外，这种主动来投降的陈军将领和精锐，大隋当然欢迎。这样既能减少作战伤亡，还能收编降军，为己所用。

至此，西路军和中路军变得更加强大，完全控制了长江上游和中游地区，消灭、逼降陈军十余万主力军，达到了牵制和策应东路军的目的。

隋朝东路统帅杨广见西路军和中路军在长江中上游的牵制和策应战打得有声有色，认为时机成熟，便向所属各部下达了渡江令。

这次东路军的渡江时间选择在开皇九年（589）正月初一。杨广之所以选择在这一天渡江作战，是因为陈后主在这一天要在建康城内召集满朝文武百官庆贺春节。这是陈后主登极之后，每年一次的惯例。

而且，陈后主为了春节能够一家团圆，喜庆热闹，他还下诏，命镇守沿江重镇江州（今九江）、南徐州（今江苏镇江）的两个皇子休假，率战船返回建康，这样一来，长江下游的防御就变得更加薄弱了。

陈后主之所以让两位皇子率战船返回也是有原因的。他想在新春之际，在建康城外举行一次阅兵，给去年的降臣萧岩等人一些信心，也给文武大臣打一支强心剂。

毕竟隋军开始全面进攻陈国了，前线作战不利的消息不断被送到建康城。陈后主为了打消众人的顾虑，于是，就和宰相商讨，想出了这么一出戏。以阅兵作秀，让大家看到陈国兵强马壮，水师强大，无须担心。但陈国的水师分布在长江沿线，都有驻守隘口、阻击隋军的任务，留在建康的军队和战船不多。

陈后主为了把阅兵式搞得场面隆重，声势浩大，就必须要从防线调水师和战船回来表演。但由于上游和中游正在打仗，无法调回水师，只有长江下游没有开战，形势没有那么严峻。所以，陈后主只好让两位皇子调回他们所管控的江州和南徐州的水师。

就这样，两位皇子率部分水师，返回建康参加新春庆典，导致长江下游的防御减弱，出现兵力空虚的情况。水师少了，那么每日巡逻的任务就变得重了起来，有时候很长一段时间都没有人巡逻。而驻守的官兵见主帅都回京城过春节了，他们也就都松懈下来了。

对于陈后主的这一荒唐做法，也不是没有人反对，一些武将提出反对意见，认为大敌当前，陈国形势危急，不应该再搞这种庆典，更不能抽调防线上的水师回来作秀，应当做好防御，密切关注隋军的动向，及时做好应对。但陈后主不以为然地说道："你们懂什么？金陵之地自古就是古都所在，此处有王霸之气护佑，岂会被轻易击败？曹魏、前秦、北齐、北周，几百年间，北方历代的雄主，哪个不想吞并江南？最后都以失败告终。这一次，也定会如此！"

陈后主说得振振有词，胸有成竹，他还没意识到陈国真正的危机来了，陈国离覆亡已经不远了。

《隋书》记载：

> 王气在此，自有天佑。齐兵三来，周师两至，无不摧败。隋军此行，又能何为？

孔范、江总等佞臣，也趁机站出来帮腔，拥护陈后主的"英明"决策。

江总率先附和道："我江南地大物博，人杰地灵，经济发达，又有长江天险，兵甲数十万，水师天下无敌。北方的士兵不善水战，来到江南作战水土不服，肯定无法突破长江防线，最后定会损兵折将，以失败告终。"

孔范也说道："不错，大隋这样行不义之师，无端入侵我陈国，实在是狼子野心。他们无非是以战争为借口，最后胁迫我陈国签订屈辱条约，索要钱粮，让我们割让城池，他们根本无法吞并江南。"

朝廷的重臣们都自我感觉良好，不断怂恿，导致陈后主已经不相信这些武将的言论，认为他们是危言耸听。

正月初一的深夜，天降大雾，这正是偷袭的有利时机。

凌晨三更时分，长江北岸的隋军开始行动了，数以百计的大小船只排列有序，悄悄从广陵渡出发，横跨长江，向南岸划去。

对岸的陈军大营并没有什么动静，因为陈军对北岸的隋军驻扎不出，经常演练的状态习以为常。

这是贺若弼之前采取的麻痹、欺诈对手的手法起到了效果。之前贺若弼经常把队伍拉到江边，敲锣打鼓搞军事训练，一开始，陈军很紧张，密切关注隋军动向，严阵以待，做好迎战准备。但是观察一阵子后，发现贺若弼就喜欢搞演练，虚张声势。时间长了，对岸的陈军就习惯了，不再草木皆兵。

后来，贺若弼经常带着一大队人马，耀武扬威地到长江边出游打猎，弄得锣鼓喧天，声势浩大。对面的陈军听到锣鼓声，却发现隋军只是打猎，也没什么真正的军事动作，心想："隋朝的将领不过如此，整天带兵打猎，没有真才实学，根本不必担忧。"

贺若弼除了经常打猎游玩，还和陈朝人有一些贸易往来。由于南方马匹较少，贺若弼就用一些老弱之马去跟陈朝商人交换船只。陈朝商人都很会做生意，用质量最差的破船去交换隋军的马匹。结果贺若弼买回50多艘破船后，放在江边停靠，没过多久船就漏水沉下去了。陈朝人哈哈大笑，觉得占了便宜，坑了隋朝军官，认为隋朝人都是大老粗，缺心眼。

贺若弼经常使用这些手段迷惑对岸的守军，让陈军产生轻敌的心理。这次见贺若弼的军队又有动静，陈军认为隋军又是在演习、换防，不是真的要打过来。

所以，这次陈军士兵十分懈怠，没有时刻提防、监视敌军动向。再加上过春节，朝廷犒赏三军，有不少不值宿的士兵在夜里饮酒酣睡，对隋军夜里渡江的偷袭行动一无所知。

隋军第一拨战船快到对岸时，正在岸边巡逻的陈国士兵，这才发觉大事不妙。江面许多隋军战船逼近来袭，巡逻的士兵刚欲吹号报警，但为时已晚。贺若弼令弓弩手放箭，一队陈军巡逻兵全部死于乱箭之中。

隋军抢滩登陆，先锋部队趁着夜色和浓雾，以迅雷不及掩耳之势扑向陈军大营。此时陈军大营内，很多士兵尚在梦乡，隋军势如破竹，轻而易举就攻克镇守江边的陈军大营，陈军稀里糊涂就被俘虏了。

与此同时，杨广和高颎、宇文述、薛道衡等人，率主力也顺利渡江，朝金陵、丹阳一带，猛攻过去，同样取得了不错的战果。

面对传来的频频捷报，年轻的杨广意气风发，立于战船夹板之上，看着江水滚滚，颇有几分指点江山、挥斥方道的气概。这时候的他，手握大权，指挥三军，进攻江南陈国的三路大军皆受他节制，这使杨广心中萌生了凌云壮志。或许在这一刻，他也开始想若有朝一日成为皇帝，实现大业，名垂千古，才不负此生吧！

杨广后来果然登极为帝，成为历史上毁多誉少的一代暴君，他的年号是大业，可能他一直想着建立大的功业，以媲美秦皇汉武，超过自己的父亲隋文帝。在他短短十几年执政生涯中，造东都、修长城、开凿大运河、三征高句丽，等等，每一件事都很大，超出了百姓的承受能力，使百姓生活困难、流离失所，最后导致大隋二世而亡，此乃后话。

公元589年正月初二，韩擒虎率军渡江，进攻采石要塞；王世积率一支军队从薪水渡江，兵锋直指九江城。下游的几路大军按约定之日一齐发起进攻，长江下游的陈军，顿时全线崩溃。

当陈朝的君臣得知隋军已经渡过长江天堑，攻入江南陆地的时候，顿时惊慌失措，春节喜庆的气氛一下子消失得无影无踪，取而代之的是挥之不去的阴霾。所有人心中都有一种不祥的预感：陈国要完了。

陈国兵甲数十万，但是以水师见长，步骑兵作战并不是江南兵马所擅长的。没有了长江天险，陈朝也就没有了底气和自信。

陈后主立即召集公卿商议对策，在这个时候，文武大臣纷纷支招。因为再不团结起来一致对敌，隋军很快就会兵临城下，到那时，陈国灭亡就近在咫尺了。

陈后主于正月初四下诏：命骠骑将军萧摩诃、中领军鲁广达、护军将军樊毅等为都督；大司空司马消难、湘州刺史施文庆等为大监军，统领建康周围的军队，负责保卫京师；然后命南豫州刺史樊猛率水军从白下（今江苏南京境内）出发，迎战隋军。

与此同时，贺若弼在捣毁江边的陈军营垒后，下令让隋军都换上了陈军服装，向陈国的腹地推进。沿途的陈军游哨刚开始没有发觉，等到发现的时候，已经来不及示警。贺若弼率部队快速行军，正月初六，他带兵杀到京口（今江苏镇江）。负责镇守这里的南徐州刺史黄恪没有提前得到消息，当城池被隋军围住，他才慌慌张张跑到城头观望，发现被围城后，心直接凉了一半。

城外旌旗招展，枪头如林，战马嘶吼，杀气森森，平时养尊处优的陈国将领，哪里见过这等凶狠彪悍的军队！黄恪心中很是害怕，根本提不起斗志，苦恼地返回府衙，忧心忡忡，坐立不安，很担心自身安危。

城内的守军见主帅如此颓废，也没有了斗志，当贺若弼指挥大军发起进攻时，陈国守军消极抵抗，不用半日，城池被破，许多陈军将士缴械投降，贺若弼入城后很轻易就生俘了陈南徐州刺史黄恪。

贺若弼军纪严明，隋军入城之后，所到之处秋毫无犯。贺若弼又下令将所俘虏的6000多名陈军士兵全部释放出城，让他们返乡劝降，隋朝一统才是历史大势所趋，民心所向。

这些士兵回去后，到处宣传隋军的仁义之举，把大隋攻陈演变成了"吊民伐罪"。这样一来，各地的百姓都放心了，不再参军入伍解救陈国危难，倒更希望看到陈国灭亡，无道的陈后主被杀，大隋统一南北。

因此，贺若弼军所到之处，陈军纷纷归降。

陈国的大将军萧摩诃意识到国家岌岌可危，亡国近在眼前，决不能放任隋军轻易攻占京口。京口是建康都城的东大门，地理位置十分重要。京口地区有重要港口，经济发达，是建康的物资周转地。因此，萧摩诃请求陈后主赐他兵权，让他率领五千兵马前去救援。但是陈后主听信了孔范的建议，并没有答应萧摩诃的请求。

陈后主和孔范等人认为，现在派兵出去，会分散兵力，不如等隋军深入，然后围歼隋军。陈后主从未带过兵，浑身上下都是文人气质，在此危难之时，他变得疑神疑鬼，有些信不过这些将领。

当贺若弼攻克京口，杨广、高颎等渡江抵达南岸，重新会合之后，贺若弼作为先锋，继续带兵朝着建康方向进军。

这时候建康城外，还有 10 万陈军驻守，陈军还是有机会与隋军决战的。

萧摩诃焦急地找到陈后主，再次请求出兵："陛下，贺若弼带着八千人马作为先锋，逼近建康城。臣派出探子，发现贺若弼已经在钟山一带扎营，但营寨并不坚固，也没有设置壕沟，适合偷袭，请陛下准许臣带兵 1 万，趁夜偷袭，可大破贺若弼军。"

陈后主闻言摇头："隋军向来骁勇善战，你这样主动袭营，有些太冒险了。"

萧摩诃更焦急了："陛下，现在非常时期，当行非常之事，决不可按部就班，固守成规了。若再不主动偷袭，等贺若弼先锋军抵达城下，定会牵制住我军主力，影响各路军马前来勤王。若京口一带的隋军主力杀来，则大势去矣。"

孔范看出了陈后主的担忧，于是站出来说道："萧将军，你有多大把握？万一这是贺若弼之计，你带人前去，岂不是葬送 1 万精兵？到时候，我们哪儿还有实力对抗隋军的主力？”

萧摩诃看着孔范，怒从心中起，心想就是他这等佞臣，导致陈国落得如此地步。他心中对孔范早有意见，此时再也按捺不住怒火，呵斥道："孔大人，我军节节失利，长江沿岸防御已经纷纷告破，这些失败，难道你脱得了干系吗？”

"你这是在毁谤本将军！”孔范听到萧摩诃的指责，也是很生气。

陈后主见二人不和，也是一阵烦躁。他犹豫再三，还是否决了萧摩诃的提议，这使得萧摩诃很郁闷，差点憋出内伤来。

正月十五日，镇东大将军任忠入宫，求见陈后主，提出了一套较为完善的防御方案，史书是这样记载的：

兵法：客贵速战，主贵持重。今国家足兵食足，宜固守台城，缘淮立栅，北军虽来，勿与交战；分兵断江路，无令彼信得通。给臣精兵一万，金翅三百艘，下江径掩六合，彼大军必谓其渡江将士已被俘获，自然挫气。淮南土人与臣旧相知悉，今闻臣往，必皆景从。臣复扬声欲往徐州，断彼归路，则诸军不击自去。待春水既涨，上江周罗睺等众军必沿流赴援，此良策也。

——《资治通鉴·隋纪》

任忠不愧是南陈名将，他的这个建议其实非常好，他主张三个方面：

第一，他告诉陈后主一个道理，来犯的敌军更想速战速决，因为他们受粮草补给的制约，但守军更有利于持久作战。现在陈国还没有山穷水尽，至少兵足粮丰，应该固守城池，沿秦淮河建立栅栏，倘若隋军来攻，不要轻易出战，只要分兵截断长江水路，不要让隋军音信相通即可。

第二，他请陈后主给他分拨精兵1万人、金翅战船300艘，顺江而下，突袭六合镇，那里是隋朝西路军的大营。这样一来，隋朝后面的大军会认为已经渡江的贺若弼、杨广等部分将士已经失利了。而渡江的隋军，则以为他们的后路被断、江北大营被攻破，如此长江南、北两岸的隋军锐气都会受挫。

第三，长江北岸属于淮南之地，那里的百姓与任忠很熟悉，若是听说他率军前往，会群起响应，里应外合。他扬言将要率军进攻徐州，断隋军退路，威慑各路隋军，让其不战自退。只要撑过一段时间，上游周罗睺等军突破围堵，就会顺流而下过来增援。

如此一个完善可行的战略，陈后主也听不进去，屡屡贻误战机，错失了反败为胜的机会，真是昏聩无能，毫无眼光和魄力！这种人当皇帝，德不配位，最后沦为亡国之君并不稀奇。

就这样，建康城附近护卫京师的十余万禁军毫无作为。

几日后，陈后主与江总、孔范等人商讨后，让司徒、豫章王陈叔英率军屯守皇宫，萧摩诃屯守乐游苑，樊毅驻守耆阇寺；鲁广达屯守白土冈，忠武将军孔范屯守宝田寺，做好了死守建康的准备。

但是，没过几天，到了正月二十日，陈后主因为压力太大，吃不好、睡不好，终于扛不住了。他忽然召见了萧摩诃、任忠，说道："我们与隋军这样相持，一直耗着不决战，实在令人心烦。萧摩诃将军，朕今日命你出兵，去攻打隋军，与之决战，等击败敌军，朕重重封赏。"

任忠一听，顿时觉得不妥，急忙劝谏："陛下，现在时机不妥，贺若弼的钟山军营已经不断增兵，加上杨广、高颎的主力大军也到了，现在主动出击，放弃咱们水师精锐和城高墙厚的地利优势，派步骑军出击，正是以短攻长，万万不可。"

任忠着急，立即向陈后主跪地叩头，苦苦哀求。但忠武将军孔范在旁帮腔道："军心已经浮躁，城内人心惶惶，此时若不进攻，更待何时！这一次，我军主动出击，跟隋军决战，必然会取得胜利，解我陈国危机，名垂千古。"

陈后主觉得这几句话合他心意，于是听从了孔范的建议，对萧摩诃吩咐："萧将军，此诚危急存亡之秋也，你可愿意替朕出征，率军与隋军一决胜负？"

萧摩诃一脸肃穆，说道："自古征战为家国，臣身为陈国将军，自然当为陈国效命。隋军为灭陈而来，事关国家兴亡，也关乎我家中妻儿，臣定当竭尽全力，与隋军拼杀到底。"

"说得好！"陈后主不禁动容，关键时刻，听到萧摩诃说出这番话，他忽然有点儿感动了。于是，陈后主派人打开国库，取出不少金钱财物，分给诸军，用作出兵作战的奖赏。

正月二十日中午，陈后主命令鲁广达率军在白土冈摆开阵势，除此之外，还有任忠、樊毅、孔范、田瑞率军出城列阵，由南向北，各队人马都列好阵势。萧摩诃所率的军队在最北边，也是今日发起进攻的主力部队。

这次出动兵力很多，有七八万人，陈军从南到北绵延近 20 里，声势浩大。

二、金陵城破陈国亡

贺若弼得知陈国动用了七八万兵力在建康城外列阵，连绵至钟山一带，要跟隋军决战的消息，十分意外。陈军拥有 10 万主力，如果坚守在建康城内，依靠城高墙厚的优势，只要粮草充足便可以死守下去。

但是，陈军打破常规，放弃了坚守城池的办法，主动将主力列于城外，这等于以短攻长，乃兵家大忌。

贺若弼有点儿不相信这个消息，所以亲自率领轻骑，登上钟山高处。只见陈军已摆开阵势，竟然是一字长蛇阵，士卒排了 20 里，首尾不能相连，这种阵法，很容易被精骑冲散。看过之后，贺若弼微微一笑，已经心中有底。于是他疾速下山率 8000 名将士，摆好阵势准备迎战。

"贺将军，我军只有 8000 人，对方有 8 万人，兵力相差 10 倍，要不要等晋王派来的援军抵达，我们再与之决战？"杨牙有些担心两军兵力相差悬殊，隋军会寡不敌众。

贺若弼摇头道："不必了，以陈军这个阵法，即便有 8 万人，也是一路兵力拼杀完，第二路兵力才能冲上，无法联合作战。对我们而言，交锋的时候面临的兵力永远只有一路而已。只要我们彻底打垮一路兵力，后面的陈军见状，就会士气低落，一败涂地。"

众将士听了贺若弼的分析之后，顿时信心十足，充满了斗志，八千精锐严阵以待。

双方都做好了决战准备，战斗很快打响了。

交锋刚开始，陈军猛将鲁广达、田瑞等人率部发起进攻，奋勇作战。其中田瑞作为先锋，率先与贺若弼所率精锐交手。但是，陈军不敌隋军将士，被一鼓击退。

但陈军中还是有能人的，鲁广达就是一位难得的悍将，他率领数千精锐作为第二波攻击力量，对隋军发起猛攻。在这一次正面交战中，陈军趁隋军锐气刚用尽的时候攻击，使得贺若弼的兵马接连失败。

鲁广达见状大喜，忍不住喊道："隋军不过如此，并非不可战胜，今日遇到我们，便是遇到了克星！"

这几轮交战过后，贺若弼的八千人马，死伤了几百人，只剩下 7000 多人撤走。败退途中，隋军放烟雾迷惑对手，这才摆脱追兵，重整败军。

此时陈军士气高涨，见贺若弼的兵马连败数阵退走，认为隋军战斗力不过如此，顿时滋生了骄傲自满的情绪。他们开始争抢隋军死去将士的首级和身上的物品，回城内邀功。

贺若弼带兵撤退 10 里，发现陈军没有追上来，而是在哄抢战利品和隋军尸体，贺若弼觉得这是反攻的好机会，他通过刚才跟陈军几轮交手，敏锐地发现了陈军的软肋。陈大将军孔范所部华而不实，队伍懒散，毫无锐气，可以作为攻击的突破点。

所以，贺若弼重整军队，一番动员之后，以疾风骤雨之势，朝孔范所部发起猛烈反击。孔范见到贺若弼率军杀来，也立即指挥自己麾下将士应敌，但刚一接触，就被冲撞得溃不成军。

孔范所部士卒军心涣散，四处奔逃，其他各路陈军兵马见状大惊，阵形很快混乱。在贺若弼所部的猛烈冲击中，陈军全线溃退，死伤了四五千人，陈军不断后退，不敢再与隋军交战。

这个时候，陈军数量远多于贺若弼的兵马，若是主将站出来稳住军心，重新调兵遣将，对贺若弼的军队进行包抄围堵，还是有机会围歼那几千隋军的。

但是，此时陈军主将萧摩诃却无心恋战，甚至对陈后主恨之入骨，这又是为何呢？原来，就在萧摩诃受命要领兵出城与隋军决战的时候，身为陈国皇帝的陈后主，竟然在这个关键时候觊觎萧摩诃的妻子，萧摩诃刚出城不久，陈后主就派人把萧摩诃的娇妻接入宫中。

萧摩诃得知消息后，面如死灰，内心十分愤怒。他知道陈后主是一个风流好色的昏君，而自己的娇妻长得那么漂亮，被接进了宫，后果可想而知！

整个国家都已经岌岌可危，随时有亡国覆灭的危险，但那个昏君居然还如此胡来，侮辱前线主帅的妻子。既然一国之君都不在乎陈国的灭亡，他身为臣子，还有什么可在乎的？亡国更好，还能解救自己的妻子。

萧摩诃放任自流，10万大军如同一盘散沙，不知所措。在隋军猛烈冲击下，根本没做抵抗就彻底崩溃了。乱军之中，萧摩诃被抓，做了隋军先锋大将员明的俘虏。

隋将员明将萧摩诃押至贺若弼面前说道："贺将军，陈军主将萧摩诃被擒获，听候发落！"

贺若弼瞅了一眼，冷声说道："败军之将不足言勇，拖出去砍了吧！"

两名侍卫上前，左右推搡着萧摩诃离去，萧摩诃神情自若，哪怕是沦为阶下之囚，即将被砍头，也全无惧色，吼道："别推！老子自己会走！老子为陈国征战几十年，冲锋陷阵，杀敌无数，还惧死不成？"

贺若弼闻言，微微一怔，心想：真是一条汉子！铁骨铮铮，有气节！

"住手！"贺若弼喝令侍卫住手，他亲自起身上前，说道："你就是萧摩诃？"

萧摩诃点头："不错！行不更名，坐不改姓，我就是萧摩诃，要杀要剐，悉听尊便！"

贺若弼上下打量一番这位猛将，赞叹不已，说道："我在北方时就听过你的名气，今日一见，果然铁骨铮铮！我大隋这次伐陈，乃是吊民伐罪，天下很快将重新统一，结束南北分裂近300年的局面，不知萧将军是否愿意加入隋朝，继续为这新的大一统王朝效力！"

萧摩诃听了之后，内心有所触动。

贺若弼亲自给萧摩诃松绑，并以礼相待，最终感动了萧摩诃，萧摩诃选择依附大隋，从此成为隋朝的武将。

贺若弼收服了萧摩诃和不少陈军，队伍一下子壮大，还没等杨广派来的援军抵达，他就在钟山下击败了建康城外的10万大军，扫平了陈国最后的主力，功劳不可谓不大！

当年贺若弼的父亲没有完成的平陈的任务，贺若弼即将完成。贺若弼踌躇满志，意气风发，下令立即行军，进攻建康，打算生擒陈国皇帝陈叔宝和满朝大臣。

但是，当贺若弼来到建康城的时候，发现自己晚来了一步，建康城被韩擒虎所率部队捷足先登了。

这又是怎么回事呢？

原来韩擒虎在正月初一那晚亲率一支精锐自横江（今安徽和县东南）渡过长江，攻打采石。由于头天晚上是除夕，驻扎在采石的陈国守军大多因为庆祝节日喝得烂醉，放松了警惕。

所以，韩擒虎率军轻易地攻克采石，并迅速向陈国腹地进攻。尽管韩擒虎所部人数不多，但行军机动迅速，出其不意，所到之处，如秋风扫落叶般席卷而过，陈军无人能敌，沿途城邑纷纷被韩擒虎攻破。

正月初七，韩擒虎进攻姑孰（今安徽当涂），不到一天的时间，就攻克了姑孰，姑孰守将樊猛之子樊巡被韩擒虎的校尉俘虏，散骑常侍皋文奏被击败，带着残兵逃回京城。陈国猛将鲁广达的两个儿子鲁世雄、鲁世真被韩擒虎击败后，临阵倒戈，投降了韩擒虎。

韩擒虎本来就是大隋一员猛将，陈军早就听过他的威名，如今，陈军已经草木皆兵，看到韩擒虎带兵杀来，或望风而逃，或直接选择投降。

杨广不断得到捷报，喜上眉梢，他所率领的大军主力还没跟陈国军队正式交锋，光是两支先锋军，就摧枯拉朽般杀到建康，这的确让杨广也没有想到。他担心韩擒虎兵力不足，于是命行军总管杜彦带兵 1 万多人，与韩擒虎会合。

当贺若弼进军钟山，与萧摩诃、鲁广达、田瑞、孔范等人作战之时，韩擒虎与杜彦率军抵达新林，逼近建康城。

陈后主得知这个消息，很是担心，吓得痛哭流涕，此时才预感到陈国即将覆亡的命运。但是，陈后主也不甘心就这样拱手让出陈国，直接投降，毕竟城外还有 10 万大军，可以殊死一搏。于是，陈后主委派大臣蔡征，拨给他 2 万精兵，希望他带兵阻击韩擒虎和杜彦的军队。

蔡征文武双全，颇懂兵法，此次陈后主对他寄予厚望，希望他能够力挽狂澜。蔡征也是有心杀敌报国，可是他麾下的将士听说韩擒虎用兵如神，所向披靡，根本不敢迎战，许多将士连夜逃跑，蔡征也无能为力。韩擒虎轻易击退蔡征的兵马，兵临建康城下。

此时，从钟山前线撤退的任忠逃回建康城，他向陈后主禀报了城外作战情况。

"陛下，城外 10 万大军已经溃败，隋军势如破竹，已经在钟山之下击败了我陈国大军。事到如今，陛下只能听天由命，臣也无力回天了。"

陈后主见状，痛哭道："都怪朕啊，当初不听任爱卿之言，事已至此，朕悔恨交加，希望任爱卿能够担负重任，保家卫国，为朕效力！"说完，陈后主命人抬出两大箱黄金作为酬劳，赐给任忠。

任忠见了这两大箱黄金，顿时心动了，嘴上答应下来："既然陛下如此信任微臣，那微臣就勉为其难，在这危难时刻，重新招募人马，保护陛下安全。"

陈后主听完十分高兴，他希望任忠能够组织一队兵马，护送他和嫔妃离开建康。

任忠又说道："陛下现在只有派人赶紧准备船只，前往上游与周罗睺等人统率的大军会合，才有东山再起的机会，我当豁出性命带兵护送陛下前往。"

陈后主相信了任忠，令他出外布置安排，又令后宫宫女收拾行装，等待任忠护驾出城。

任忠答应之后，叫人抬着两箱黄金离开皇宫，搬运到自己的府邸。任忠并没有履行诺言组织军队护驾，而是私自出城投奔城外的韩擒虎去了。

任忠之所以这么做，是因为他看透了陈后主是一个十足的昏君，原本实力不凡的陈国，被这个昏君糟蹋得不成样子，陈国的灭亡已不可逆转。任忠觉得应该主动出城投降，这样还有利用价值，总比躲在城里被擒获要好。如果在城内被俘，那么便会有性命之忧，现在主动投诚，反而能够立下功劳。

果然，韩擒虎接见了任忠，两人相谈甚欢，任忠表示他可以带领韩擒虎的兵马先一步入城，拔得头功。韩擒虎也很高兴，有了任忠这个内应，韩擒虎就可以率先攻入建康城了。

当天夜里，任忠率领本部 500 名精骑，直奔建康城的朱雀门，他的身后，是韩擒虎率领的数千精兵。

朱雀门守军看到任忠将军半夜归来并没有戒备，打开了城门。任忠率领 500 名精锐入城，控制了城门，然后发信号给韩擒虎。隋军很快冲杀过来，顺利地进入建康城。

隋军入城的消息传开，陈朝的文武百官和当地权贵纷纷逃遁。平常围在陈后主身边的那些阿谀奉承的官员早已无影无踪躲藏起来了。陈后主的身边只有老臣尚书仆射袁宪。

陈后主见状，触景生情，长叹一声说道："朕平常待你并没有多好，没想到关键时刻，只有袁爱卿守护在朕的身边，对此我感到很惭愧。看来，咱们陈国虽该亡国，但并不只是因为朕的无德昏庸，也是由于江东士大夫的气节不够，才会使得陈国没有那股拼劲，抵不过大隋军队。"

事到如今，陈后主还不从自身找原因，竟然埋怨起江东的士大夫了。

这时，皇宫外厮杀声响起，韩擒虎已经率军抵达皇宫外，跟禁卫军拼杀起来。陈后主听到厮杀声，惊慌失措，想要找地方躲藏起来。

袁宪严肃地说道："陛下乃一国之君，隋军士兵进入皇宫后，不会对陛下有所侵犯，更不敢对陛下直接动刀子。事已至此，陛下能躲到哪里去？还不如把衣服冠冕穿戴整齐，端坐正殿，保住陈国最后一丝尊严，依照当年梁武帝见侯景的做法。"

陈后主闻言摇头，没有听从，反驳道："局面这样混乱，谁能保证那些士兵不会乱来。朕不能拿性命冒险，还是藏匿起来才安全！"

于是，陈后主带着十几个宫女和嫔妃逃出景阳殿，找到了一口偏僻的枯井打算藏匿其中。

袁宪见状苦苦哀求，觉得一国之君，不能这样胆小怕事。但陈后主死活不听，中书舍人夏侯公韵用自己的身子遮挡住井口，不让陈后主跳井躲藏。

陈后主根本听不进去，双方争论了很长时间，最后陈后主用拳头打倒了两位老臣，才得以跳入井里藏身。

　　不久，隋军士兵杀入皇宫，四处寻找陈后主的下落。有宫女朝枯井指了指，出卖了陈后主。隋军把枯井围住，朝里面大声呼喊，但井下无人回答，士兵扬言要砸石头到井下，方才听到井下有人回应。

　　"不要落石，井下有人。"回答的人正是陈后主。

　　于是，隋军士兵抛下绳索往上拉人，起初感到非常沉重，十分吃惊，直到把人拉了上来，才发现拉上来的不止一人，而是陈后主与张贵妃、孔贵嫔三人同绳而上。

　　皇宫内，被俘虏的沈皇后仍像平常一样，雍容华贵，神色从容，毫不惊慌。皇太子陈深当时才15岁，他关上殿门，安然端坐等待。太子舍人孔伯鱼在一旁侍奉，当隋军推门而入，陈深端坐不动，还主动安慰："大隋将士，你们一路辛苦了，我们陈国命该如此，我不怪你们！"隋军闻言，都纷纷向他致敬，没有加害、羞辱他。

　　至此，陈国宣告灭亡。建康城自三国时期孙权在此建都，历经东吴、东晋、宋、齐、梁、陈六朝，作为大分裂时期南方政权的首都，它终于完成了独特的历史使命。

三、江南乱

　　开皇九年（589）初，陈国宣告灭亡。隋朝用了不到两个月时间，就消灭了陈国，甚至连东路军主力还没有正式作战，光靠贺若弼和韩擒虎两支先锋军就击败了守卫建康的10万陈军，攻入皇城，俘虏了陈后主和陈国的皇亲国戚、文武大臣。

　　待江南各州郡全部投降后，杨坚下诏废除淮南行省，令晋王杨广和高颍率军班师回朝。杨坚还任命秦王杨俊为扬州总管，镇守广陵，统领江南四十州诸军事，王韶担任司马协助杨俊管理江南，同时任命杨素为荆州总管，协助杨俊管控和监督江南豪族。

同年三月，隋军押送陈国君臣和部分江南世家大族离开建康城，开始北上，向长安（大兴城）进发，俘虏和隋军的队伍绵延数百里。

这一路上可谓凄风苦雨，路途坎坷艰辛，苦不堪言，饥饿和劳顿如影随形，毕竟陈后主和这些大臣都已经是大隋的阶下囚，身份从云端一下子跌落深渊，别说衣食住行方面受到限制和苛待，就是到了长安能否保住性命也都是未知数。人群之中，陈后主满脸泪痕，面露痛苦之色，他在建康做皇帝时生活奢侈，每日饮酒作乐，山珍海味取之不尽，靡靡之音绕梁盈耳，绫罗绸缎温暖柔软，娇娥软香醉生梦死，跟眼前做俘虏的处境相比，简直就是两个极端，陈后主一路悲不自胜，悔不当初，想那雕梁画栋、锦衣玉食，皆成过眼烟云。

如果陈后主当初能够认真治理国家，亲信贤臣，远离小人，给予陈国武将们足够的尊重，听取忠臣良将的建议，陈国也不会如此不堪一击。只可惜，世上没有后悔药，陈后主成为亡国之君，完全是他咎由自取。

四月初，隋军凯旋的消息传回长安，杨坚亲自率领文武大臣赶到骊山（今陕西临潼东南）迎接，杨坚对这次灭陈之战十分重视，对战争的结果也非常满意，所以，杨坚才兴师动众出城200里迎接这次大捷归来的将士，当然这也是为了在丧国的陈后主面前一展大隋天子的威仪。

同时，杨坚还下令设宴，为凯旋的将士们庆功。然后，杨坚带领诸位大臣在太庙举行献俘仪式。

第二天，杨坚在长安的金銮殿上召见陈后主和陈朝降臣200多人，大殿上陈朝旧臣战战兢兢不敢仰视杨坚。

杨坚以胜利者的姿态，高高地坐于金銮殿上，严厉地斥责陈后主和陈国大臣，指出陈国君臣不体恤黎民百姓，君臣昏聩失道，胡作非为才导致如今社稷不保。众目睽睽之下，陈后主既惭愧又惊惧，他战战兢兢伏地跪在杨坚面前，不敢抬头，小心地屏住呼吸，生怕自己被赐死了。

最终，杨坚没有对陈后主动杀心，这跟对待北周小皇帝的方式不同，他觉得陈国就是因为陈后主的昏庸无能才灭亡的，留着陈后主这个毫无能力的亡国之君，对他没有任何威胁，反而还能彰显他的胸怀和仁义，有利于标榜他圣明之君的形象。因此，杨坚不但没有处死陈后主，还下诏赦免其罪，对他格外照顾，竟然还送给陈后主一座大宅院，赏赐他不少金银玉器，保证陈后主的生活无忧。

此后，当杨坚召见陈后主上朝听政，会让他立于三品官员之列。杨坚宴请群臣时，也会请陈后主赴宴。甚至为了避免勾起陈后主的思乡情绪，只要有他在场的宴会，杨坚就不让宫廷乐师吹奏江南乐曲，真可谓体贴入微，事无巨细。

这样过了一段时间，陈后主不像来时那样战战兢兢、小心翼翼了，他似乎也看出来了，大隋皇帝并没想要杀他，甚至还打算一直锦衣玉食地供养他，让他在大兴城逍遥自在地生活，以此方式收买人心。

陈后主明白这个道理之后，也就没有那么害怕了，他满心窃喜。这些日子他在府上待着，每日循规蹈矩觉得没意思，于是他打算求个一官半职，或是要个爵位，这样出去参加宴会也有身份。

就这样踌躇了几日，有一天他终于按捺不住，就对监管他的人说："请你转告皇上，就说我陈叔宝现在身无秩位，无官无爵，入朝不便，出去参加宴会也遭人取笑，恳请陛下给陈某一官半职，以体现陛下海纳百川、优待俘虏的胸怀。"

监管的官员听了陈后主的话后，于次日就将原话转告隋文帝。

杨坚听到后忍不住摇头叹息："陈叔宝还真是心宽，曾经的一国之君不好好当，整天花天酒地，误国误民，断送了江山。现在为了提高身份，竟要讨个闲官当，还真是一个没有心肝的人！"

杨坚倒是没有吝啬，赐给陈叔宝官职。同时，杨坚也很关心陈叔宝的身体状况，问起陈叔宝的饮食起居如何。

监管之人回答："陈叔宝每日酗酒，动不动就喝得大醉，很少有清醒的时候。"

杨坚听完觉得不妥，这样酗酒很伤身体，恐怕活不久啊！他又打算让陈后主节制饮酒，但转念一想，作为亡国之君，已经没有了自由，整日被监管起来，如同笼中雀，内心肯定无比苦闷，他不借酒消愁，还能有什么法子？

"不必约束他的生活，他想喝酒，就由着他的性子喝吧。"杨坚并没给陈后主添堵。

又过了一段时间，杨坚又问监管之人陈叔宝的酒量，监管之人回答说："现在陈叔宝每天能饮酒一石。"

杨坚有些吃惊，陈后主居然这么能喝酒，看来他是用醉酒的方式从现实中解脱。杨坚摇了摇头，同样没有阻止，这种亡国之人，好言相劝也是无用的，毕竟给他再多好处，能还给他自由和江山吗？只要他不添乱，不乱讲话，酗酒买醉、沉迷酒色，这些都无关紧要。

不管怎么说，杨坚没有苛待陈后主。纵观历史上的亡国之君，陈后主的结局还算善终，日子也过得最滋润，没有被故意刁难，也没有在生活中受尽屈辱和折磨。

不过，陈后主虽然日子过得不错，不愁吃喝，江南的陈国人现在却处于水深火热之中，以至于江南在归于大隋一年多后，又发生了一次规模很大的叛乱，重新把隋朝拖入战争之中。

究其原因，我们不难发现，这次江南叛乱，跟杨坚对江南的治理政策有关：

第一，隋朝对江南进行掠夺，尤其是人口。当时杨坚担心陈国的大臣、将领等继续留在陈国做官，会影响江南的管理和稳定。于是，杨坚下令让隋军押解陈后主君臣二三百人、家眷千人，浩浩荡荡地去了长安。

在随后的两年中，隋军不止一次从江南地区掠富户、年轻女子到北方，还强迫这些年轻女子嫁给北方的士兵、百姓，使南方百姓妻离子散、家破人亡。《隋史》记载当时"江南人士，悉播迁入京师"。

与此同时，江南的读书人也得不到大隋朝廷的重用，许多权贵豪门也失去了以往的特权，江南各阶层都受到了严重的剥削和压迫，这就导致了江南人对大隋朝廷的怨恨。

第二，隋朝对江南的改造操之过急，并没有真正了解江南的风土人情。由于杨坚治国能力突出，做事雷厉风行，隋军灭掉陈国，吞并江南后，他就武断地认为南北并无区别，南北政令和法律也应该统一。

但是，隋文帝没有意识到，南方是典型的士族社会，皇权较弱，朝廷对社会的控制和管理也较为宽松。在宽松的治理环境下，江南的世家大族、豪强等有很高的地位和声望。

自东汉开始，豪强世族开始兴起。建立东汉政权的光武帝刘秀就出自南阳豪强，在对抗王莽新朝、建立东汉新政权的过程中，他主要依靠的云台二十八将，绝大多数都是豪强出身。虽然东汉初期的几位皇帝都曾对地方豪强势力采取过一些遏制措施，但是最终还是没有扭转豪强势力崛起的大趋势。

北方少数民族南下之后，发生了"永嘉南渡"，东晋从此偏安江南，这使得江南豪族势力迅速发展。与北方政权相比，江南政权的皇权相对弱小，因为皇帝和大臣多是从北方来的，需要南方人的支持，这就导致世家大族在政治上拥有很大的话语权，他们常常干涉国政，担任朝廷大员。东晋就是由王、谢等江南世家大族辅佐和建立起来的，因此才有"王与马，共天下"的典故。

陈朝时，许多世家大族兼并土地，隐瞒人口，把大量失去土地的百姓变成自己的佃户，替自己耕种土地，也不向国家交税。据统计，隋朝平定江南时，陈朝有户籍的人口只有200万，隐藏人口超过一半。但是，这种藏匿人口的事情，陈国朝廷竟然没有深究，而是采取了默许的态度，因为陈国统治者要想维护对国家的统治，就必须拉拢江南世家大族，给他们一些特权和好处。

但现在情况不同了，隋朝统一南北，杨坚成为大一统王朝的皇帝，他认为皇权至高无上，哪能容许江南的豪族势力兼并原本属于国家的土地，大量隐匿人口，在地方为所欲为、贪赃枉法，阻碍朝廷对地方的正常管理？

因此，在平陈之后，杨坚召集文武大臣，商议如何对南陈地区进行管控。

最受杨坚器重的大臣苏威此时上奏："陛下，臣以为对江南的治理，应该效仿大隋这些年在北方推行的改革，把州、郡、县三级制，变为州、县两级制，裁汰郡制。再对百姓施行均田制、乡正制度，加强对江南百姓的管控。同时，焚烧建康城内陈国的皇宫，将其夷为平地，让江南百姓彻底忘记昔日的陈国朝廷，归心于大隋朝廷。"

"苏卿家所言，正合朕意。"杨坚点头，觉得苏威这番言论，跟他心中所想不谋而合。

但是，李德林有不同的意见，他上疏反复向隋文帝陈述江南地区的特殊性和复杂性，说江南社会不同于北方，南北分裂近300年，江南地区有它自己的风俗习惯和制度特点，不能一下子全部废除，暂时应该保留江南的制度，要循序渐进，以求稳定过渡。

杨坚看过李德林的奏章，陷入了犹豫。但是，虞庆则等绝大多数大臣都建议隋文帝将大隋制度，如《开皇律》、州县制度等全部在江南推行，对江南进行大刀阔斧的改革，彰显新朝廷的威严，一改往日陈国朝廷疲软无力的治国手段。

经过综合考虑之后，隋文帝决定采取苏威的建议，直接对江南进行快速彻底的改造。隋文帝认为，陈国灭亡如此迅速，跟当地文化有关，江南士人缺少豪迈阳刚之气，世家大族更在乎他们的家族利益，不在乎朝廷的死活。所以，隋文帝打心眼儿里就是看轻江南世族和百姓的，没有过多考虑江南百姓是否能够接受大隋的高压政策，杨坚认为江南百姓没有胆量反抗大隋的高压政策。

但李德林还是据理力争，亲自入宫觐见隋文帝，极力劝谏道："陛下，对江南的治理，切不可操之过急啊！陛下要三思而后行啊。"

杨坚听得心烦，皱眉问道："李爱卿，如今我大隋平定了江南，就应该趁机推行大隋制度，除旧迎新，教化江南百姓。再说，这些新政措施乃是大隋的立国之本，在北方推行之后，也证明了新政的确是富国强兵的良策，你为何屡屡反对呢？"

李德林回答道："陛下，臣在奏疏中已经反复讲了江南的复杂形势，自南北分裂以后，江南地区不论是制度、文化还是生活习俗等，都跟北方大相径庭。我们刚灭陈国，江南百姓人心思定，若不能好好安抚，而是强行推行大隋的新政策，恐怕不能被江南百姓所接受和适应。若是强制推行，怕是会适得其反，造成新的祸乱。"

李德林分析得很是深刻透彻，但是隋文帝杨坚对李德林的话不以为然，摇头说道："即便如此，这又何妨？陈国拥兵数十万，但是在我隋军三路进攻之下，毫无抵抗之力。江南人靡靡之音听久了，安逸久了，已经没了血性，所以，我大隋推行新政策，他们定会逆来顺受。如果仍然保留陈国旧制，那么我大隋很难真正掌控江南，江南人也感受不到我大隋的威仪，还以为我大隋朝和他们的旧朝廷一样软弱不堪，不把朝廷放在眼里。与其留下后患，不如趁此机会猛药治沉疴，将江南彻底改造，彻底为我大隋所用。"

李德林见隋文帝听不进他的建议，继续苦口婆心说道："陛下，要让江南人臣服大隋，更不能采用简单粗暴的办法，臣并非完全反对朝廷新政在江南推行，而是建议循序渐进，以怀柔政策为主，先推行一项政策，让江南人逐渐适应，然后再推行其他政策。不能一味地采取高压手段，否则，真的会引发江南民怨沸腾，后果将不堪设想。"

隋文帝性格坚韧，做事果断，雷厉风行，所以才能建立隋朝，推行如此多的新政策。现在他君临天下，统一了南北，已经听不进李德林这等保守建议了。

"朕当然知道南北文化有差异，也深知江南世家大族的势力庞大，能够左右皇权。所以，朕才打算将他们彻底铲除，把江南大族都迁到大兴城来。如今，天下一统，正是大隋朝廷立规矩、改制度的时候，朕不是陈后主，放任江南顽疾继续存在，影响我大隋朝廷的威仪！"

李德林着急道："陛下，此事若是处置不当，恐怕江南会再次发生叛乱……"

"够了！"隋文帝不想再继续听下去了，他冷冷地看着李德林，开口道："你年事已高，锐气渐消，朕不怪你言语顶撞。但你病情日益严重，待在京城经常忧心国事，会加重你的病情，这样吧，怀州的环境不错，不如离开京城，去养病吧。"

李德林听完，对隋文帝大失所望。他知道自己无法劝动隋文帝，因为皇帝已经不信任他了。

李德林只好无奈地告退。走出皇宫大殿，他看着宏伟壮观的京城，心中百感交集。其实隋朝平定江南，他也很激动，他以"修身、齐家、治国、平天下"为己任，看到大隋统一，他深思熟虑全面分析了江南的形势、民俗等，就是希望能够竭尽所能为朝廷出一份力，让江南的百姓融入大隋，使大隋更加强大繁荣，但是他没想到，自己的一腔热血被隋文帝全部否定。

李德林也看出大隋上下都沉浸在平定江南、统一南北的喜悦之中，已经完全被胜利冲昏了头脑，治理操之过急，一定会引发江南新的动乱。他忍不住感慨："我已经尽力了，奈何劝谏无果，只能听天由命了。天下一统本是好事，希望大隋有足够的国运，可以顺利度过灾祸。"

此时的杨坚，站在皇宫高处的台阶上，看着李德林孤独远去的背影，心中不免有些感叹。毕竟杨坚能够取得今日的成就少不了李德林的助力。

最终，杨坚还是听从了苏威的建议，对陈国旧地实行全面改造，具体有三点：

一、实行州、县两级制，撤销郡制，减少地方机构。

二、州县长官由朝廷委派，并且全都由北方人担任，而原来在地方做官的刺史、太守，要么押送北方另有任用，要么被罢免，不许留在江南做官。

三、在乡村设立乡正、里长等基层管理人员，负责清查户口，登记造册。重新丈量土地，禁止世家大族隐匿人口。

从维护国家统一、加强中央集权的角度讲，这些措施无可厚非。遗憾的是，杨坚没有考虑到江南的具体情况，操之过急，此举不仅触犯了江南世家大族的利益，也让普通百姓一时无所适从，对大隋朝不满的情绪油然而生。

此外，还有一件事，隋朝做得过犹不及，最终引发了祸乱，那就是对江南的思想文化采取高压政策。众所周知，杨坚是个虔诚的佛教信徒，他在寺院出生，并从小就在寺院生活，少年时期由尼姑抚养长大，每日抄写经书，聆听佛法，对佛教有着很深的感情。

但是，佛教在江南的发展太过迅速了，佛教势力很大，僧人众多。杨坚得知江南有近1000所佛寺，觉得江南佛教势力太大，很容易被别有用心之人利用，以对抗皇权。为了防患于未然，杨坚打算限制江南佛教的发展，他下诏宣布江南地区的每个州只准保留两所寺庙，其余的全部拆除。这条诏令对江南佛教的发展造成了致命的打击。

陈国旧地有三四十个州，现在朝廷要求每州只保留两所寺庙，那加起来也就七八十所寺院，比起之前1000所的规模，几乎只剩下十分之一不到，还不足以前的零头。这种高压政策，不仅引起江南佛寺僧人的强烈不满，也让江南的百姓很不适应，引起了众人的反感。

为了控制江南人的思想，杨坚削弱了江南百姓对佛教的信仰后，又让朝廷颁布儒家伦理道德和价值规范，具体概括成五条，分别是父义、母慈、兄友、弟恭、子孝等相关内容，被时人称为"五教"。杨坚希望用儒家这一套理论禁锢江南人的思想，让原陈国的百姓和贵族都能规规矩矩，听命于大隋王朝，不再像以前那样挑战皇权的威严。

杨坚本意是好的，但他推行的办法简单粗暴，强迫江南百姓天天背诵，定期抽查，如果有人背不下来就要遭到严重的处罚。当时江南文化氛围很浓，因为永嘉南渡后，东晋建立，许多权贵和士大夫都是来自中原，他们有着深厚的文化传统和已成体系的思想。在江南一带休养生息，推行中原文化，江南的文化迅速崛起，反观北方文化发展缓慢，反而不如江南文化多彩。现在大隋朝廷派来官员推行儒学，让所有人背诵，许多江南世族觉得受到了侮辱。而普通百姓也觉得麻烦，很反感这种被强迫的感觉，所以，江南地区从上到下都反感大隋朝廷的做法。这与当初隋军初破陈国的时候，江南百姓期待换个皇帝的态度形成了鲜明对比。之前江南百姓觉得隋军是正义之师，吊民伐罪，渡过长江消灭腐朽的陈国，是救民于水火，认为从此江南百姓就能过上好日子了。但是，陈后主等陈国权贵被掳走后，江南被隋朝接管，根本没有给江南百姓带来福祉，如今反而处处受制，不少年轻女子被掠去北方，许多人落得家破人亡、妻离子散的下场，朝廷的做法早已惹得民怨沸腾。

这时候，有世家大族看准时机，散播谣言，谎称大隋朝廷不但要把陈朝官员的这里的家眷和江南世族迁往北方，就连普通的百姓也要被迁往北方，发配到边陲之地或是荒凉的地方开荒。这些谣言很有杀伤力，毕竟这里的百姓习惯了江南水乡的生活，对北方苦寒之地充满抵触。再说他们世世代代生活在家乡，土地、祠堂、财产等都在这里，他们乡土观念浓厚，怎么舍得背井离乡，甘心被发配到北方边陲之地开荒？于是乎，江南百姓听到谣言之后，再也无法忍受隋朝的管制，江南各地百姓纷纷举起造反大旗，反抗大隋朝廷，赶走驻扎在江南的隋军和北方官员。

《资治通鉴》记载："陈之故境，大抵皆反，大者有众数万，小者数千，共相影响，执县令，或抽其肠，或脔其肉食之，曰：'更能使侬诵《五教》邪！'"

一时间江南大地烽烟四起，各州县造反的势力如雨后春笋，层出不穷。地方大族推选首领，也有一些豪强主动站出来挑头，招兵买马，铸造兵器，他们自称州牧、都督，打算效仿东汉末年群雄割据，大有燎原之势。

比如，婺州人汪文进、苏州人沈玄憪、越州人高智慧等皆反，各称天子，设置百官，组建了小朝廷。而乐安蔡道人、饶州吴世华、蒋山李棱、泉州王国庆、温州沈孝彻、杭州杨宝英等人拥兵自重，自称大都督，率兵马攻陷州县，开仓放粮，专杀隋朝派来治理江南的官员，袭击驻扎在南方的隋军大营。

高智慧当时率众3000人，翻山越岭，攻下周围许多州县，前后打了上百战，转战千里。显而易见，倘若没有世家大族势力的支持，他是不可能只带领3000人就如入无人之境般四处穿行。因此，这场遍及江南地区的反抗斗争，其实是江南世家大族领导的反抗隋朝统治的斗争，目的是要维持南方既有的生产方式、生活习俗与社会制度，他们不想被北方政权完全驯化、改变，这背后隐藏的是世族政治与中央集权政治的斗争。

整个江南地区都乱了起来，杨俊虽然是扬州总管，毕竟年纪尚轻，面对如此动荡的局面一时有些手足无措。派出两支兵马去平乱也无济于事，因为江南各地已经同时反叛了，靠杨俊手里的那点兵马根本无法解决此事，迫不得已，他只能送急报去京城求援。

杨坚听闻江南造反，大惊失色，想不到真的被李德林给说中了。为了稳定江南局面，他赶紧召苏威、高颎、虞庆则等大臣商议对策，挑选一位优秀的统帅，前去江南平叛。

经过一番商讨，杨坚最后决定让杨素挂帅。之所以用杨素主要有两个原因：

第一，杨素在一年前参加过平陈之战，在此战中他大显身手，率水师横扫长江沿岸的陈军，如同神兵天降，是江南军民眼中的"长江之神"，对南方人很有震慑力。

第二，杨素熟读兵法，军纪严明。目前江南形势复杂，如果没有一定的能力，没有治军的手段，根本无法控制局面。

据说，杨素每次与敌人对阵，总是以 200 人为一队。先派第一队为先锋，上前杀敌。若没有军令就后退的话，依军法处置，斩首示众。第一队对阵之后，第二队继续补上，前仆后继，以此类推。他的军队没有人临阵退缩，全部视死如归，战斗力极强。杨素赏罚分明，不会吝啬军功和赏赐。所以虽然他御下极严，但士兵们都愿意跟随杨素。

> 每将临寇，辄求人过失而斩之，多者百余人，少不下十数。流血盈前，言笑自若，及其对阵，先令一二百人赴敌，陷阵则已，如不能陷阵而还者，无问多少，悉斩之。又令三二百人复进，还如向法。将士股栗，有必死之心，由是战无不胜，称为名将。
>
> ——《隋书·杨素传》

所以，杨坚这次选择了刚刚回京担任内史令的杨素，作为平叛的元帅，再次领兵出征江南！

四、荡平江南叛军

隋文帝召杨素入宫，对杨素诚恳地说道："朕操之过急，对江南政策处置不当，酿成如此祸乱。若不能及时平叛，南北统一恐怕会前功尽弃，此次派杨爱卿出征，责任重大，任务艰巨，切勿辜负朕的期许。"

杨素恭敬回答："请陛下放心，臣这次去江南，一定迅速平定叛乱，不让南北再次分裂。"

隋文帝杨坚闻言点头，他对杨素还是有信心的，杨坚叮嘱道："这次想带哪些将领，你尽可以提出来，朕给你配足人手。"

杨素谢恩，挑选了自己的亲信将领，前往江南平叛。

此时江南各地叛乱势力互相响应，杀害隋朝官吏，裹挟百姓，气焰十分嚣张。

杨素明白这一次平叛跟一年前的灭陈之战大不相同，那时还是两国交锋，以消灭陈国有生力量为主。但这一次平叛性质不同，江南各州都有叛军，或明或暗，有的叛军兵力强盛，摆出决战的架势；有的叛军实力不强，四处游走伏击，没有固定场所；也有的占据山头、湖岛，依靠山险，负隅顽抗，情况十分复杂。

开皇十年（590）十一月，杨素来到长江北岸大营，再次统率他曾经率领的灭陈大军，他冷静分析当前形势后，决定先拿长江南岸占据京口的朱莫问开刀。

在当下叛军之中，朱莫问的实力十分强劲，他自称南徐州刺史，聚集兵马数万，占据京口和蒜山渡，目中无人，十分强势。

这蒜山渡，在三国时就有了，到了唐代改名为"金陵渡"，宋代以后称为"西津渡"，十分有名。它倚蒜山而立，据大江南北之冲，防江控海，素有"吴楚要津""长江锁钥"之称。因地势险要，为历来兵家必争之地。渡口的许多建筑依山而建，墙壁高耸厚重，十分坚固，易守难攻。相传三国时，周瑜曾在这里驻扎东吴水师。如今，朱莫问也将水师主力囤聚于此。

杨素将要渡过长江前，先派遣斥候麦铁杖头戴蒿草，趁夜游过长江，刺探南岸朱莫问大营的情况，返回后再次刺探，结果被敌将李棱俘获，麦铁杖被 30 名江南造反的士兵看守。麦铁杖趁着士兵吃饭休息时，央求看守他的士兵解开手上的绳索方便一下，士兵看他一人，就轻信了他的话，放开了他，麦铁杖伺机夺了一个士兵的大刀，一鼓作气把看守他的士兵全部杀死，然后割下他们的鼻子渡江返回。杨素见麦铁杖回来后非常惊奇，于是上书奏请朝廷嘉奖麦铁杖，从此杨素把麦铁杖当成自己的心腹爱将。

杨素得到情报之后，信心满满，亲率由"五牙船"和"黄龙船"组成的水师舰队，向京口外围的扬子津、蒜山渡发起猛攻。朱莫问派水军迎战，但是，他的水师根本没有受过正规训练，在杨素的正规水师面前不堪一击。刚一交手，朱莫问的水师就被打得大败。

与此同时，隋军的步骑兵已经从上游登陆，气势汹汹地掩杀过来。

双方的军队一交锋，叛军顿时兵败如山倒，完全不是隋军主力的对手。朱莫问这才意识到大隋虎狼之师的厉害，他临时聚集流民组成的军队就是乌合之众，真正打起来，几乎毫无还手之力。朱莫问见大势已去，不敢恋战，弃城而逃。

杨素初战大捷，率军进入京口，善待俘虏，安抚城内军民，然后乘胜进军。

朱莫问兵败后，率领残兵败将，投靠晋陵的顾世兴。这顾世兴有兵马 3 万，占据晋陵，自称太守，当他得知杨素率军前来攻打，并没有惊慌、自乱阵脚，而是跟晋陵都督鲍迁以及朱莫问的残军，合兵一处，集合三处兵力共同抵抗隋军的讨伐。同时，顾世兴还写信邀约无锡叶略、苏州沈玄恹、沈杰等前来助战。

顾世兴打算聚集各路人马，围歼杨素的大军，殊不知他这样做倒合了杨素的心意。杨素不用再分兵，只要以逸待劳，毕其功于一役，集中力量消灭这支叛军联盟就可以了，倒是很省事。

于是，杨素依旧率领水师主力，在江面排兵布阵，等待和叛军水师决战。同时他派于仲文、来护儿登陆，率军进攻顾世兴的晋陵大营。杨素又令崔弘度、皇甫绩，率军前去阻击沈玄恓、沈杰的兵马。

杨素与顾世兴的水师交锋时，令大船小船齐出，又布下伏兵策应，把顾世兴、朱莫问的水师死死地压制住了，顾世兴见状，觉得自己不敌，便留下鲍迁率3000名水军断后，抵御大隋水师，他和朱莫问二人则率军撤退。

鲍迁为人气盛，对隋军的水师并不服气。他家里祖祖辈辈以打鱼为生，他自信自己对长江很熟悉，不可能被北方水师击败。所以，鲍迁很有勇气，率军跟隋军在江面缠斗。但在五牙船的撞击下，在黄龙船和舴艋小船的阻击围攻下，鲍迁还是没有敌过隋军水师，最后连他自己都被大隋俘虏了。

这时候，无锡的叶略率领麾下水师前来作战，对抗隋军。杨素指挥水师迎击，隋军势如破竹，将其一举击溃。

但另一路隋军，崔弘度与皇甫绩所部却出了问题。本来杨素派崔弘度和皇甫绩率军阻击吴郡的沈玄恓、沈杰等叛军，杨素叮嘱二人如果正面击败对手，要乘胜追击，迅速消灭叛军，以防后患。否则，叛军很容易藏匿起来，甚至东山再起。

二人打败沈玄恓和沈杰后，迅速占领了苏州城。可是崔弘度进入苏州城内后，发现苏州风景迤逦，城市繁华，竟没有再追击叛军，而是违反军令驻扎下来，观赏美景，并没有把逃匿的败军放在眼里。崔弘度之所以敢这样目无军纪，是因为他曾跟杨素一样是军中将领，他的年纪又比杨素大，资历也比杨素老，在大隋建立之前，崔弘度的名气和地位比杨素还高，现在两人地位逆转，他反而要听杨素的命令，心中自然很不服气，他仗着资历老，故意逗留下来，不听军令，错失了彻底进剿叛军的最佳战机。皇甫绩苦劝不得，只好作罢，他偷偷写信给杨素，等待新的军令传达。

此时，叛军将领沈玄恓和沈杰见隋军没有追击上来，休整之后重新召集兵马，掉过头杀回去，将苏州城团团围住。崔弘度和皇甫绩多次率军出城迎战，都无法击退叛军，只能被困于苏州城内，和叛军形成对峙局面。

杨素得知消息后，亲自率军扑向苏州救援，与城内的隋军里应外合，击溃了沈玄恺和沈杰的叛军。沈玄恺和沈杰兵败之后，一路南逃，投靠南沙（今江苏常熟西北）反贼陆孟孙去了。

杨素对崔弘度和皇甫绩进行口头训斥之后，率大军扑向南沙陆孟孙，打败陆孟孙叛军于松江，陆孟孙和沈玄恺等人不敌，转身打马逃跑，杨素派兵穷追不舍，一举将陆孟孙、沈玄恺、沈杰等人全部活捉。

杨素又挥师至黟、歙等地，叛军首领沈雪、沈能派人用木栅来巩固城防，但是他们得知陆孟孙、沈玄恺等人战败被俘的消息后，对杨素十分畏惧，见杨素率军前来，自知无力抗衡，于是主动投降。

这时，杨素在江浙之地还有一个实力强大的对手，那就是越州的高智慧。

高智慧自号为东扬州刺史，拥有上千艘战船，甲兵近 10 万，盘踞在越州。他在钱塘江东岸设营垒，兵力绵延 100 余里，战船布满江面。不仅如此，苏州的顾子元也起兵响应他。

杨素分析战局后，决定兵分三路：

第一路：由皇甫绩率领一支精兵，进攻顾子元。

第二路：由史万岁领军，镇压江浙一带的各路叛军。

第三路：由杨素亲自率领，对付越州的高智慧。

杨素率军与高智慧率领的水师在江面上展开了激战。这场战役从早晨一直持续到黄昏，打了一天，打得天昏地暗、死伤无数，两军胜负难分。杨素意识到这次遇到了真正对手，不可小觑。他一边亲自指挥战斗，一边寻求破敌之策。

部将来护儿走过来对杨素说："将军，吴地人敏捷悍勇，善于水战，而且怀着必死的决心，我们与之交锋，困难重重。末将提议，让我领一支人马，作为奇兵，偷偷渡江，出其不意袭击敌军的后方营垒，使他们退无可退，进不得战，这是秦末韩信击败赵军所采用的战术。"

这番话被记录于《资治通鉴》中："吴人轻锐，利在舟楫，必死之贼，难与争锋，公宜严陈以待之，勿与接刃。请假奇兵数千潜渡江，掩破其壁，使退无所归，进不得战，此韩信破赵之策也。"

杨素觉得来护儿说得有理，就采纳了他的建议。于是来护儿率领战船数百艘，径直登上钱塘江东岸，对叛军发起偷袭。他率军在叛军营内放火，制造混乱。很快敌军大营火焰冲天。高智慧所部望见后方营垒起火后，大惊失色，顿时军心不稳，士气全消。

这时，杨素乘机率军奋勇进攻，很顺利地击败了高智慧的叛军。

叛军如一盘散沙，开始四处溃逃，高智慧登船逃入海中，杨素率水师追击高智慧直到海边。

杨素召行军记室封德彝与他商议军事。封德彝失足落水，被人救起才得免一死。他换过衣服后去见杨素，并不提自己落水之事。杨素后来从侍卫那里知道了此事，就问他为什么不说落水之事，封德彝回答说："那是私事，所以没有告诉您。"杨素十分佩服。这些麾下都是铁骨铮铮的汉子，值得信赖。

此时，高智慧已经率军逃到海上，企图寻找机会东山再起。

杨素也深知放走高智慧会后患无穷，于是，率领船队紧追不舍。高智慧率领残军从余姚泛海逃到永嘉（今浙江温州）方才登陆。但杨素大军很快尾随而来，高智慧见杨素紧追不舍，没有放过他的意思，在永嘉登岸后，便指挥残军掉过头与隋军决战。

杨素派杜彦、麦铁杖向高智慧军发起猛攻，这是一场隋军和叛军生死存亡的较量！

高智慧此次并非孤军奋战，他已先派人到永嘉寻求帮助，得到了当地叛军的支持。两股叛军合兵一处，达近 10 万众，叛军盘踞在河岸，扎下营寨，绵延数十里，大小战船覆盖江面。

杨素这时派来护儿率小船数百艘，在上游登陆，从地面上往叛军大营冲杀过去，陆军与水师相互配合，进攻高智慧。

高智慧本以为杨素的兵马会从正面来攻，先打水战，然后再进行陆战，为此，他已经做好了应对之策，但是，他没想到从岸上杀来一支精兵。隋军如虎狼之师，气势凶猛，营地内的叛军根本挡不住隋军骑兵与步兵的凶猛冲杀，刚交手就乱了阵脚，溃不成军，以大败告终。

这一场大战，再次以隋军胜利告终。高智慧带着残军再次驾船入海逃走，来护儿率领船队追到海上。数日后，高智慧又逃到泉州，来护儿率军一路追赶。高智慧走投无路，只好逃向闽越之地。

与此同时，皇甫绩与顾子元军交战，双方相持不下，整整对峙了80天。

皇甫绩派人挟持了顾子元的家眷，将人暂时软禁起来，然后向顾子元送信说："以前陈朝独自抵抗隋朝，江东百姓饱受困苦。好在上天辅助仁德之人，假借我大隋之手，使南陈土崩瓦解。江南的百姓重新获得土地和自由。你们有了这样的好日子，应感恩戴德，欢歌庆祝，怎么能够倒戈作乱，让江南继续生灵涂炭？你要好好地想想你的活路，并告知城内百姓，如能早日投降，迷途知返，你等还能有救！"

顾子元得到书信，左右为难，斗志瞬间下降了，等到杨素的援兵到来与皇甫绩合兵一处，就一举打败了顾子元的叛军。杨素上表朝廷，授皇甫绩为信州总管、都督十二州诸军事。但不久后皇甫绩因病请求退休，回京后，皇甫绩得到杨坚的召见和嘉奖。不过，皇甫绩病情越来越重，不久后在家中过世，时年52岁。

由行军总管史万岁率领的另一路兵马，平定了江浙一带的小股叛军。在进攻婺州时，贼首汪文进占据婺州（今浙江金华）数月，自称天子，任命蔡道人为司空，并派他据守乐安。

史万岁率军绕过东阳，以迅雷不及掩耳之势击败蔡道人，然后攻破东阳城，平定了汪文进叛乱。接下来，史万岁没有停留，开始翻山越岭，在江南转战千余里，进行大小战斗六七百次，击败无数叛军，攻下溪洞、山寨不可胜数，致使许多叛军闻史万岁之名，无不抱头鼠窜，望风而逃。

由于史万岁率领的只是一支偏师，当时水陆交通阻绝，信使不通，以致三个月都杳无音信。杨素等人都以为这支兵马已全军覆灭了。史万岁也是牵挂主帅，他派人把书信置于竹筒之中密封，然后浮于江水之中，顺流而下。下游巡逻的官兵得到竹筒，立即上报给杨素。

杨素得知史万岁的信息后，大喜过望，没想到史万岁只率领一支偏师，居然连战连捷，不断平定各地叛军，斩首无数。

这时，江南的叛乱已经减少，到了平叛后期，杨坚认为杨素长期在外征战，手握 10 万大军，远在江南之地，时间长了，难免不受朝廷管控，于是下诏让他班师回朝。为了表彰杨素的赫赫战功，杨坚还特意提拔其子杨玄感为上开府，赐金银珠宝、绫罗绸缎无数。

但杨素上书陈述南方局势：高智慧率残军退守闽、越；王国庆占据泉州，实力犹存；各地残余叛众，还需进一步肃清。如果此时不乘胜追剿，彻底荡平叛乱，必然后患无穷，功亏一篑。

杨坚考虑过后，觉得杨素说得很有道理，于是下诏表彰他的功绩，命他统管江南诸州，总摄江南诸州军民一切事务，继续率军剿灭叛军。杨素得到诏命之后，征调军队，前往泉州征讨王国庆叛军。

王国庆错误地以为海路充满艰难险阻，而隋军多为北方人，不习惯驾船航海，难以渡海攻打自己，故此未加防备。杨素利用王国庆轻敌的心理，出其不意，攻其不备，指挥水师渡海直抵泉州城下。

隋军势头非常迅猛，王国庆根本不是隋军的对手，刚一交锋王国庆就被打得节节败退。王国庆吓得弃城而逃，惶惶如丧家之犬。这时候，杨素亲自给王国庆写信劝降，并且向王国庆保证，只要他帮自己擒获高智慧，就会赦免他及麾下将领的叛乱之罪。

王国庆犹豫过后，决定出卖高智慧。

他写信给高智慧说："如今各路反隋大军皆已失败，形势危急，只剩下你我实力犹存，但也孤掌难鸣，我们必须联合起来，才能对抗隋朝大军。我希望能够与你结盟抗隋，不知高将军意下如何？"

高智慧此时势孤力单，手下尽是残兵败将，军队士气低落，随时面临解散的局面，也正想着寻找外援，他看到王国庆的书信之后，顿时大喜过望，立刻同意赴约，共商结盟大计。

刚一见面，王国庆就直接变脸，吩咐提前埋伏好的侍卫把高智慧捆绑起来，送给了杨素。高智慧这才知道自己被王国庆出卖了，他对着王国庆破口大骂，但事已至此，大骂也无济于事了。

杨素履行承诺，饶恕了王国庆及其麾下所有人，在泉州将高智慧就地斩首，并且当众向外界宣布，所有分散在江南各地的叛军，只要主动放下武器前来自首，一律赦免造反之罪，不再追究责任。倘若还执迷不悟，继续造反，那朝廷会追查到底，诛杀九族。

王国庆因感激杨素的赦免之恩，也写信给自己的余部和旧友，劝他们归顺朝廷，争取朝廷的宽大处理。在他的劝说下，各地叛军纷纷前来投降。杨素信守诺言，将投降的人都一一赦免，让他们各自回家，好好过日子。

至此，江南各地叛乱暂时平定下来。

叛乱虽然暂时被压制下去，但是，接下来该如何推行朝廷的政策，还是十分关键。如果再像以前那样实行高压政策，那么江南的叛乱还会再次爆发。

在平叛的这段时间，杨坚也认真反思了自己对江南的所作所为。他也意识到，凭武力征服江南不难，平乱也不难，但难的是如何收复江南的人心，让江南人士认可大隋朝廷，真心臣服。

江南的问题不是以武力解决的问题。打天下可以依靠武力，但治理天下，决不能靠武力。杨坚终于明白，要解决江南问题，不能仅靠军事手段，还需要辅以政治手段。

于是，杨坚吸取教训，改变当初强硬的高压政策，采纳了李德林昔日的建议，对江南采取怀柔政策。

但派谁去执行呢？

杨坚思来想去，并没有委派朝中大臣，而是挑选了自己的二儿子晋王杨广。

之所以选杨广，大致有三点原因：

第一，杨广曾参加过平陈战争，还是前线总指挥，对江南的情况比较熟悉，派他去江南推行怀柔政策，也算有始有终。

第二，大隋要加强对江南的控制，让江南百姓感恩戴德，这种功劳不能全部送给大臣，不论是手握重兵的杨素，还是宠臣高颎，杨素都不打算任用，他想把这个功劳交给杨广，让江南人感激、归顺杨氏皇族。

第三，杨广跟江南有着特殊的关系。杨广年轻时喜欢诗词歌赋和经史文章。他还娶了一位来自江南的媳妇，后梁的公主萧氏。

梁朝皇族萧氏，可是江南大族，梁朝皇室大多喜好文墨，如萧衍、萧统、萧岿等。萧统还主持编撰了中国文学史上著名的《昭明文选》。

杨广之妻萧氏就是萧岿的女儿。她秉承家学渊源，从小就学习琴棋书画，才情与美貌双绝。晋王妃萧氏和杨广的感情也很好，在她的熏陶下，杨广也喜欢上了江南文化，不仅喜好江南的诗词歌赋，模仿江南的诗风、文风，还学了一口纯正的吴侬软语，很适合执行此次任务。

杨广接到隋文帝安排的新任务，内心很是高兴，他对江南有着特殊情感。关键时候，让他去稳定南方也是一次重要的历练。这时候杨广还不是太子，只是晋王，太子是杨坚的嫡长子杨勇。杨广自从上次参与平定南方战乱，对权力的渴望越来越强烈，心中已经有了夺嫡的想法。这次能够接到这个任务，是他经营江南，作为自己根据地的大好时机。

于是，杨广带着身边的智囊团离开京城，走马上任。

来到江南之后，杨广主要做了两件事，化解江南人对朝廷的抵触情绪。

第一件事，拉拢江南读书人，特别是儒家知识分子。

江南地区自分裂以来，战争不如北方那么频繁，百姓得以休养生息，经济发达，文化兴盛，所以读书人很多，名人也多。比如，南陈有个儒学大师叫潘徽，精通经史子集。当年隋朝派使者去南陈，有一个精通礼学的人随同前往，陈朝派潘徽接待，两人都满腹经纶，互不服气，所以在宴会上辩论起来。最后，潘徽博闻强识，引经据典，口若悬河，把隋朝的使者说得哑口无言，甘拜下风。从此，潘徽一战成名，成为江南儒学的代表人物。

杨广一到江都，就立刻亲自拜访潘徽，请他出山，担任自己幕府的门客，而且交给他一个重要任务，就是编写图书。在古时候，著书立说那是高雅之事，许多文人墨客，特别是一些大儒，乐于编纂经史子集，流传后世，以此博得身后名。杨广很聪明，他打算组织江南文士，编纂一本跟江南文化相关的图书，名字叫《江都集礼》，请潘徽做总编辑，然后通过潘徽，对江南名士发出邀请，参与到编纂这部大型图书的工作中，担任执笔人。

杨广通过修书的噱头，以潘徽为招牌，很顺利地就把一批江南文士拉拢过来，收为己用，化解了江南读书人对大隋朝廷的误解和敌对态度，控制了江南世俗社会的舆论导向。

第二件事，结交佛教高僧，放松对江南宗教的管控。

在南朝，佛教开始流行，成为江南百姓信仰的主要宗教。梁武帝曾经数次出家，甘愿做一名虔诚的僧人，而陈后主也曾有过类似皈依佛门的举动。一国皇帝尚且如此笃信佛教，更何况普通百姓呢？

陈国灭亡后，杨坚担心江南僧众太多，会被有心人利用，所以在江南大肆裁汰寺院，限制百姓参加宗教活动，他这样做不仅严重打击了南方佛教的发展，也剥夺了江南百姓的宗教信仰自由，激起了江南人士的普遍不满。

杨广来到了江南以后，立即宣布撤销朝廷先前发布的削减江南佛教寺院的诏令，恢复寺院的正常运转，尊重百姓宗教信仰。同时，杨广还拉拢当地有名望的高僧。比如据历史记载，有一个叫智颚的大师。此人本姓陈，出身于江南大族，后来因为看破红尘，遁入佛门，潜心钻研佛学，成为一代高僧，是江南佛教界的头号人物。

杨广听说江南有这等佛学大师，自然就想着如何结交拉拢。只要把这位智颚大师笼络过来，那么江南佛教僧人与信众就不会再有人闹事了。所以杨广亲自写信给智颚大师，请他到江都弘法，一开始智颚并没有理会杨广。杨广并不气馁，而是不断写信给智颚，信中语气诚恳，态度谦虚，对智颚极为尊敬和客气。最终，杨广这番自降身份的举动感动了智颚，他终于同意去江都面见杨广。

听说智颚要来江都，杨广立即派人组织了一次"千僧会"，邀请江南地区的近千名高僧到江都迎接智颚大师，听他弘扬佛法。

这次活动让智颚感受到了杨广弘扬佛法的诚意，还亲自收杨广为座下弟子。在众多高僧大德的见证下，杨广拜智颚为师，正式成为佛门的俗家弟子。从此，师徒二人频频有书信往来，交流佛法，他们的书信至今留传于世的有40多封。杨广这番推崇佛教的行为，化解了江南佛教信徒对大隋朝廷不满的危机。

至此，江南百姓信仰有所依，民心真正稳定下来，叛乱也平定了，整个江南进入了稳定时期，江南民众对大隋朝廷的认可度也变高了。

再平江南具有重大意义，它进一步打击了江南的地方势力，加强了中央集权，朝廷对江南的控制增强。江南之所以会发生叛乱，归根结底，是当地世家大族和豪强的利益受到侵犯，于是这些人利用民众的不满，组织和发动了一场大规模的叛乱。

杨素、来护儿、史万岁等人一番征伐后，地方豪强和世家大族的势力遭到了重创，元气大伤。幸存下来的大族势单力薄，惧怕朝廷，也就不敢造次了，只能遵从朝廷的政令，再也无力跟中央机构叫板了。

不过，这场战争也让隋文帝意识到了江南发展的独特性、江南文化与北方文化的差异性，他明白治理江南不能操之过急，不能粗鲁地强行压制民众的意愿，而是要以怀柔的方式循序渐进地改变和治理，还要尊重南方人的生活习惯和文化传统，这样才能促进南北的大融合。

这次平叛最大的利益获得者就是晋王杨广，在实施怀柔政策的过程中，杨广的实力和声望急剧上升。前有作为兵马大元帅统领三军，消灭南陈的功劳；后有担任怀柔江南的总管，依靠智慧和手腕，获得江南的民心，不论是江南儒家知识分子、佛门的信徒，还是各个阶层的百姓，都对杨广感恩戴德，认可了这位大隋朝廷的晋王。

江都也成为日后杨广夺嫡的大后方，后来杨广登极之后，多次下江南巡视，哪怕在大隋风雨飘摇的最后时刻，他也毅然离开长安，来到江都不想北返。他真的很喜欢江南之地，对江南有很深的感情。

五、平定岭南

开皇十二年（592）底，江南地区的叛乱终于被平定，但是，在江南之外，还有一处岭南，一直都不消停。在南陈时，朝廷对岭南的管控就很弱，对这里听之任之，并没有严格管控，如今隋文帝却打算将岭南真正平定，归于大隋朝廷的管控之中。

当时南陈灭亡，岭南变得群龙无首，纷争不断，百姓生活苦不堪言，当地拥护"冼夫人"为王，还称呼她为"圣母"，请她主持大局，保护地方百姓，协调各势力间的恩怨和冲突。

冼夫人是中国历史上有名的巾帼英雄，原名冼英，高凉郡人，她是俚人，父亲是百越地区的大首领。后来冼英嫁给了汉族人、高凉太守冯宝。冯宝本来是十六国时期北燕皇帝的后裔，亡国后逃到岭南，接受了南陈朝廷的招安，做了地方官。

但冯宝毕竟是外来者，在岭南开展工作不容易，融入不了当地社会，因此，冯宝选择联姻，娶了冼夫人为妻，依靠夫人家族的威望进行统治。如此一来，冯宝既是南陈朝廷命官，又成了岭南部落首领。后来，冯宝去世，冼夫人就替代了他，成为岭南部落的首领，继续做南陈的地方官。

开皇十年（590），隋朝派了一个叫韦洸的大臣去岭南担任广州总管，想要接手南陈的地盘，对岭南进行管理。但冼夫人并没有立即答应，冼夫人表示自己是南陈官员，只能听南陈皇帝的命令，除非有南陈皇帝的诏令或书信，让他们投降，她才能够投降大隋朝，否则，就是大逆不道。

韦洸没想到冼夫人还挺固执，这让他有点儿不爽。但是，硬闯也不行，因为岭南地形复杂，气候炎热，北方人来到这里水土不服，能不打仗最好不要打仗，否则，朝廷官兵千里迢迢过来，也无法钻山入洞，围剿这成百上千的山寨首领。因此，韦洸只能写信给朝廷。

杨坚得知消息之后，就吩咐陈后主给冼夫人写一封劝降信，告诉冼夫人，南陈已经覆灭，归降了大隋，劝她看清局势，懂得识时务，归顺大隋才是大势所趋。为了证明信件是真的，陈后主又把冼夫人当年献给他的犀牛角的手杖和书信，一起交给了大隋使者，作为信物，带去了岭南。

冼夫人看到犀牛手杖和书信，确认这是陈后主的意思。那一刻，冼夫人伤心落泪，召集了成百上千的部落首领，缅怀南陈之后，选择归顺隋朝，迎接韦洸入城。

本来这次交接仪式很顺利，岭南已经归顺大隋了，但因为韦洸这个人高傲跋扈，在岭南这里推行大隋朝的高压政策，不考虑这里的风俗习惯，强行进行大刀阔斧的改革，得罪了当地少数民族部落首领。

当然，这也跟杨坚有关。临行前，隋文帝对韦洸进行了一番鼓励，然后提出希望他能够雷厉风行，用最短的时间取得最好的政绩，暗示他早点儿改变岭南旧制，推行大隋的政策。所以，韦洸才会如此急躁地进行革新。

之后，岭南地区的一个部落首领王仲宣起兵反叛，带兵围住广州城，要攻入城内除掉隋朝官员，然后自立为王。同时又命部将周师举围困东衡州。

王仲宣造反之后，岭南许多部落首领也跟着反了，岭南一时之间陷入混乱。

隋文帝得到情报之后，派出裴矩率兵南下。裴矩也是朝廷大员，在当初南伐陈国时，他曾担任元帅府记室，辅助杨广灭陈。

裴矩来到南康，聚集士卒数千人，与大将军鹿愿一起解了东衡州之围，并先后在大庾岭、原长岭击破叛军，斩杀周师举，一直打到南海，威震岭南。

这时候，冼夫人的地位变得重要起来，因为她在岭南的声望和地位很高，她的态度很重要，她如果站出来公开支持哪一方，哪一方就能获胜！

王仲宣派人拉拢冼夫人，但是被冼夫人拒绝了，她对外宣布，不管局势如何变幻，她就认准一个道理，既然已经归顺大隋朝廷，那就要站在朝廷一方，配合朝廷围剿叛军。冼夫人派了自己的孙子冯暄率兵增援广州，打算配合裴矩，一起对抗王仲宣。这也是冼夫人用行动证明自己对朝廷的态度。

但谁也没想到，冼夫人的孙子冯暄更倾向于支持造反的王仲宣，所以，他没有执行冼夫人的命令，反而暗中勾连叛军。冼夫人得知孙子如此背信弃义，顿时大怒，派人把冯暄抓起来关押，改派孙子冯盎统兵，赶到广州城下，和朝廷派来的大臣裴矩，一起讨伐王仲宣。

这样一来，王仲宣更加不敌，在城外被裴矩的兵马击败，残军四处逃散，王仲宣在乱军中被斩杀，广州城之围被解除了。

等裴矩、冯盎消灭了王仲宣的叛军后，冼夫人还亲自到广州城，带着骑兵，陪同隋朝派来的行军总管裴矩巡抚岭南诸州，对逃散的叛军和各个部落进行招安。

由于冼夫人威望很高，所到之处，各部落首领彻底放弃抵抗，纷纷前来拜谒，没有争斗发生。这样一来，岭南地区终于安定了。

裴矩从稳定地方的大局出发，拉拢其余地方土酋，许以丰厚的条件，任命州中的渠帅为刺史、县令，进一步确认他们对自己土民的合法统治。这样，当地土酋摇身一变也成了隋朝的官员，成为官方认可的、合法的本地管理者。

这些少数民族首领、酋长，为了延续这种"合法性"，得到朝廷的表彰和嘉奖，也在逐步适应新的身份，把自己变为大隋朝廷的地方代理人。

对于裴矩这一次岭南之行的成绩，隋文帝显然是十分满意的。在接到奏报后，杨坚大悦。据《隋书》记载，隋文帝闻讯后"大悦，命升殿劳苦之"。裴矩在回朝后被授为开府，赐爵闻喜县公，后又历任民部侍郎、内史侍郎。

冼夫人也在平定岭南之乱中立下功劳，被隋文帝下令册封为"谯国夫人"。按照隋文帝的诏令，谯国夫人能自己开府，任命幕府官吏。而且，由她处置岭南地区的所有部落兵马、管控各部落的首领，遇到紧急情况，还可以先斩后奏，及时调兵遣将，维护地方安宁，为国效力。由此可见，隋文帝对冼夫人非常信任，也能看出隋文帝对岭南地区采取政策的变化，不再一味要求岭南和中原政策统一，开始因地制宜，尊重岭南地区的民风，因俗而治。

就这样，大隋平定了岭南地区的祸乱，把朝廷的管控力延伸到了岭南，从此，隋朝对南方的统治也基本稳定下来。

随着隋王朝在岭南统治地位的确立，隋文帝也开始思索对岭南的长治久安之策。相比南陈，大隋朝廷在岭南地区所要管理的人口有所增加，为了适应这种新情况，隋文帝根据岭南地形，先后设置了苍梧郡、始安郡、永平郡、郁林郡、合浦郡、宁越郡六郡。

隋王朝对于桂林地区的行政制度不断细化，体现了王朝力量在地方社会的逐步渗透，展现了隋文帝开疆拓土的意志。

第八章

统一南北，圣人可汗

一、突厥不安分

隋王朝再次平定江南，而且这一次收获甚大，晋王杨广用怀柔政策安抚了当地民心，使得朝廷对江南的管理更加稳固。隋文帝志得意满，觉得从此高枕无忧、坐拥天下之时，突厥方面却有不利于大隋的消息传来。

突厥在南北朝期间，一直都是中原的大患，北魏、北齐、北周一直受到突厥侵犯骚扰。数年前，大隋通过与突厥的五位可汗交战，最后分化了突厥。在开皇四年（584），突厥的沙钵略可汗对隋称臣。沙钵略可汗的地盘在蒙古草原的东部，有东突厥之称，与其对立的是西部达头可汗的西突厥。

到了开皇七年（587），沙钵略可汗去世。临死前，他担心自己的儿子雍虞闾懦弱，无法对抗西突厥，于是传可汗位给了弟弟罗侯，史称"莫何可汗"。北周的那位千金公主，也就是大隋册封的大义公主，按照突厥风俗，嫁给了莫何可汗。但只过了一年，莫何可汗因病去世，临终前，他把可汗之位传给了兄长沙钵略的儿子雍虞闾，即都蓝可汗，大义公主再次改嫁，成为都蓝可汗的可敦。

都蓝可汗是个精明人物，喜怒不形于色，表面上对大隋表现得很恭敬、顺从，每年都向大隋朝廷纳贡，然后从大隋这里争取赏赐和物资支持，壮大自己。私底下，都蓝可汗暗自吞并草原上的小部落，加强集权，然后不断对西突厥用兵，争夺地盘。他很想证明给世人看，他并不像自己死去的父亲沙钵略所说的那样是个懦弱之人。他要做个有勇有谋的草原雄主。

到了开皇十年（590），都蓝可汗将地盘向西扩张到天山山脉附近。都蓝可汗横扫草原，吞并了不少新的部落，他踌躇满志，意气风发，将从于阗（今新疆和田）缴获的一柄玉手杖作为礼物送给了隋文帝杨坚。

当杨坚收到这份礼物时，他有些惊讶，他想不到东突厥的势力范围都已经延伸到新疆一带，威服西突厥和西域诸国。这说明东突厥已经很强大了。当初大隋分化了突厥，利用他们之间的矛盾，使得突厥分裂成东、西两部，这样他们对中原的威胁就大大减弱了，现在这个局面，绝不是隋文帝想要看到的。

如果等到突厥变得强大再次统一，那么，那时候数十万铁骑南下，会严重威胁到大隋的生死存亡。

此时，大隋已经平定了江南叛乱，刚刚稳定下来，实现了隋王朝对全国的控制。所以，思索过后，他打算敲打一下都蓝可汗，让他知道大隋现在很强大，不是好惹的，让都蓝可汗安分守己，不要越界。

于是，隋文帝派人挑选了一件从南陈国库内缴获的上等精美屏风，送去草原，赐给了他的干女儿大义公主。

隋文帝表面上是想着干女儿，念着她的好，赏赐名贵的屏风给她，实则暗中有警告之意，毕竟礼物曾是南陈国库的东西。他以此告诫大义公主和都蓝可汗，你们别嚣张，安分一些，别以为你们现在兵强马壮了，就可以为所欲为，如果冒犯了大隋的威严和核心利益，你们突厥的下场就如同陈国一样。

都蓝可汗没有想那么多，他见屏风精美夺目、工艺精良，觉得大隋朝廷对他还是不错的。但是，大义公主不这么想，她收到这面精美的屏风并得知其来历之后，心情复杂无比。这是亡国之君的御用之物。大义公主联想到自己的身世，她曾是北周的公主，昔日宇文家族皇室，包括她的父亲、叔父等，都被杨坚所害，杨坚篡权建立大隋，这笔血海深仇，她可是一直没有忘记。

大义公主触景伤情，想到了国仇家恨，对杨坚的恨意更浓。现在时机不到，她没有办法，只能认贼作父。大义公主情绪激动，竟然在陈后主的那面屏风上，题上了一首诗：

> 盛衰等朝暮，世道若浮萍。
>
> 荣华实难守，池台终自平。
>
> 富贵今安在？空事写丹青。
>
> 杯酒恒无乐，弦歌讵有声？
>
> 余本皇家子，飘流入虏庭。
>
> 一朝睹成败，怀抱忽纵横。
>
> 古来共如此，非我独申名。
>
> 唯有昭君曲，偏伤远嫁情。

这首诗写得很应景，抒发了大义公主心中极度的愤懑和惆怅。兴衰荣辱就像早晨和晚上那样不断轮回，世道如同浮萍一样，飘忽不定。所谓的荣华富贵很难守住，就好像山坡水塘一样，终究会干涸，成为平地。我曾经的富贵在哪里？早已消失，只剩下我形单影只在这里题诗。画中的酒是虚假的，哪能给人带来快乐？画中奏乐的场景怎么会发出悦耳的声音？言下之意是暗示这些都是水中月镜中花，都是一场空。

接着，大义公主写到了自己的身世，本来她是北周的公主，现在却不幸漂泊到草原，成为突厥汗庭的女人。这些年目睹中原王朝的兴衰更替，草原政权的兴衰成败，忍不住感慨落泪。古往今来的历史都是如此重演，兴衰难料，自有定数，从来就不是只有她一个人有此命运。尽管如此，她听到王昭君出塞的曲子，还是忍不住涌起远嫁他乡的伤感悲凉之情。

这首诗明显是大义公主借陈国灭亡的教训，抒发自己的家国之恨。她忘不了北周故国，对杨坚和大隋自然怀恨在心。当年，摄图率领突厥各部大举入侵大隋，就跟大义公主脱不了干系。

大义公主写完这首诗之后，伤心落泪，这时候，都蓝可汗走进大帐，他看到大义公主哭得如此凄凉，忍不住安慰道："可敦，何故如此痛苦？"

大义公主回答："这大隋皇帝杨坚，本来只是我宇文家族的下属，在北周做官，却狼子野心，不思忠于皇室，报效国家，反而串通了内史官篡改诏书，夺得辅政大权，然后对我宇文家族大开杀戒，我的父亲、叔叔伯伯，还有许多堂兄堂弟全被诛杀。如果不是当初你有危险，我绝不会认贼作父！今日看到这扇陈国的屏风，灭国之痛我感同身受，想到同样是亡国皇室后裔的自己，忍不住伤心难过，痛哭流涕。"

当初，杨坚采纳长孙晟的建议，以离间计，挑起突厥各部落内乱。沙钵略可汗的叔侄纷纷反叛，沙钵略腹背受敌，陷入困境。

那时候还是大义公主的她还不到 20 岁。历经诸多阴谋诡计，使她心智格外成熟。千金公主当时就明白大隋最希望看到突厥内部自相残杀，在万般无奈之下，她决定暂时将自己的国仇家恨放在一旁，先帮助丈夫沙钵略可汗走出绝境。

千金公主亲自给杨坚写信，表示自己虽是北周公主，却十分钦佩杨坚的英明和气魄，请求做大隋皇帝之女。杨坚在当时也没有足够多的精力派兵深入草原，攻打突厥。于是顺水推舟，赐她杨姓，收为养女，改封千金公主为大义公主，希望她能深明大义，为隋朝和突厥的安定做出贡献。之后几年，突厥和大隋友好往来不断，取得了暂时的安宁。

但现在形势不同了，东突厥变得强大，都蓝可汗对大义公主也很尊重。所以，大义公主的哭诉，激起了都蓝可汗的无限柔情。

都蓝可汗说道："可敦放心，等我兵力雄厚了，早晚有一天，会攻入关中，血洗长安！"

大义公主也知道目前丈夫的势力大增，已拥兵 20 万，但是，要对付大隋，还是有所不足，再加上草原上还有达头可汗、突利可汗与他分庭抗礼，对付大隋的时机还不成熟。大义公主只好作罢。

但是世上没有不透风的墙，大义公主在屏风上题诗的事，不久之后被远在大兴城的杨坚得知。隋文帝杨坚心中不悦，开始警惕大义公主，因为杨坚看出大义公主对大隋的仇恨并没有消除，如果都蓝可汗实力继续壮大，在大义公主的挑唆之下，突厥很可能会继续对大隋构成威胁。

隋文帝杨坚在御书房拍案怒道："这个大义公主真是贼心不死，如果继续让她挑拨离间，肆意妄为下去，恐怕大隋又要与突厥兵戎相见了。"

大臣苏威说道："不错！这个都蓝可汗也是很有心计，都传言他性格懦弱，其实他很懂得隐藏自己的傲气和实力，跟那些草原上只懂骑马、不懂谋略的可汗相比，他算是极聪明者。现在都蓝可汗悄无声息，就干了几件大事，攻破了高昌、于阗等地，大有统一突厥的势头，我们不能不防。"

杨坚闻言点头，说道："他们这是在挑衅朕！过去的安抚、拉拢并没有让突厥人真正畏惧、臣服。他们在草原上仰慕强者，信奉实力，若不能真刀真枪地把他们打服、打怕，他们是不懂得收敛，乖乖听命于大隋的！朕有意出兵教训一下突厥人。"

高颎在一旁说道："陛下，不可！我们刚平定了江南之乱，南方百姓才刚刚稳定下来，北方的百姓也不愿意一直打仗，过着兵荒马乱的生活。目前休养生息还是基本国策，不宜轻易和突厥大动干戈。臣以为，突厥这次之所以会出尔反尔，不在乎大隋王朝的恩义，主要还是因为这个大义公主不识大体，在都蓝可汗身边煽风点火。只要除掉大义公主，许以都蓝可汗利益，扩大突厥与中原的贸易，让突厥人安于现状，他们就不会有反抗大隋的心思了。"

杨坚听完高颎的话觉得有道理，大隋的确不宜兴师动众了，尤其是深入草原作战，得有足够多的战马才可以。眼下大隋的骑兵还不多，防守突厥还行，如果主动出击，深入草原痛击匈奴，似乎还做不到。

"好吧，暂时先隐忍一时，但这个大义公主用心险恶，我们当想办法加以监视，找机会将她除掉。"

高颎说道："臣以为，此事交给长孙晟去办吧，他深入突厥多次，对草原的情况很了解，可以派他去突厥考察，伺机而动。"

杨坚点点头，把这件事交给长孙晟，让他去一趟草原，刺探一下突厥的情况，回来汇报。

长孙晟接到旨意后，心中百感交集，因为他是当初大义公主的送嫁使者，而且他在突厥生活了两年，因此，长孙晟与大义公主的关系比较特殊，他心中不希望前朝的大义公主跟当今皇上隋文帝产生冲突，否则，他夹在两者中间会十分痛苦无奈。

但皇命在身，长孙晟不得不出发去草原完成使命，长孙晟在突厥王庭见到了突厥可敦大义公主，长孙晟劝说她一定要安分守己，不要对大隋朝廷、隋文帝流露任何的抱怨，更不要煽动都蓝可汗对大隋发动战争，否则，她性命难保。

"公主，中原南北分裂近300年，如今大隋平定江南，天下一统，实力强大。而突厥目前只有自保的能力，无力对抗大隋，希望公主能明白我的话。"

大义公主看着长孙晟，说道："当初你也是北周的臣子，食君之禄为君分忧，当时你们为何没有站出来保住北周皇室的无辜之人。我的父亲、叔父等都被杨坚害死，你让我如何能够心平气和地认杨坚老贼作父？"

长孙晟无奈道："大隋代周，那是国运天数，非我们普通人能够阻止。但公主您若执迷不悟，仍有复仇念头，会有性命之忧。"

大义公主冷笑一声："怎么，杨坚现在忌惮我了，对我起了杀心吗？不过，这里不是大隋，而是突厥王庭，还容不得他肆意妄为！"

长孙晟继续劝道："公主，还是请您谨言慎行，一旦突厥与大隋开战，生灵涂炭，还望公主三思啊！"

大义公主并不领情，冷哼道："我活到现在，远离中原，举目无亲，每晚入梦，都会梦到宇文家族的人无辜惨死，这个仇，只要我还活着，就不会忘记，你不必劝了。"

长孙晟叹息一声，知道自己无力回天，只能离开可敦大帐，回到自己的营帐。数日后，他打探了突厥的一些具体情况后，就返回了长安。杨坚也得知了一些消息，知道东突厥开始壮大，而且对大隋有了二心，便开始派人对东突厥进行监视，赐予大义公主的礼物也变轻了，故意冷落她。

又过了三年，隋朝一个叫杨钦的犯人逃出长安，跑到突厥，在无处可去的情况下，选择投奔大义公主。

杨钦声称有重要信息，执意面见大义公主，出于好奇，大义公主还是选择见一见这个来自大隋的中原人。

这个杨钦口才很好，也能编故事，他说自己是密使，受大义公主的姑姑西河公主和她的丈夫、前北周驸马刘昶将军所托，亲自过来传话，刘昶要起兵谋反，重新恢复北周政权，希望能和突厥联手。

这件事到底是不是真的呢？答案当然是否定的。

刘昶在北周时娶公主为妻，身份尊贵，又官至柱国大将军、彭国公。隋朝开国后，因与隋文帝有旧交，又历任左武卫大将军、庆州总管，很受重用，但现在刘昶年事已高，已 80 多岁，手里根本没有兵权，也没想过要谋反。

杨钦之所以编这样的话，是因为他与刘昶之子刘居士一起胡作非为，被朝廷通缉，他既对朝廷怀恨在心，又走投无路，所以故意胡编乱造，希望能够在大义公主身边得到收留和重用。

事情是这样的：刘昶之子刘居士是个纨绔子弟，任太子千牛备身，他喜欢游侠剑客，平日里挥金如土，在长安城网罗了不少斗狠好武的勇士，作为自己的打手和朋友。时间长了，刘居士竟然凑了 300 多人，在长安城街道上横行霸道，架鹰牵犬，殴打路人，抢夺财物。长安城中，无论地位高低见到他们都要避让三分。他们十分嚣张，甚至不守法度多次犯罪。

隋文帝因为刘昶的关系，多次饶过了刘居士。不料刘居士不但不知悔改，反而更加肆无忌惮，有句俗话说得好："天欲其亡，必令其狂。"刘居士头脑一热，竟然带着这群武士去了荒废的长安旧城，到北周昔日的皇宫中闹事。刘居士坐在大殿上，让这些武士跪地向他朝拜，过一把做皇帝的瘾，这一下可闯大祸了。

别有用心的人跑到杨坚面前，添油加醋，诉说了刘居士的行为，并煽风点火，说刘昶、刘居士父子对北周念念不忘，一心想恢复前朝，然后自己当皇帝，有谋反之心。

隋文帝听闻这些勃然大怒，把刘昶找来，训斥道："今天这件事，你打算怎么办？"可是刘昶竟依然倚仗旧情，对隋文帝说："黑白全在皇上你，你看着处理吧。"

隋文帝见刘昶没有认识到自己教子无方的悔过态度，对皇室更是毫无敬畏之心，大怒之下，将刘昶关进大牢，随即又下令逮捕刘居士及其党羽。最终刘昶被赐死，刘居士被斩首。隋文帝还下令让百官前往观看，以儆效尤，以此告诫京城的权贵们，都约束好自家的子弟，以免惹祸上身。

杨钦正是利用这件事，向大义公主胡言乱语，他并没有说刘昶父子已经被杀，而是说刘昶正准备起兵，需要突厥作为外援，双方联手。这让大义公主深信不疑。

并非是大义公主不够聪明，误信谗言，而是大义公主这两年一直想要复仇，才会一时被杨钦蒙蔽。既然姑姑、姑父要起兵，那作为突厥大汗的可敦，她当然不能袖手旁观。

大义公主决定让都蓝可汗起兵抗隋，可是，此时的都蓝可汗正跟隋朝保持着友好关系，况且自己是北周皇室公主，身份特殊，如果由自己去游说都蓝可汗起兵，会被都蓝可汗认为自己想要复仇，无法对此事做出客观分析，从而对自己有看法。

这时候，大义公主打算找一个人帮忙，这个人就是都蓝可汗的心腹安遂迦。他跟大义公主私下是情人关系，二人维持这种关系已经好几年了。

大义公主虽然贵为可敦，但她先后嫁给三任丈夫，都是因为利益关系，遵从突厥习俗，嫁来嫁去，根本不是她自己的选择，所以她对自己的丈夫并没有多少感情。在草原苦闷、寂寞的生活中，她与年轻帅气的安遂迦逐渐倾心。

安遂迦是胡人，能歌善舞，口齿伶俐，很会察言观色。他在突厥王庭起初只是一个小官，经常给大义公主表演跳舞，当时沙钵略年纪大了，也不解风情，所以，大义公主就跟安遂迦悄悄私通。

安遂迦经过大义公主的不断推荐，已经是东突厥都蓝可汗的宠臣，都蓝可汗很愿意聆听他的话。因此，大义公主找来安遂迦，让他游说都蓝可汗。

安遂迦能言善辩，对都蓝可汗道："可汗，我们现在纵横草原，已经没有对手，实力强大，也不必再看隋朝的脸色，对中原朝廷唯唯诺诺。在大隋之前，不论是北魏，还是北齐、北周，哪一个朝代，不是对我突厥尊敬有加，十分孝敬？但自从杨坚掌权之后，就开始轻视我们草原部落，还不断派人挑拨离间，分化我们突厥，使得我们无法联合起来进攻大隋。这是我们突厥的奇耻大辱，现在可汗您也该立威了，恢复我们突厥祖上的荣光。"

都蓝可汗听了这话犹豫起来，他对大隋还是有一些警惕和畏惧的，毕竟 10 年前，五位可汗联手，率领突厥 40 万大军南下也没有打过隋军，前车之鉴历历在目，他不能不谨慎啊！

"事关重大，我身为可汗，并不能因为骄傲和虚名，就轻易对大隋用兵，要知道我们突厥能坐大，当初就是借了隋朝的力，得到隋朝的认可和扶持，获取了不少物资，如果现在与隋朝开战，将会失去很多东西。"都蓝可汗头脑清醒，并没有被挑拨。

虽然都蓝可汗没有完全听信安遂迦的进言，但是，心中也开始轻视大隋了。到了夜晚就寝时，大义公主再吹枕边风，跟他提到了大隋内部分裂之事，说突厥该准备起兵反抗大隋了。

都蓝可汗问道："可敦，你说的这消息是否属实？"

大义公主回答："那当然了。隋朝前几年灭了陈国，但是，因为政策失误，导致江南四处造反，反抗隋朝的暴政。隋朝派兵平定江南，消耗了不少人力物力。现在我的姑父，也就是北周驸马刘昶准备起兵，还派来特使杨钦到草原上找我，向我通风报信，只要咱们和我姑父里应外合，联手对付隋朝，一定会打他个措手不及。现在机会难得，可汗请早做决策。"

都蓝可汗听完之后，的确心动了，安遂迦和大义公主从两个角度向都蓝可汗游说：突厥应该对隋朝用兵，早日摆脱被隋朝操控的局面，给隋朝一点颜色看看。

果然，都蓝可汗听信了二人之言，摩拳擦掌，开始频繁调动草原上的军队，不断向王庭聚集，打算趁着大隋内部不稳、前朝驸马刘昶起兵造反的机会，南下攻打隋朝。他根本不知道，刘昶父子当时已经被问斩了。

草原上的情报传到长安后，杨坚对此将信将疑，准备派出长孙晟再次进入草原打探具体情况。这一次长孙晟出使草原，明显感觉到东突厥和都蓝可汗的傲气。他们对大隋使者爱搭不理，跟以前的恭敬态度完全不同。

长孙晟很快就调查清楚，原来一名从大隋逃走的名为杨钦的钦犯向大义公主传递了虚假消息，煽动迷惑了大义公主，才使得突厥对大隋的态度一下子发生改变。此外，长孙晟还打听到，大义公主除了煽动都蓝可汗要起兵南下攻隋，还私下派出使者联系了西边草原部落的小可汗，打算一同出兵，再次攻打隋朝。

长孙晟得知这些情报，神色大变，不敢在草原再做逗留，毕竟军情紧急，他马上赶回长安，向杨坚做了详细汇报。

杨坚听完气不打一处来，骂道："好你个大义公主，你写诗发泄不满也就罢了，现在居然挑唆都蓝可汗跟我大隋绝交开战，破坏邦交，再起战火，真是心思歹毒！"

杨坚觉得，若是再让她活在世上，留在都蓝可汗身边，还不知要挑起突厥与大隋的多少争端，必须要想办法除掉大义公主，以除后患。此时的杨坚真的对大义公主动了杀机。

二、计杀大义

隋文帝杨坚得知突厥对大隋的敌视，全因大义公主挑唆而起，所以，他对这个干女儿起了杀机。思来想去，他决定动用外交手段，除掉大义公主。

杨坚立即派长孙晟再次出使突厥，千叮咛万嘱咐，交给他两项艰巨的任务：

第一，缉拿逃犯杨钦，带回长安治罪。

第二，想办法离间都蓝可汗与大义公主之间的关系，最好能借都蓝可汗之手，杀掉大义公主。

长孙晟接受杨坚的命令，带着侍卫和使团来到突厥，直接拜谒都蓝可汗，向他索要杨钦，说杨钦是大隋的钦犯，犯了十恶不赦的大罪，大隋皇帝想把他引渡回去，亲自审理。

都蓝可汗摇头否认："什么杨钦，我没有听说过，不曾见过这个人，你们搞错了吧。"

长孙晟说道："不可能，我们大隋的侦查人员千里追寻，发现此人的确进了突厥王庭。"

都蓝可汗轻哼道："我身为可汗，日理万机，许多草原大事等着我去裁决，哪有精力关注一个小小的逃犯。长孙大人，你莫不是把本可汗看轻了？"

长孙晟见都蓝可汗不配合，也不好撕破脸逼迫，毕竟对方是可汗，身份尊贵，哪能关注一个小小的逃犯？都蓝可汗这样拒绝，也在情理之中，自己无法反驳。

于是，长孙晟暂时退出可汗大帐，在突厥居住下来。毕竟没有完成隋文帝交给自己的任务，他还不能回去。出师不利，长孙晟并没有气馁，而是继续寻找机会。长孙晟在草原刚住了两天，就以金银财宝贿赂了不少突厥官员，得知了一些内部情报。其中有一位大官被长孙晟买通，把杨钦隐匿的地点说了出来。

长孙晟得到可靠消息之后，在深夜带着几名侍卫发动袭击，扑入杨钦的营帐，把他捆绑起来，连夜带往都蓝可汗的面前，以免夜长梦多。

都蓝可汗正在睡觉，被长孙晟吵醒了很不高兴，就在王庭大帐内会见长孙晟。都蓝可汗见他真的抓住了杨钦，顿时脸色微变，非常尴尬。事已至此，都蓝可汗为了面子，只能硬着头皮假装不认识杨钦。

"你们深更半夜不睡觉，绑一个汉人过来干什么？"都蓝可汗明知故问。

长孙晟解释道："此人名叫杨钦，数月前在长安犯罪，正被大隋朝廷通缉。杨钦除了在长安胡作非为之外，还参与刘居士谋反之事，如今谋反的刘居士已经被斩首，杨钦也要被带回长安治罪。"

都蓝可汗点点头，说道："这是你们大隋的私事，跟我们突厥无关，你们随便处置吧。"

杨钦一听，都蓝可汗并不保他，自己要是被带回长安，肯定死罪难逃。他顿时吓得号啕大叫："可汗救命啊，可汗救救我。"

长孙晟见状，趁机说道："我知道可汗为何没有跟我说实话，故意拒绝我的要求，现在又装作不认识他，肯定是大义公主从中挑唆！她肯定说过，我们大隋有人要趁机谋反，其实刘昶父子根本没有实权，他们虽有谋反之心，但已被打入大牢，数日前就已被问斩了。现在大隋内部十分团结，突厥想要趁机南下跟大隋开战，绝对会一无所获，得不偿失！还将受到大隋的制裁。"

都蓝可汗听到这些话，心中也有些惊讶，没想到杨钦所说的起兵造反的刘昶父子已经被抓入大牢问斩，根本就没办法和他里应外合，那么突厥出兵南下就变得很艰难。

长孙晟看着都蓝可汗，捕捉到都蓝可汗脸上的犹豫，继续说道："大义公主除了在国事上欺骗了您，在感情上，她对您同样不忠。也许可汗还不知情，其实大义公主私下有个情人，就在突厥王庭。他二人就在你的眼皮子底下行苟且之事，这是对可汗的不忠和不尊重！如果有一天，他们觉得可汗不听话了，合谋害您，也是有可能的！"

都蓝可汗听完，脸色大变，因为这件事他的确被蒙在鼓里。他喝问道："长孙晟，不要仗着你使节的身份，就可以胡说八道。"

长孙晟面不改色，解释道："我已经掌握了确凿证据，那个人天天在您面前出现，知道您的所有事。他就是安遂迦，那个花言巧语的宠臣，他跟大义公主早就有染，一直欺瞒着您。"

都蓝可汗大感意外："什么，是他？"

他是堂堂的突厥可汗，身份尊贵，万人之上，结果自己的可敦私下跟下属私通，此事就连大隋的使节都知晓了，自己却还不清楚，这简直就是奇耻大辱啊。都蓝可汗此时内心愤怒无比，恨不得立刻杀了大义公主。但是，毕竟他对大义公主还有感情在，大义公主又是一国的王后。都蓝可汗愤怒过后，冷静下来，并没有直接除掉大义公主，而是派人把安遂迦捉拿过来，审讯一番。安遂迦为了活命，将一切和盘托出，出卖了大义公主。都蓝可汗查明确有其事后，把安遂迦交给了长孙晟，让他一并带去长安处置，自己不想再看到他了。

此时的都蓝可汗内心遭受打击，对可敦瞬间冷落下来。长孙晟这次出使，算是成功离间了都蓝可汗与大义公主的关系。但是，光一项私通的罪名，并没有让都蓝可汗杀了大义公主，因为突厥的风俗特殊，不像中原那么看重贞操，毕竟大义公主嫁给都蓝可汗时已经是三婚了。

长孙晟这次只能算是完成了一半任务，计杀大义公主之事显然没有成功，他把消息及时送去了大兴城。隋文帝得知情报后，跟苏威、虞庆则、高颎、牛弘等人商议，决定用美人计。

这次出使的负责人是牛弘。此人博览群书，学问很高，在隋文帝即位后，被授散骑常侍、秘书监，晋爵奇章郡公。开皇三年（583），拜礼部尚书。这次隋文帝为了进一步离间都蓝可汗与大义公主，希望能够借刀杀人，所以派牛弘率领使团，带诏书和美女出使突厥。

牛弘到了突厥，当即向都蓝可汗宣读杨坚的诏书，这道诏书有两个意思：

第一，隋朝皇帝废除大义公主的封号，从此，她不再是大隋皇帝的义女，不再受大隋的保护和支持，她再次成了前朝公主。

第二，大隋与突厥两国的友好关系不会因为这件事而发生改变，大隋皇帝感念突厥可汗的忠诚，特赐四位绝色美人，服侍都蓝可汗。

杨坚的用意很明显，解除隋朝与大义公主的一切关系，不再为她撑腰，她私生活不检点，做出对不起可汗之事，大隋绝不会干涉，但如果都蓝可汗要处置她，大隋不会阻拦，这就是杨坚借刀杀人的计策。

同时，这次大隋挑选的这四位女子，的确年轻貌美，足以艳压大义公主。这四个美人足以填补失去大义公主的空虚了。

都蓝可汗也是好色之徒，看到四个美人，顿时兴高采烈地收下了。此后，日夜笙歌，与美人寻欢作乐，彻底冷落了大义公主。但都蓝可汗也算有情义之人，并没有因收下隋朝赏赐的美人就中了大隋借刀杀人的计策，他对大义公主只是采取了冷暴力，并未将其杀掉。

面对这个局面，杨坚很郁闷，毕竟美人计、离间计都用上了，贿赂的金银也都花出去了，可就是没有成功"借刀杀人"。只要大义公主还健在，就随时有机会翻盘，重新获得都蓝可汗的信任。

就在此时，突厥内部出现了一个野心家，让隋文帝看到了事情峰回路转的机会，这个人不是别人，正是都蓝可汗的堂弟突利可汗，他的名字叫染干，因为承袭了其父封号，被大可汗分封在北方。他管辖的地盘并不大，野心却不小。他看达头可汗、都蓝可汗在隋朝的扶持下发展顺利，壮大起来，十分羡慕，他也想把大隋当成自己的靠山。于是，派出使者来到长安向大隋求亲，请求杨坚嫁一个公主给他。

隋文帝并没有立即嫁公主给突利可汗，毕竟突利可汗只是一个小可汗，日后能有多大潜力，对大隋能有多大帮助，还是未知数。所以，隋文帝打算先利用一下突利可汗，向他提出一个苛刻的条件：杀了大义公主，才可以许婚。

《隋书》中也有记载隋文帝的这句话："当杀大义主方许婚。"

突利可汗听到这个回复，点头同意，打算尝试一下。但是，大义公主毕竟是都蓝可汗的可敦，他不能直接带兵杀过去，只能智取。幸亏大义公主有把柄，此时正被打入冷宫，突利可汗觉得还是得从这一点下手，逼迫都蓝可汗亲自杀妻。

想通这一点后，突利可汗亲自带人来到突厥王庭拜谒堂兄，一阵寒暄过后，突利可汗直奔主题："可汗，我可是听说了，大义公主不守本分，暗中勾结你的宠臣，搬弄是非，整个草原都在传，二人把可汗玩弄于股掌之间，其心可诛。"

都蓝可汗脸色一沉，觉得这话很不好听，没好气地问道："你这是听谁说的？"

突利可汗叹道："这件事已经尽人皆知了，可汗您还被蒙在鼓里，许多部落首领都在背后笑话您。如此不忠诚、不知廉耻的女子，您留着她做甚，还会影响突厥和大隋的关系，得不偿失啊！"

都蓝可汗听完，火冒三丈，怒意被激发。如果是隋朝使节过来煽风点火，都蓝可汗还会提防，觉得是大隋不安好心，要离间他和大义公主。现在不同了，自己的堂弟突利可汗也这样说。作为大可汗，居然被各部落首领在背后嘲笑，他的怒火彻底被点燃了。

都蓝可汗拍案而起，再也不顾跟大义公主的感情，直接拔刀冲入可敦牙帐，一刀将大义公主劈死。

这位苦命的前朝公主，在出嫁突厥13年后，于公元593年命丧黄泉，年仅33岁。

在历史上众多和亲公主中，大义公主是命运最为悲惨者之一。别的公主虽然时运不济，远嫁番邦，但背后至少还有国家在支撑着，能够保证她们在番邦的地位。而大义公主不仅国破，而且全族被抄。千金公主聪明机智、性格坚毅，其个人能力在当时和亲公主中是很出众的。然而她仍然无法逃脱凄惨的命运，不能不让人感慨和同情。

都蓝可汗杀死大义公主之后，直接派人去隋朝都城传达这个消息，并提出了自己新的要求，大意是：你们大隋一直想要除掉大义公主，我忍痛割爱将她杀掉了，现在汗庭没有可敦，请大隋再嫁给我一个皇族公主吧。虽然那四个美人都很漂亮，却没有足够尊贵的身份，现在我还想继续做大隋的女婿，请大隋再嫁一个公主和亲。

杨坚接见突厥的使者之后，没想到都蓝可汗竟然这么快就来提亲了。关于这件事，杨坚犹豫不决，于是在朝会上询问大臣该如何处理。

文武大臣各抒己见，一部分人觉得，东突厥现在势大，需要安抚和拉拢，如果继续跟东突厥和亲，能够稳住突厥与大隋的良好关系，化解纷争，换取和平，意义重大，值得再嫁一位宗室公主去草原。

但是，长孙晟站出来劝谏："陛下，臣觉得不妥。都蓝可汗生性狡诈，反复无常，毫无信誉。这些年他为了与达头可汗抗衡，才暂时依附我大隋。随着东突厥的强大，都蓝可汗已经对大隋表现出不臣之心，在大义公主的蛊惑之下，差点出兵南下攻打我大隋边境。在这种情况下，即便大隋许以和亲，也不过是饮鸩止渴，最终他还是会背叛大隋。"

杨坚听到长孙晟的这番话，微微点头，觉得很有道理。他也看出都蓝可汗的确是一个狡诈之人，不守承诺。和亲也无法约束都蓝可汗的那颗狼子野心。

长孙晟见隋文帝面色犹豫，继续陈述道："况且都蓝可汗若娶隋朝的公主为妻，他就是隋朝的女婿，会继续借助隋朝之威，兼并草原其他部落，不断壮大。达头、染干肯定会受制于他，等他今后强大起来统一草原再反叛，那时候恐怕就难以对付了。"

这时，高颎站出来道："长孙大人所言极是，现在东突厥势头最猛，我们的确不能继续扶持他，否则，就是养虎为患。"

杨坚也认可了此番言论，询问长孙晟："那卿以为，当如何处理此事？"

长孙晟似乎早有对策，胸有成竹地说："回陛下，不如扶持突利可汗，赐婚给他，让他成为大隋的女婿。我们先口头答应赐婚，然后让他南迁，率部迁徙到与大隋毗邻的北疆一带，让他作为大隋北方的屏障，隔在东突厥与大隋之间，去对付都蓝可汗。扶弱抑强，这才是长久之计。"

这段话也被载于《资治通鉴·隋纪》之中，原文是这样写的：

> 臣观雍虞闾反覆无信，直以与玷厥有隙，所以欲依倚国家，虽与为婚，终当叛去。今若得尚公主，承藉威灵，玷厥、染干必受其征发。强而更反，后恐难图。且染干者，处罗侯之子，素有诚款，于今两代，前乞通婚，不如许之，招令南徙，兵少力弱，易可抚驯，使敌雍虞闾以为边捍。

杨坚闻言，微笑点头，觉得这条计策很好，于是采纳了长孙晟的意见，拒绝了都蓝可汗的请求，遣回东突厥的使者，不但不赐婚，还断绝了之前按惯例每年提供的物资。这样一来，东突厥得不到隋朝的支持，在与西突厥争斗中再无什么优势可言，实力逐渐衰落。

与此同时，隋文帝热情接见了突利可汗派来的使节，对突利可汗赞不绝口，并且对使节做出承诺："朕作为大隋皇帝，金口玉言，答应突利可汗许婚之事，自然会算数，朕将要派一位真正的大隋公主和亲。"

突利可汗的使节听到大隋皇帝这样遵守诺言，自己的出使任务居然这么容易就完成了，忍不住激动高呼："多谢大隋陛下，万岁万万岁。"

隋文帝此时话锋一转，又说道："不过，你们得做一些前期准备。我们大隋的公主，除了年轻美貌外，从小就知书达理，阅读经史子集，有很高的文化素养。你们可汗和部落的百姓也得学一学中原文化，要不然，我大隋公主嫁过去，双主没有共同语言，今后怎么生活？夫妻沟通不畅，感情不好，会影响两国关系，这事关重大。"

突厥使节觉得大隋皇帝的这番话合情合理，并没有多加考虑，便应承下来。

于是，大隋派出一批又一批使臣，去往突利可汗的部落，宣传、普及中原文化，传播儒家思想。

杨坚此举是很有深意的，他要在公主出嫁之前，向突厥人推广中原文明，在突厥中培植亲隋势力。而要达到这个目的，不能只是武力威慑，必须以文化输出为主导，让他们先接受隋朝的文化，从心里认可这种文化，这样他们才能真心亲隋。

三、泰山封禅

隋文帝杨坚此时心里非常高兴。可以说，此时的隋王朝已经成为自秦、汉以后，又一个大一统的王朝，疆域超过了西晋。

这里需要明确一点，大一统王朝是指一个国家或地区的统治者通过战争或其他手段实现了对整个国家领土的完全统一。而西晋虽然在其统治范围内实现了一定的统一，灭了吴国，但并没有像秦、汉等朝代那样实现全国的大一统。这是因为西晋时期，北方有很多少数民族政权，不断侵占西晋的地盘，北方许多地区已经处于分裂状态，使得西晋版图缩小，各个地区之间存在着较大的矛盾。而且南方地区的经济也比北方更加繁荣，西晋对南方的控制力度不大。因此，西晋并没有像其他大一统王朝那样实现全国真正的统一。

现在大隋实现天下一统，疆域范围内物产丰富、经济繁荣，如此巨大的财富必然刺激隋文帝的消费欲望。

开皇十四年（594）十月，隋文帝突发奇想，打算让南北各亡国皇室后裔集中修建宗祠，彰显他的仁爱之心以及他的胸襟和气度，从而彰显他的伟大功绩。于是，隋文帝下了道诏书，让南陈、北齐、后梁等国皇室的后人在洛阳的邙山上修建宗祠，让他们对自己的祖先进行祭拜。至于修建宗祠的钱，全由朝廷出资。

北齐的高仁英、后梁的萧琮、南陈的陈叔宝，这些末代国君、宗王亡国后都生活在大隋，还被封了爵位。隋文帝并没有置三人于死地，而是好吃好喝地供着，让世人看到他的博大胸襟。当然，唯独北周的皇室都被他斩杀，因为隋文帝的皇权是从宇文家族夺来的，为了除掉后患，他自然要斩草除根。

那为何会选择洛阳的邙山呢？因为当年北周军队在邙山进行了几次惨烈的大战，取得数次大捷，隋文帝的父亲杨忠在邙山之战中算是一战成名，这里是杨氏家族的兴旺之地。

隋文帝这样做的用意很明显，他就是在向天下人宣告：如果没有当年杨家人的累累功勋，就没有北周立足的机会，北周的崛起全赖他父亲杨忠浴血奋战，现在他取北周政而代之，也在情理之中。

尽管隋文帝有粉饰太平、宣扬杨家功劳的意图，但是，北齐、南陈的皇室后裔都很激动，毕竟他们远离故国，又被时刻监视，再也无法回旧地祭拜自己的先祖，慰藉自己的思乡之情。现在能在大隋的土地上建立自家的祠堂，经常祭拜祖先了。古人对祭祀一事还是很重视的。

陈叔宝听到此消息后，在朝会上激动叩首："陛下圣明，医治了臣的思乡之情。臣等感激不尽，必当誓死报效大隋。"

高仁英、萧琮等人也跟着跪倒叩拜，感激涕零，高呼万岁。

隋文帝很会拉拢人心，当即感慨道："陈叔宝，虽然昔日南陈与大隋对立，但那是邦国交锋，大家各为国家利益，针锋相对，相互博弈，实属正常。现在大隋实现了统一，重新成为大一统王朝，天下各地百姓都属于大隋的子民，朕当一视同仁，不再计较过去的恩怨，你们也不例外。朕为你们建祠，也是希望你们能够尽人子之孝。"

数月后，祠堂修建完成，隋文帝便带着萧琮、陈叔宝等人离开长安，来到洛阳郊外的邙山，陪同他们儿人祭祖。

隋文帝此举取得了很好的宣传效果。这件事传到南陈、北齐旧地，那里的百姓听闻都认为当今圣上是一位不折不扣的仁义之君。

做完这件事后，隋文帝又考虑封禅泰山的事了，毕竟古之帝王，有大功绩者，都喜欢到泰山封禅，向上苍宣读自己的功劳，昭告天下苍生，让自己作为人王的威望达到顶点，得到上苍的庇佑，从而满足自己作为天选之子的虚荣心。

其实，早在开皇九年（589），隋文帝就有去泰山封禅的想法，毕竟那年大隋刚消灭了陈国，实现了统一。那时杨坚就很想过一把封禅的瘾。

当时隋文帝找来了最受他信任的高颎，跟他商议封禅之事。他问："朕已经消灭了陈国，结束了南北近300年的分裂状态，实现国家统一，此为大功。所以，许多大臣劝朕，在今年秋天就去泰山封禅，你觉得如何？"

高颎听了此话后，忙劝谏道："陛下，不可！现在时机还不成熟啊！古之帝王无不在功成名就、天下太平、海晏河清之时，才去封禅。封禅就是要宣告太平盛世的到来。当下，我大隋刚消灭陈国，但是，江南地区并不稳定，各方势力蠢蠢欲动，地处边陲的突厥也虎视眈眈，百姓还没有过上安定太平的日子，现在实在不是封禅的好时机。再过几年，等我们把这些问题都解决了，陛下就能祭天封禅了。"

隋文帝听后点点头，也觉得现在封禅为时过早，所以，他也就没有执意进行封禅。但到了开皇十四年（594），形势已经和之前大不相同，江南叛乱已经平定，南方彻底安稳，突厥被分化为东、西两部之后，已经多年没有跟大隋开战。百姓得以休养生息，社会经济发展迅速，大隋国库充盈，百姓生活安居乐业，所以隋文帝再次想到了封禅之事。

泰山封禅始于秦始皇，此后汉武帝、光武帝也在国运昌隆之时，登上泰山封禅，举行祭拜天地的仪式，感谢上苍的庇佑。但自东汉末年以来，军阀混战，中原地区四分五裂，经历了数百年的战乱，再也没有哪个皇帝有能力去泰山封禅。

大隋现在天下太平，步入盛世，隋文帝很希望自己能够名垂青史。如果能到泰山封禅，那自己便是数百年来第一人，那肯定是做皇帝的高光时刻。因此，隋文帝蠢蠢欲动，在群臣面前表露出封禅泰山的意愿，想看看大臣们是否支持他。

陈叔宝是做过皇帝的人，深谙此理，所以便投其所好，打算替隋文帝表露心声。他思考再三，十分得体地赋诗一首："日月光天德，山河壮帝居。太平无以报，愿上东封书。"陈叔宝此举正合杨坚的心意，深得隋文帝杨坚的欣赏。

晋王杨广洞悉了父皇杨坚的心意，也率百官跪于朝堂，请隋文帝进行泰山封禅大典。

隋文帝见群臣都不反对，甚至还很支持自己泰山封禅，内心十分高兴。特别是二儿子杨广带头请求封禅，在隋文帝看来，这孩子又孝顺又懂事。

接下来，隋文帝命牛弘、虞世基、许善心、姚察等文臣，一起合写拜山的仪注。不久，仪注撰写完成，呈给隋文帝批阅。

这时，隋文帝似乎也觉得自己的封禅仪式过于奢华和铺张，怕造成不良影响，他难得又保持了低调，要求这次封禅活动一切礼仪从简，以免百姓非议。这时候的隋文帝，还是很爱惜名声的，本来就是做形象宣传，他可不想适得其反。

开皇十四年（594）十二月，隋文帝起驾东巡，前往泰山封禅，前去封禅的队伍浩浩荡荡。文武百官随行，鲜衣怒马、旌旗飘扬，声势壮观。不过，由于隋文帝下令不得扰民，所以一路上东巡的队伍并没有进入沿途的城池中逗留，未惊动当地百姓。

开皇十五年（595）一月初，隋文帝率领文武百官来到齐州（今山东济南），安顿好人马，入住早已建好的斋宫。同月十一日，泰山封禅仪式正式开始！

泰山山顶，隋文帝率领文武百官按序位排列站好，祭祀大典由杨广主持。由隋文帝带头下跪祭拜苍天，文武百官随后跪拜。礼毕之后，在南郊设青帝坛，柴燎告天。这个仪式自古有之，皇帝有时候需要和上天沟通，那怎么办呢？负责祭祀的官员就想到一个办法，烧起柴火，袅袅上升的浓烟直冲云霄，帮助自己给上天带话，表达自己对上天的敬意，以求上天的庇佑，这就是柴燎告天。

隋文帝祭祀的主题主要围绕风调雨顺、国泰民安，他对天发誓，自己要勤勤恳恳，做一个好皇帝，甚至是千古明君，请上苍放心。毕竟古人常说君权神授，哪怕是人间的皇帝，在跟上苍沟通时，也要十分严肃，保持着敬畏之心。

泰山封禅过后，隋文帝下令大赦天下。

开皇十五年（595）三月，隋文帝一行人回到大兴城后，又举行了隆重的祭拜仪式。隋文帝率领文武百官，遥祭五岳，又拜祭了四海，最后又祭江、淮、河、济四水。史书中把隋文帝祭祀的这些地方称为"岳镇海渎"。

隋文帝的这一行为，等于向世人昭告，如今大隋迎来了太平盛世，他是一位千古明君。

封禅过后，隋文帝得到了精神上的充分满足。这时，他也没能抵挡诱惑，开始追求物质享受。渐渐地，以节俭著称的隋文帝夫妇开始铺张浪费，他们的日子过得极尽奢华，近乎糜烂，最典型的例子就是杨坚斥巨资修建了豪华无比的仁寿宫。

开皇十三年（593）正月，隋文帝看中了一块风水极佳的宝地，此地离大兴城不足百里，山清水秀，植物郁郁葱葱，水流潺潺，飞鸟鸣唱，云雾缭绕，空气清新，给他留下了很深的印象。隋文帝看到这个风景优美的宝地，就动了心思，打算在此修建一座行宫，日后来这里度假，颐养天年。连行宫的名字他都想好了，就叫仁寿宫。仁代表仁君，寿代表长寿，这表示自己这位仁义之君要长长久久在这里生活。

隋文帝直接下诏，让杨素负责修建仁寿宫。

隋文帝在封禅之后，威望和权力已经达到顶峰，他发话后，隋朝大臣们立即落实。

杨素推荐著名的建筑专家宇文恺规划仁寿宫的布局，并推举自己堂妹的夫婿封德彝为土木监。这些建议，被隋文帝悉数采纳。

杨素这个人文武双全，擅长带兵打仗，军纪严明，负责地方政务也是一把好手。但他也有缺陷，就是喜欢奢华，挥金如土，而且好谄媚、迎合上意。他负责建造仁寿宫主打一个富丽堂皇、铺张浪费，想要将仁寿宫打造得像是皇家的避暑山庄一样，亭台楼阁，长桥卧波，假山飞瀑，琼楼玉宇，宛如人间仙境。

开皇十五年（595）三月，建了两年的仁寿宫竣工后，隋文帝派高颎前往视察一番，高颎这个人比较正直，生活也比较节俭，他一看到如此金碧辉煌、奢华绚丽的行宫，就知道花费一定很高。他闷闷不乐地回到皇宫向隋文帝禀告，说行宫太过奢华，有些劳民伤财。隋文帝听闻仁寿宫过分奢华，也是心中不悦，决定过几天亲自去查看。

杨素听到了风声，担心皇帝责怪自己办事不力。于是私下找到独孤皇后，带了不少珠宝献给皇后，然后对独孤皇后说："臣负责建造仁寿宫，想着大隋完成一统天下的壮举，陛下和娘娘定能名垂青史，功盖千秋。现在大隋国富民强，天下太平，建造一个华丽的行宫，乃是理所应当，还请皇后能为臣在陛下面前美言几句。"

独孤皇后收了杨素的贿赂，答应会帮杨素的忙，杨素这才放心。他很清楚，目前隋文帝集权在手，喜怒无常，哪怕一件小事出纰漏，也会影响自己的仕途，甚至获滔天大罪。昔日为杨坚夺权、平乱的功臣，大多数死的死，贬的贬，杨素也不敢以自己的军功托大，只能暗地请独孤皇后帮忙。而隋文帝作为皇帝，虽然无比强势，但是唯独礼让和忌惮独孤皇后，所以杨素这样做算是稳妥。

数日后，隋文帝亲自带大臣到仁寿宫查看，他发现行宫如此富丽堂皇之后，不禁指着杨素怒道："一个行宫而已，建造得如此奢华，这得花费多少钱财、害死多少劳工？你这是劳民伤财，让朕被百姓怨恨啊！"

杨素被吓得不轻，怕皇上怪罪，赶紧跪地叩首，不敢顶撞，只能伏身在地说一些"臣该死""臣办事不力"的话。

隋文帝杨坚看杨素的样子，没有将他当场治罪，而是愤怒地拂袖离开。杨素起身后，浑身都是冷汗，心中七上八下、忐忑不安，担心自己脑袋不保，只能将希望寄托于独孤皇后。

第二天，隋文帝再次召见杨素。这时候的杨素还是惴惴不安。等他进入殿内，看到隋文帝与皇后并排坐在一起谈笑风生，他悬着的心才总算放下。

独孤皇后看了杨素一眼，说道："仁寿宫建得不错，杨卿这次功劳很大。爱卿知道我们夫妻奔波了一生，立下了统一天下这样的丰功伟绩，如今年迈也该享受一下生活了。这些都是身外之物，生不带来、死不带去的，若不及时享受，人生要错过多少美好。"

她的这番话，既是说给隋文帝听的，也是在为杨素辩护，让他安心。

其实隋文帝昨天回到宫里曾发过火，但是独孤皇后知道后反而说杨素做得不错，让二人可以在环境优美、气派宏伟的仁寿宫颐养天年。这才能彰显大隋皇帝和皇后的身份，证明隋文帝的功业。隋文帝住在这样的行宫很适合。这才让隋文帝消气。

此时，隋文帝没有再责备杨素，甚至还当场赏赐给杨素百万两白银、3000匹锦缎等。杨素这才松了一口气。

一向勤俭治国的隋文帝自从进入仁寿宫，就过上了奢侈的生活，跟以前节俭朴实的生活状态截然不同了。

四、突利奔隋

很快，三四年的时间过去了，杨坚觉得对突厥的怀柔政策已经初见成效，于开皇十七年（597）选了一位宗室女，封其为安义公主，嫁给了突利可汗染干。

为了达到进一步离间突厥的目的，杨坚故意将婚礼搞得很隆重，不但嫁妆丰厚，还派出牛弘、苏威等多位重臣为和亲使，主持这次婚礼。而突利可汗受宠若惊，更加重视这场婚礼。本来突利可汗所率的部落居住在北方草原，这里冰天雪地，人迹罕至。这次娶了隋朝的安义公主，有了隋朝的大力扶持，突利可汗腰板也直了，不少附近的部落都来投奔他，他的部落迅速壮大起来。

和亲之后，在长孙晟的多次鼓动下，突利可汗做出一个决定——率部举族南迁到都斤山（今蒙古国杭爱山），这里曾经是都蓝可汗的地盘。

杨坚见突利可汗真的按自己的心意南迁了，觉得他是真心依附大隋。

于是，他又给了突利可汗很多赏赐，并且在草原上极力宣传，刺激其他突厥势力。

都蓝可汗得知此消息之后，勃然大怒："大隋竟然敢如此戏弄于我！我才是突厥的大可汗，在隋朝我受到的礼遇，居然还不如突利可汗！大隋明显是要放弃我，扶持那个小可汗，真是其心可诛！"

此时，都蓝可汗已经意识到，不仅隋朝抛弃了他，他的堂弟突利可汗也背叛了他。这一切都是隋朝与突利可汗合谋促成的结果，他们将自己孤立起来了，现在他已经后悔，觉得自己不该中计杀了大义公主。

因为没有大义公主出谋划策，都蓝可汗现在面对军政大事有些力不从心。如今失去隋朝的扶持，他的实力也下降许多，对一些小部落的号召力大不如前。现在他的处境非常危险，西面有达头可汗虎视眈眈，南面有大隋盯着，东面还有契丹、奚等中小部族，染干也愈加强大，对他造成威胁。他必须立刻做出改变，否则，他会越来越危险。

因此，都蓝可汗主动做出改变，他认为与达头的矛盾，只是内部矛盾，并非不可调和。突厥跟隋朝之间才是真正的仇恨，可谓不共戴天，应该把对付大隋放在首要位置。而突利这个叛徒，都蓝可汗也想好好教训他一番，以泄心头之愤。

于是，都蓝可汗于开皇十七年（597）底，派出使节团去往西突厥，传递休战和好的善意，打算跟达头可汗冰释前嫌，停止内乱，结成战略联盟。

达头可汗权衡利弊之后，答应了都蓝可汗的请求，决定不计前嫌，和都蓝可汗重归于好。双方还约定，来年开春，一起出兵攻打隋朝和投靠隋朝的突利可汗。

从此，都蓝可汗与隋朝正式决裂，不再向隋朝贡，还赶走了常驻东突厥的大隋使者，彻底断了东突厥和大隋朝的联系。随着都蓝可汗和达头可汗强强联合，一场突厥与中原的大战即将开启。

突利可汗娶了安义公主，做了隋朝女婿后，对大隋还是比较忠心的。他每次得知都蓝可汗对大隋不利的消息，都会立即通报大隋朝廷。都蓝可汗每次想要率军南下，隋军都已预先做好准备，使得突厥大军根本就占不到什么便宜。

开皇十八年（598）春，达头可汗和都蓝可汗率领 10 万铁骑到达漠南，摆出一副进攻大隋边境的架势。杨坚也不示弱，立即派自己的四儿子蜀王杨秀从灵州道（今宁夏宁武）领军出发，迎击达头可汗的军队。

一遇大事，就由皇子挂帅，这是隋朝的惯例了，这样做，是因为杨坚信不过那些武将，不想把统帅名头和统兵的权力交给外人，他认为武将一旦军功赫赫，天下闻名，就很容易威胁皇权。所以，隋朝每次出征挂帅者都是皇子。挂帅的皇子是名义上的总指挥，而实际指挥者则是副帅。

这次杨秀的副帅正是杨素。

我们在前面讲到灭南陈、平江南叛乱的时候，讲过杨素用兵过人之处，他既擅长水战也擅长步骑陆战，是个天才型将领。

突厥人以游牧为生，从小就在马背上长大，每个人都擅长骑射，所以达头可汗的骑兵部队浩浩荡荡杀来时，气势浩大。

开皇十八年（598）四月，杨素跟达头可汗的部队正面相遇，许多大隋将领看到对方的 10 万铁骑后有点胆怯，纷纷建议杨素选择一个高地，然后挖壕沟，设置营寨，利用地理优势减缓突厥骑兵行进的速度，再与之交战，说到底还是想打防守战。

但杨素是什么人？那可是大隋的军神，他才不会这么被动地防御，他要一战打出隋朝的军威，吓破突厥人的胆子。

杨素很清楚，突厥人不同于陈国人，他们擅长骑马，军队机动性强，来无影去无踪，要对付他们需要限制他们的进攻范围，然后集中一个突破口，派出敢死队猛攻。

毕竟突厥军队并非是常规军，他们平时放牧，有军事行动的时候，才会被聚集过来。虽然骁勇，但是也不是完全没有弱点。因为突厥骑兵也会怕死，毕竟自己一旦死掉，家里的媳妇、成群的牛羊，可就要易主了。

杨素正是看出突厥军队的这一弱点，决定跟突厥军正面厮杀。在此之前，隋将在与突厥交战时，因担心突厥彪悍的骑兵来去如风，不断冲撞，都采用战车、骑兵和步兵相互交叉配合的阵法，阵外四周遍设鹿角、铁蒺藜等物，骑兵在阵列的最里面。但杨素认为这只是巩固防御的方法，不是夺取胜利的方法。"此乃自固之道，非取胜之方也"（《隋书·杨素传》）。

于是，杨素决定抛弃这种保守的落后阵法，改变新战术，令各军摆开骑兵阵势。杨素还亲自挑选了 2000 名死士，都是清一色的骑兵，分成了10 队，每队 200 人，作为先锋的尖刀部队。

不得不说，杨素还是很要强的一个人，我行我素，做事果断。他根本就不惧怕突厥的骑兵大军，在空旷的野地上，10 万铁骑冲杀过来，通常来说，中原步兵很难打过草原骑兵。但杨素偏不信邪，他善于布阵，用兵巧妙，反而镇定自若，就这样等着突厥大军杀过来，跟对方决一死战。

达头可汗见状大喜道："大隋竟然要用骑兵跟我们突厥骑兵正面作战，这真是天助我也！"

他下马仰天而拜，觉得这是上苍庇佑，给他一个蠢货对手做指挥者，这一次突厥肯定能大胜隋朝了，这可是他建功立业、扬名立万的大好时机。达头可汗再次上马，率 10 余万精骑直扑隋军方阵。

突厥骑兵来势汹汹，万马奔腾，喊杀声威震天，的确相当可怕。但是，对于久经沙场的隋军将领而言，气势汹汹不是必胜的重点，有人很快看出了突厥士兵没有经过标准化训练，无组织、无纪律，一窝蜂地冲击，冲锋的队形在中途已经散了。

这时，陈国降将、上仪同三司周罗睺看出突厥求胜心切，阵形不整，于是向杨素抱拳请令："杨元帅，突厥大军虽多，骑兵冲势虽猛，但没有章法和纪律，等若一盘散沙，如果能够迎头痛击，那么其余突厥兵马便会掉头就跑，不敢恋战。末将请令，率精骑迎之。"

杨素听着周罗睺的说辞，微微点头，英雄所见略同，他也正是这么想的，正愁不知派谁带兵做死士的头领，见周罗睺主动请令，便欣然答应道："周将军所言甚是，与本帅不谋而合，突厥看着强大，其实就是纸老虎，经不起痛打。正所谓狭路相逢勇者胜，只要我军先锋将士能够勇往直前、悍不畏死，一举破了突厥的锐气，到时候隋军大队军马一鼓作气出击，突厥必然溃不成军！周将军有信心领头上阵杀敌，雄心可嘉，本帅准了。"

确定了先锋敢死队的将领之后，杨素开始做阵前动员，这种正面硬刚，战斗会格外惨烈。他给大家讲明这场战争最关键的就是战斗意志和战斗力，如果能舍生忘死，杀出血性，让敌人心惊胆寒，就能击败对方。

杨素在两军交锋之前，再次宣布作战纪律："将士们，我杨素治军严谨，再次强调，发起进攻命令后，只许前进，不许后退，违令者斩！本帅深信，我大隋男儿骁勇善战，实力强悍，能够以一当十，如果正面以骑兵击退突厥的骑兵，你们都将一战成名，按军功加官晋爵，光宗耀祖！牺牲者，全都追加封赏，魂归故里，庇荫妻儿。"

大隋死士举起武器，高声呼喊："誓死杀敌，大隋必胜！"

这些精锐士兵的呼喊声回荡在大军方阵之间，荡气回肠，杨素不愧是名将，几句话就鼓舞了军中士气，将这支"铁军"的士气，调到最强状态。

当突厥骑兵进入了弓箭射程，大隋的硬弓开始射击，150步的硬弓对突厥骑兵有一定的杀伤力。不过，突厥骑兵的速度很快，趁着隋军换箭风驰电掣一般席卷而来，根本没有管前面的死伤之人。

"冲杀！"杨素大喝一声，大隋先锋敢死队开始冲出，人数只有2000人，分成10个小队，呈"品"字形攻击阵法，在周罗睺的带领下，勇猛出击。

两股骑兵很快交锋在一起，如同两股惊涛骇浪冲撞在沙场上，刹那间，人仰马翻，血肉模糊，战马嘶鸣，鲜血飞溅，场面极其惨烈。大隋的死士根本不在乎身边袍泽的死亡，也不在乎突厥敌兵的多寡，就是勇往直前，一路砍杀，哪怕临死也要拉上一个垫背的，完全是不要命的打法。

这股狠劲和必死决心，瞬间就压住了突厥骑兵的气势。中国有句话："强的怕横的，横的怕不要命的。"大隋死士完全不要命一般拼杀，突厥骑士哪怕身体魁梧，能力不错，但在气势上已经输了，他们平时都是牧民，心中顾虑太多，也是怕死的。

所以，刚打小半个时辰，突厥士兵伤亡很大，反而被这2000人的大隋敢死队压着打，节节后退。这时候，杨素看到时机成熟，发起了总攻的号角。

大隋的士兵纪律严明，阵法整齐，有节奏的凶猛有力的反击，顿时迅速击败了突厥10万铁骑军。兵败如山倒，突厥骑兵转头逃窜，达头可汗也是胆战心惊，第一次见到隋军如此厉害，吓得赶紧撤军，带着残兵退回了草原深处。

此战杨坚和当年的达奚长儒一样，打出了大隋军队的军威。本来中原军队与草原骑兵作战，没有优势，大多靠智谋、出奇兵取胜，但是这一次中原军队正面冲击草原骑兵，并且打败了他们。

杨素在此战中，敢于放弃陈旧落后的车、骑、步互相护卫的常规保守阵法，大胆使用骑兵正面突击作战并取得大胜，再一次彰显了其杰出的军事才能。此战过后，隋文帝得到消息下诏褒奖，赐杨素缣两万匹，及万钉宝带。加封其子杨玄感为大将军，杨玄奖、杨玄纵、杨积善皆为上仪同。

从此，突厥人闻杨素之名，都有了阴影，莫不远远避开。

都蓝可汗听说达头战败撤退，很不甘心，认为达头此战失败，就是因为太轻敌，并非大隋战斗力超过突厥骑兵。为了重树突厥雄威，抢夺更多的利益，都蓝可汗决定再组织兵马，对隋朝发起大规模入侵。

开皇十九年（599）三月，都蓝可汗联合达头可汗，又率领10多万突厥骑兵卷土重来。有了前一年杨素对突厥的大胜，杨坚对隋军的战斗力更加自信，这一次，他决定换将领。隋文帝想让突厥人知道，大隋每一支军队都是"铁军"，每一个将军都是能征善战的将领，大隋机智、聪慧、善战的将军不计其数，不管谁出征都可以吊打突厥。

这次由汉王杨谅挂帅，真正负责指挥的副帅换成了高颎。别看高颎是文官之首，但是他是文武全才，带兵打仗也很擅长。

都蓝可汗和达头可汗吸取总结了上次的教训，没有和隋朝军队硬碰硬，而是且战且退，牵制隋军主力，然后派出一支精兵偷袭突利可汗。由于突利可汗实力不够，被袭击之后兵败逃亡，家人和兄弟都被杀了，他只能跟着大隋使节长孙晟一起带着几百骑逃走了。

逃出几百里之后，人困马乏，突利可汗此时面临新的选择，是继续往南投奔大隋，还是往西北去投奔达头可汗。这时候，突利可汗内心矛盾，因为投奔大隋，他算是外来人，安义公主被杀，族人都被抓走了，自己几乎成了光杆司令，去了大隋是否被重视，大隋会不会把自己绑起来交给都蓝可汗和达头可汗，这都说不准啊！如果他去投靠达头可汗，认真道歉，二人毕竟是同宗，说不定达头可汗会原谅自己，双方化干戈为玉帛，让他继续做一个小可汗。

突利可汗是个做事优柔寡断、拿不定主意的人，他在夜里找到几个部下，把自己的想法说出来，跟他们商议。突利可汗的部下都习惯了草原生活，眷恋故土，并不喜欢去中原投奔大隋，他们都同意去投奔达头可汗，向达头可汗赔礼道歉，争取获得原谅，回到草原去。

长孙晟是个突厥通，所以他听到那些人窃窃私语，言语中有投奔达头可汗的信息，心中一惊，一下就猜到了突利可汗此时的内心想法。但是，长孙晟不能放任突利可汗离开，投入达头可汗的怀抱，因为这牵扯到了大隋对突厥的分化战略——扶弱抑强，利用突利可汗牵制都蓝、达头这两个可汗，减轻他们对大隋的威胁。

所以，长孙晟必须要阻止突利可汗投奔达头可汗，但他身边跟随的大隋侍卫不多，只有几十人，如果强行阻止，很可能会被他们反杀，必须智取。长孙晟思来想去后，发现这里是蔚州境内，离他们不远有一处边镇，名为怀远镇。他派出侍卫，快马加鞭赶去那里，点燃了烽火台，顿时烽火台上狼烟滚滚，冲天而起，连绵数十里。

次日，天色大亮，突利可汗等人刚准备向西北启程，结果发现烽火台狼烟冲天，有些惊慌问道："长孙大人，这是怎么回事，怎么边镇烽火台都点燃了烽火？"

长孙晟谎称道："那是怀远镇的烽火台，那里地势高，视野开阔，必然是守军看见了敌军袭来，才点燃烽火。烽火台根据来的敌军数量多寡，提前预警，看烽火台点燃的规模，应该是突厥大军压境了，我们要赶紧撤退，否则，会被突厥的千军万马踏成肉泥。"

突利可汗听完，大惊失色，他即便心中想要投靠达头可汗，但是，也需要先派使者去沟通一下，得到确认的答复，或者面见达头可汗才行。如果直接被那些杀来的追兵赶上，估计还没有机会开口，就会被乱箭射杀，或被先锋骑兵给冲撞斩杀了。

想到这些危险，突利可汗赶紧对部众说："大事不好，敌军已经追上来了，我们先去大隋的城池避一避难，保命要紧！"

长孙晟心中冷笑，见计策得逞，于是带着大伙赶往了怀远镇。等一行人进入了怀远镇，这里有几千的守卫，主动权回到长孙晟的手里，他劝突利可汗留下部将，只带几个随从，跟他一起去往大兴城面见大隋皇帝。

突利可汗现在已经如瓮中之鳖，没有别的选择了，只能痛快答应下来，挑选几个贴身随从，跟着长孙晟一起去往隋朝京师。

五、圣人可汗

长孙晟和突利可汗一起来到大兴城。虽然突利可汗很可怜也很凄惨，但越是如此，杨坚反而越高兴，这样可以更好地控制突利可汗，让他为己所用，成为对抗突厥达头、都蓝两位可汗的傀儡。

这时候，都蓝可汗也刚好派出使者因头特勤来到大兴城，跟大隋谈条件。使者得知突利可汗在这儿，顿时开口向隋文帝索要突利可汗，声称只要绑走突利可汗，就答应跟大隋停战，双方和好。

这是外交家的策略，打算借刀杀人而已，隋文帝当然看透了突厥可汗使者的诡计，不但不为所动，反而把突利可汗叫到金銮殿上，让突利可汗跟都蓝可汗使者因头特勤当场辩论，评判一下这次突厥发动战争以及突厥内战究竟谁占理。

突利先开口，把自己的部落如何被都蓝可汗和达头可汗的联军攻破，对方如何烧杀抢掠，他的妻子安义公主，他的兄弟姐妹、族人等如何遇害的事情说了一遍。他表示跟都蓝可汗等人有不共戴天之仇，罪过一方肯定是都蓝可汗和达头可汗那边。

但因头特勤是突厥著名的外交家，能说善辩，口齿伶俐，滔滔不绝，把都蓝可汗的出兵说成是吊民伐罪，把突利可汗说得一无是处，贬得一文不值。

一场辩论下来，突利可汗输了，被对方说得哑口无言。突利可汗面红耳赤，感觉丢人丢到家了，自己的部落被消灭霸占了，妻子死了，兄弟族人都死了，最后还成了自己的过错，对方简直就是强词夺理。

但没办法，他的口才、反应能力等，都比那个突厥外交家差远了。此时的突利可汗是绝望的，他一无所有，在众人面前表现又是如此的差，他担心隋文帝会觉得他是扶不起来的阿斗，因此抛弃他。

其实恰恰相反，隋文帝看到突利可汗的表现后，更加坚定要扶持这个突厥小可汗。因为他足够老实、敦厚，没有那些花花肠子，也不巧言令色，最适合做傀儡了。

隋文帝把突利可汗召入内殿，对着他说道："事情的真相，朕心里有数，一切都是都蓝可汗与达头可汗联手，先对我大隋进军，然后抽调一部分兵马，偷袭了你的部落，这是声东击西之计。这次他们把坏事做绝，对你的族人进行仇杀，连我皇室的公主都惨遭杀害，这个仇，不但你要报，连朕也要报，朕日后必消灭都蓝可汗、达头可汗，为你讨回公道！"

突利可汗听完，顿时感激涕零，自己沦落到这样不堪的境地，大隋皇帝还如此关照他、支持他，如何能不让他感动呢？

"多谢陛下垂怜，臣以后定当效忠大隋，绝不背叛，臣对大隋当肝脑涂地，万死不辞。"突利可汗也表态了，其中有多少真情不得而知，但此时此刻，他表现出很感激的样了，让隋文帝也很欣慰。

杨坚事后下诏，帮助突利可汗重建家园，具体有四个措施：

第一，赏赐给突利可汗大量的金银财宝、绫罗绸缎、武器铠甲等，让他召集失散的族人和突厥的流亡百姓，重新聚集部众。

第二，隋文帝还给突利可汗新的名分，册封他为"意利珍豆启民可汗"，翻译为汉语就是健康又聪明的意思。从此，突利可汗就变成了启民可汗。这不只是改个名字那么简单，这也意味着，启民可汗是大隋唯一承认的突厥合法统治者。

第三，大隋给启民可汗划出一个地盘。杨坚派长孙晟率领 5 万兵马在朔州加急修建了一座大利城（今内蒙古自治区清水河县），给启民可汗和他的族人居住，这座城能够容纳几十万人居住。这里还有隋军驻扎，起到保护和监督的作用。

第四，隋文帝又从宗室适龄女子中挑选一美貌女子封为义成公主，赐婚给启民可汗，让他继续做大隋的驸马。毕竟先前的安义公主命薄，死于乱军之中，缺少了联姻的纽带，关系就差了一层。现在隋文帝重新赐婚，启民可汗再次娶了年轻貌美的大隋公主，心中更加感激了。

我们可以看出，隋文帝为了扶持一个突厥傀儡政权，对启民可汗的支持可谓不遗余力，甚至赞助了金银钱粮、地盘城池、武器装备、封号、媳妇，这统统是大隋政府一手操办和给予，已经足够齐全了。

于是，在大隋的全力支持下，一个新的东突厥就这样重新建立了。

都蓝可汗听说之后，更生气了，自己本来是东突厥之主，现在大隋朝廷册封了启民可汗为东突厥大可汗，这明显是要抢走自己的名分和地位啊，使得他对各部落的号召力锐减。而且数月前，他刚被杨谅、高颎的军队击退，损失惨重，东突厥内部出现危机，有的部落首领不想再听从都蓝可汗的号令，于是带着族人南下，投奔启民可汗。

都蓝可汗见状忍无可忍，再次集结了10万大军南下，朝着大利城扑来，想要一举攻破城池，烧杀抢掠一番，把突利可汗彻底消灭，也给大隋一记耳光，让隋文帝的努力白费！

他的想法很好，但这一次，杨坚除了命高颎继续阻击都蓝可汗之外，还下诏命杨素出兵灵州、韩僧寿出兵庆州、史万岁出燕州、姚辩出兵河州，四路包抄，联合攻击都蓝可汗，隋朝军队声势浩大。

不过，这次还没等隋朝的四路大军赶到前线，高颎就带精兵击败了都蓝可汗的大军。都蓝可汗在逃亡中被部下杀死，彻底消失在历史舞台。

达头可汗闻讯，带兵赶去都蓝可汗的地盘，收编了不少都蓝可汗的部众，自立为步迦可汗，一时间成为突厥草原上最大的势力，也成为隋朝的头号大敌。

长孙晟看准时机，鼓动启民可汗带人去往草原，招降那些四处逃散的都蓝部众，游说他们，让他们有家可归。这一次效果显著，有一些不愿意归降步迦可汗的突厥人，这次纷纷投靠了启民可汗，而且上次被都蓝可汗抓走的启民可汗族人，此时也被接回来不少，于是，启民可汗部落越聚人越多，草原上不少部落纷纷来降。

步迦可汗见草原上不少部落首领带着自己的部众纷纷投奔隋朝和启民可汗，他既愤怒又恐惧，很担心草原上突厥人都走没了，那他统治的突厥政权还如何维系？

所以，步迦可汗立即召集兵马，于开皇二十年（600）四月，率领大军 20 万，向隋朝边境发起进攻。

隋文帝面对达头可汗大军来犯，一点也不甘示弱，同年六月，命晋王杨广为行军元帅，亲率西路军出灵州（今宁夏灵武西南），命汉王杨谅率东路军与柱国史万岁出马邑道（今山西朔城区），合击步迦可汗。

杨广所率西路军中，最主要的将领是长孙晟，他经常出使突厥，对突厥的山川地貌非常熟悉，在了解突厥的营地位置后，他便心生一计，那就是投毒！

长孙晟派人悄悄到突厥军队驻扎的营地旁的河水上游投了毒药，染毒的河水顺流而下，突厥人取水煮饭，饭后，许多突厥士兵纷纷中毒，开始上吐下泻，中毒严重的还丢掉了性命，侥幸保全性命的，也浑身乏力，失去了战斗力。

突厥人并不知这是大隋人投毒了，还以为是上天惩罚他们，说是"天降恶水"，上天不赞成他们这次发兵入侵隋朝，跟大隋作对。迷信的突厥人纷纷跪倒在地，向上天请罪，步迦可汗闻报这支军队受到天罚，心里也害怕，便命令军队连夜拔营后退。

长孙晟派人密切关注突厥军动向，早就料定突厥人迷信，肯定会退军，他当然不愿放过这个机会，得到突厥撤军消息之后，马上调兵遣将，派兵衔枚追击。突厥人本来中毒，身体虚弱，此时又被追杀，就如惊弓之鸟，毫无抵抗斗志，只顾策马疯狂逃命。

隋军一路追杀，势如破竹，而突厥人大败，一路丢下数千具尸体，才摆脱隋军逃回了西北草原深处。

再看东路军作战情况。东路军是杨谅挂帅，实际指挥者是大将史万岁，他率领柱国张定和、大将军李端、杨义臣出塞，大军进抵大斤山（今内蒙古自治区大青山），与步迦可汗大军遭遇。

步迦可汗派出探子打探情报，然后询问隋军领军的将领是谁。

探子回报说："可汗，他的名字叫史万岁。"

步迦可汗觉得这名字耳熟，又问："莫非是上次带兵打沙钵略的时候，大杀四方，砍杀不少突厥将领的猛将史万岁？"

探子点头："就是他！"

步迦可汗一听真是史万岁，就有些紧张，犹豫过后，他决定先撤退，不跟这路隋军交战了。

但史万岁不肯放过突厥兵马，他挥师追击步迦可汗的人马，一路带兵凶猛掩杀，大破突厥骑兵，斩杀数千突厥骑兵。步迦可汗策马狂奔，日夜逃亡，总算没有被隋军堵截上，保全了性命。

突厥和大隋的这一战，雷声大雨点小，隋军在东、西两路的大军都取得了大胜，并没有遭遇太大规模的对抗，也没有过于惨烈的厮杀，突厥大军就溃败了。从这里可以看出，大隋兵马的战斗力已经很强，面对北方的突厥骑兵毫无惧色，甚至已经占据上风，将士们都信心十足。突厥来势汹汹，最后几乎没有发挥出实力就溃败逃亡了，对大隋已经有了强烈的畏惧心理。

晋王杨广作为行军元帅，自然被记了首功，从此他在军中和朝廷的威望更高了，也为他日后夺嫡做了铺垫。

隋文帝对这个战果也很满意，现在他面对突厥自信满满，完全不把突厥当成威胁了。外敌没有了，内患早已解决，他感觉到宇内安稳，于公元601年，改元仁寿。

在仁寿元年（601）年底，长孙晟看出步迦可汗实力被削弱，而且草原内部矛盾重重，正是彻底消灭突厥隐患的大好时机，于是，长孙晟打算劝隋文帝继续派兵出塞，远征西突厥。这次不同于每次在大隋边境跟突厥作战，以前都是以防御为主，被动迎战，而这一次，要深入草原进攻西突厥，关系重大。

因此，长孙晟打算用玄学劝谏杨坚，他是这样说的：

> 臣夜登城楼，望见碛北有赤气，长百余里，皆如雨足下垂被地。
> 谨验兵书，此名洒血，其下之国必且破亡。欲灭匈奴，宜在今日。
>
> ——《隋书·长孙晟传》

这句话的意思是，他夜登城楼，仰观天象，望见西北上空那边有一道赤色雾气，长100多里，都像雨脚一样，下垂于地，按兵书查验，这叫下血雨。昭示着它下面的国家，必将破亡。如果想灭匈奴，就在今日。

其实长孙晟并不擅长夜观星象、占卜之术这些，他之所以这样说，是因为他派出不少斥候查探西突厥的情况，发现步迦可汗在管理部族时比较粗野，没有章法，经常掠夺小部族的钱粮和牛羊等物资，惹怒了不少小部族首领，突厥内部已经对步迦可汗怨声载道。而且这几次对大隋作战，步迦可汗接连失败，他已经在草原上失去了威信，突厥人跟着他打仗，不仅好处没得到，还总是丧命或是丢了许多物资，得不偿失，大家对步迦可汗都很有意见。

隋文帝杨坚本人也有些迷信，加上他对长孙晟一直很信任，听到长孙晟说西突厥气数已尽，顿时也信心倍增，便决定主动出击，派兵出塞讨伐步迦可汗部落，然后招揽草原大小部族，让他们从此投奔启民可汗，作为大隋的附庸。

仁寿二年（602），隋文帝任命杨素为云州道总管，长孙晟为受降传者，率15万大军，与启民可汗染干一道北伐。

这一次出兵，隋军浩浩荡荡，离开大隋本土，进入草原。杨素用兵如神，杀伐果断，隋朝大军一路面对突厥军势如破竹，过关斩将，沿途所向披靡。突厥虽有思力俟斤等人领兵奋力抵抗，但都被杨素轻易击败。这时候，草原许多部落要么望风而逃，要么就直接投降大隋。

这时候，长孙晟开始发挥他的作用，他抓住机会出面游说步迦可汗属下的各部落首领，劝他们看清天下局势，识时务，向他们讲解大隋的政策和实力以及大隋皇帝对突厥的态度，威逼利诱，一时间，步迦可汗属下的部落，纷纷脱离步迦可汗的统治，投靠启民可汗。启明可汗可是大隋册封的大可汗，也是草原上的新主人，跟着他就能够安居乐业。启民可汗也在军中与长孙晟配合，负责接纳和管理那些脱离步迦可汗的部落。大隋发动这次战争的目的，就是想让启民可汗取代步迦可汗，成为草原上新的统治者。

步迦可汗听闻这些情况之后，十分生气，他再次调集兵马，赶过来跟杨素大军作战，想要打一场胜仗，以自己的胜利挽回自己属下的部落，稳定人心。但是，突厥人已经畏惧杨素的战神之名，加上各部落对步迦可汗也多有不满，因此，突厥军一战即溃，四处逃散，或者直接投降了隋军。

这一战之后，长孙晟又让启民可汗分别派遣使者，前往北方的铁勒等部落招降。

到了仁寿三年（603），已经有铁勒、思结、伏利具、浑、斛萨、阿拔、仆骨等十几个部落背叛步迦可汗，请求投降启民可汗了。

步迦可汗大势已去，被逼无奈，只好带着一部分族人，不得不去投奔吐谷浑，终其一生，再也没有踏上蒙古草原半步。

启民可汗趁此机会统管了突厥的所有部落，成为突厥历史上又一位统领东、西两域的大可汗。但是，启民可汗很有自知之明，他很清楚自己之所以能成为大可汗，并不是自己勇武、智谋有过人之处，而是因为依赖隋朝的扶持。没有大隋支持他，他还是一无所有的光杆司令。因此，启民可汗对隋文帝很是感激，对他佩服得五体投地，他接管突厥之后，每年遣使朝贡，心甘情愿正式成为大隋的附属国。

同时，启民可汗还向隋文帝上表，表达自己的臣服心意：

> 大隋圣人可汗怜养百姓，如天无不覆，地无不载。染干如枯
> 木更叶，枯骨更肉，千世万世，常为大隋典羊马也。

启民可汗为表忠心，把隋文帝称为"圣人可汗"，这是比可汗更高的称呼，意为杨坚像圣人一样，有光辉覆盖天下，不但垂爱中原百姓，连草原百姓也一样爱怜，令人感动。染干就是因为沐浴隋文帝的光辉，仿佛重新获得新生，重新长了血肉，所以，他愿意给大隋当羊倌，帮着大隋看管草原上的牛羊。

启民可汗如此赞美和推崇隋文帝，隋文帝不仅是隋朝的皇帝，还成了突厥的圣人可汗。这就为中原皇帝兼任草原少数民族君王开了先河。后面唐朝的天可汗，也是效仿隋文帝。

就这样，杨坚前后花了 20 年时间，彻底消除了北方突厥对隋朝的威胁，这对当时的大隋有很重要的战略意义：

第一，大隋坚持与突厥进行旷日持久的作战，彻底解决了突厥的威胁，巩固了隋朝在东亚的地位。

启民可汗就是隋文帝扶植起来的突厥首领，他从无到有，都是大隋保驾护航。所以，启民可汗治理的突厥帝国，一直与隋朝的关系很友好，双方再没有发生过战事，草原与中原也能够保持友好往来，北疆边界也安定不少。

这一结果改变了东亚的政治格局，确立和巩固了隋朝主导的东亚政治新秩序，这个东亚陆地范围内，此时由隋朝说了算，隋朝的国际地位大大提升。

第二，杨坚在处理农耕文明和游牧文明关系上，给后世树立了一个很

好的典范。

在古代历史上，北方游牧民族一直以来都是中原的大敌。比如春秋战国时代，齐桓公提出"尊王攘夷"的战略，就是因为周王朝受到了边疆少数民族的入侵和威胁。到了秦王朝时，有蒙恬率军 30 万北击东胡，还修建长城防范胡人南下。在汉王朝时期，汉武帝提出"犯我大汉者，虽远必诛"。不断发动与匈奴的战争，消耗了巨大国力。中原农耕民族相比北方游牧民族而言，一直处于守势居多。

但隋文帝不同，他采用了智取为主、离间分化、扶弱抑强、主动出击等策略，击败了沙钵略、都蓝、达头等大可汗，最终取得了胜利。他没有一味使用武力，而是各种策略相结合，体现出隋文帝高超的政治智慧和外交手腕，从而一揽天下。

第九章

开皇之治，国富民强

一、经济繁荣民安乐

突厥归附后，外无强敌，内无祸乱，天下一统，四海晏然，此时的大隋王朝发展得如日中天，让我们回头梳理一下，杨坚建隋后，完成南北统一，这一路走来所建立的丰功伟业。

隋文帝立国之后，用了开皇的年号，长达 20 年没有更改，这是隋文帝杨坚在帝王之位上大有作为的时期。

在这一时期，杨坚励精图治，改革管理制度，推行三省六部制，制定《开皇律》，废黜严刑峻法，使得国家机构能够更加顺畅地运转，百姓能够生活在没有政治高压的环境中。这些年里，大隋政治清明，社会安定，国力蒸蒸日上，百姓安居乐业，隋文帝开创了一个盛世，史称"开皇之治"。

要知道，在历史上，能够称得上"某某之治""某某盛世"的并不多，处于这样时代的皇帝无一不是千古明君，对社会、对人类历史做出的贡献非常大。比如"文景之治""贞观之治"等时期，都是国家政治清明，百姓安居乐业，强民富国。

我们来看一下，隋文帝到底做出了哪些功绩和成就，才能够开创"开皇之治"。

隋朝立国 10 年之后，中原之地得到休养生息，长期没有战乱，加上推行各种惠民政策，使得百姓每年收获都有剩余，民户富足起来，向国家也上缴了很多赋税，日积月累，国家已经十分富足。

据《资治通鉴》卷178记载：

> 开皇十三年，有司上言："府藏皆满，无所容，积于廊庑。"帝曰："朕既薄赋于民，又大经赐用，何得尔也？"对曰："入者常多于出，略计每年赐用，至数百万段，曾无减省。"于是更辟左藏院以受之。

这段话的大意是，在开皇十三年（593），有关部门的官员来向隋文帝汇报，说目前国库里堆满了布帛、粮食，仓库已经满得没办法再堆了，连走廊上也堆满了这些物资，请陛下帮我们解决仓库问题，需要多建造一些仓库来储存物资。

杨坚听完有些吃惊，根本不相信会有这种情况，因为他一直实行轻徭薄赋的政策，老百姓的负担不重，府库中所剩应该不多，所以应该不会有这么多物资。再说，自己每年奖赏功臣也是出手大方，财政支出消耗不少，而且平定内乱、打突厥，这些事可都是消耗巨大，国库里的布帛，怎么可能多到堆放不下的地步呢？

那位官员回答说："陛下，您每年奖赏给官员的布帛，多达数百万段不假，我们在支出时也没有打折扣。但是，这些年国库的收入一直大于支出，日积月累，年复一年，国库变得充盈，确实堆放不下了。"

杨坚闻言属实之后，这才释然，没想到10年之间，自己的大隋王朝已经如此富有了，这是好事。所以，隋文帝很高兴，立即下旨，赶紧命令工部，再多修一座左藏院来储存财物。同时，下令在各地修建粮仓，储存地方的粮食等，以备不时之需。

其实，在历史上，富足一时的王朝不少，并非只有大隋一家。比如《史记·平准书》里记载了汉武帝时期的繁荣状况："京师之钱累巨万，贯朽而不可校，太仓之粟陈陈相因，充溢露积于外，至腐败不可食。"可见，汉武帝时国库里堆满了粮食，很多已经腐烂，无法再食用了。而国库里的铜钱多得用不完，穿钱孔的绳子都朽烂了，铜钱撒满一地。

再比如《旧唐书》有记载，唐玄宗天宝年间，粮食布帛堆不下，唐玄宗只好下令修几百座仓库。这些都是事实，不过，我们也要辩证地看，汉武帝时期，汉朝已经经过六七十年的休养生息，他是汉朝的第五代皇帝。唐玄宗时期的富足，是建立在大唐100多年积累的基础上，前有"贞观之治"和"永徽之治"做铺垫，他是唐朝的第七代皇帝，更多是继承了前人的资产。

隋朝却不一样，杨坚处于中国社会历经三四百年的大分裂时代，那是南北对抗、动荡不断、百废待兴的过渡时期，大隋立国10年后，就把隋朝营造得如此富裕，建成足以与中国历史上任何盛世相媲美的王朝，这样的发展速度和成就，在中国历史上绝无仅有。

到了开皇十七年（597），由于户口滋盛，中外仓库无不盈积，主管财政的官员又呈奏说："新库落成，亦堆积无余。"杨坚只好下令说："告知郡县，寓富于民，不藏于府，免除今岁租赋，赏赐百姓。"

这句是什么意思呢？就是四年后，主管财政的官员说，新建的左藏院也都装满了，询问杨坚该怎么办。杨坚听完，觉得朝廷也用不了这么多，可以取之于民，用之于民，于是传召各地郡县官员，让他们减少税收，并且减免租税，馈赠给百姓。

其实，早在大隋废除梁国时，杨坚就宣布免除江陵百姓10年赋税，用于当地百姓生活和战后重建。平定陈国之后，他又宣布免除江南10年赋税。对待亡国之地，隋文帝都是保持这种做法，缓解矛盾，安抚地方，拉拢人心。

这样的富足局面在历史上是罕见的，即使西汉"文景之治"有过此举，但也不见得有如此盛况，隋朝之富庶超出了后世的想象。

那么，隋朝是如何做到这等壮举的呢？这其实跟他推行的制度有关系。

第一，隋朝推行合理的分田制度。

隋朝立国后，继续推行北魏以来的均田制，从各级官吏到农民、奴婢都可以按规定分得不同数量的土地。

农民男丁可受田 80 亩，妇人受田 40 亩，称为露田；男丁另受桑田和麻田 20 亩，叫永业田。露田主人死后要归还朝廷，永业田可以传给子孙。京官从一品至九品按级别和爵位，分给职分田，多者 5 顷，少者 1 顷。各级官府分公廨田，以供公用。

均田制的推行，提高了农民的生产积极性，社会财富急剧增加。同时，公廨田的分配，等于分给政府衙门公用田，这些公用田也不少，租赁出去后，每年租金可以用于官衙日常开销，杜绝了各级官府向百姓摊派公务费用，这样既减轻了百姓的负担，也是加强官员廉政建设的重要一环。

第二，推行人索貌阅，清查人口。

自魏晋以来，北方少数民族南下，永嘉南渡，天下大乱，老百姓为了避难，能够活下去，纷纷投奔世家大族、豪门大户寻求庇护，从而成为他们属下的依附人口、佃户等，这些依附人口，不用去官府申报户籍，也不用向国家交纳赋税，就好像黑户一样，只向荫庇他们的世家大族、豪门大户交纳一些租赋就行了。

据史书记载，北齐、北周时期，"暴君慢吏，赋重役勤，人不堪命，多依豪室，禁网隳紊，奸伪尤滋"（《通志》）。隋王朝刚建立后，经济形势仍不乐观，"是时山东尚承齐俗，机巧奸伪，避役惰游者十六七。四方疲人，或诈老诈小，规免田赋"（《隋书·食货志》）。

大多百姓依附豪门大族，没有户口，这样一来，国家实际管控的百姓人数锐减，税收也就少了，财政收入也相应减少。而且，一些地方的百姓为了减轻赋税，还谎报年龄，错报性别，使得官方户籍存在很多差错与漏洞。这些情况直接影响到隋王朝的财政收入，还不利于政府对百姓的有力统治。

杨坚当政之后，决心好好治理这一情况，以求人人落户，于是他推行两大政策，一个是"输籍定样"，一个是"大索貌阅"。

什么是"输籍定样"呢？其实这就是隋朝制定的各户等级划分和纳税标准，又称"输籍法"。开皇五年（585）隋文帝采纳高颎的建议，规定以每户人家的土地、男丁和耕牛数量为标准，将地方民户划分为上、中、下三等，不同等级的民户向国家提供不同的赋税和徭役，上户多提供，下户少提供。

高颎认为，很多百姓之所以宁愿依附豪门大族，做黑户不上户籍，也不愿做朝廷的编户齐民，就是因为朝廷现有的赋税和徭役制度十分不合理，穷人那么贫困，反而要承担更多的赋税和徭役，富人田地、财产多，承担的赋税和徭役反而少。那么，做国家的正规编户不如做豪门大族的依附人口划算，所以才会出现如此尴尬的社会局面。

如今实行"输籍定样"后，任何一户人家只要将自家的人口数、土地数、耕牛数认真填报，与制定的缴税样本标准一对照，就清楚地知道自己该交多少赋税，每年该服多少天徭役，自己应承担的赋税，非常具体透明，而且并不严苛繁重。这样就避免了地方官吏欺上瞒下，从中巧取豪夺的现象，这样既保护了各地弱势群体，也防止豪门大族糊弄百姓。只要百姓细算一下账，做下对比，就会明白跟朝廷干，比跟着豪门大族做黑户更划算，还享有朝廷的一些优惠待遇，这样百姓就全都能接受了。

政策一宣传实行开来，不用政府强迫和劝解，很多依附大户的人口主动脱离豪门大族的控制，纷纷主动到衙门报备户籍，登记户口入册，成为国家的编户人口。朝廷能够清晰掌握纳税人口的数量，制定合理的征收标准，这样百姓富了，朝廷的财政收入也大大增加。这也是隋文帝没有想到的，自己本来下诏实行轻徭薄赋，但国库反而越发充盈的原因就是许多黑户忽然变成了纳税人，现在纳税的人数量比以前北周时统计的纳税人口数量多得多。

"输籍定样"很快颁布到各州县施行，成为各地方官员实施户口管理时核定户等和赋役的标尺。同时，政策规定每年正月初五，县令令百姓五党或三党为一团，根据标准定户等上下，重新调整应纳税额，以防止人民逃税和抑制豪强地主强占劳动人口，造成税收不合理的现象。

大隋朝廷利用这一手段查出隐藏户口，抑制士族、豪强占有劳动人口成为黑户，从而确保了朝廷的收入，加强了隋朝的中央集权。

与此同时，跟"输籍定样"政策一起推行的还有另一个政策，就是"大索貌阅"，具体做法是清点户口，并登记每个人的姓名、体貌特征，核定实际年龄，相当于今天的人口普查。"貌阅"的意思是在有关档案上注明某人的相貌特征、身高、年龄，以用来确定准确身份。如有隐瞒，严惩不贷。如此一来，隐瞒年龄的现象基本被杜绝了。

"输籍定样"和"大索貌阅"的实行，加强了隋朝中央政府对民户的管理，避免了地方政府在征收税赋时因标准不明确、执行尺度不一和官吏徇私枉法造成的种种弊病。同时，也使政府所掌握的纳税人口一下子增加了。隋文帝开皇九年（589）灭陈后，人口有三千二三百万，到了隋炀帝大业五年（609），全国人口数为4601.9956万，短短二三十年之内，人口骤增三分之一，这都是隋文帝的功劳。

第三，改革府兵制，推行寓兵于农的政策。

府兵制是西魏权臣宇文泰所建，所谓府兵就是兵农分离，当时西魏政权是鲜卑人所建，为了牢牢地控制军队，北周的军人都是鲜卑人，汉人只是务农并不当兵。当兵的人免除一切赋役。但鲜卑族作为少数民族，人口毕竟不多，许多年轻壮丁参军入伍，或是战死在沙场，或是驻守重要边镇，根本没有机会结婚生子，增加人口。反而是关中地区的汉人繁衍生息，越来越多，鲜卑人口越来越少。到了北周时期，鲜卑兵源逐渐难以为继，宇文泰推出府兵制，开始征募农民当兵，出现了兵农合一倾向。

　　杨坚代周建隋之后，为了适应改进军队制度，在开皇十年（590）对府兵制做出重大改革，将其与均田制有机结合，规定："凡是军人，可悉属州县，垦田籍帐，一同编户。军府统领，宜依旧式。"（《隋书·高祖本纪》）

　　自此以后，府兵除了有军籍外，还同其家属列入州县户籍，可与民户一样申请土地，平时耕作生产，减免赋税。每年农闲期间，到军府接受军事训练，每年还要轮番宿卫京师或边疆，有战争发生，根据调令随军出征。

　　此法改变了过去兵民分离的现象，使得府兵能够正常结婚生子、耕作生活，其家属从此可与民户一样定居，不再跟随府兵调动四处奔波、居无定所。这种"寓兵于农"的制度，既扩大了朝廷兵源，使得汉人、鲜卑人等都有机会参军入伍，建功立业，还加强了中央对军队的控制权，有利于社会稳定和国家安全，同时也促进了农业生产的发展和社会财富的增加。

　　第四，厉行勤俭节约，拒绝铺张浪费。

　　杨坚虽然出身将门，早年过着富裕生活，但是，他年轻时政治上发展得很不顺利，一直被打压，还被权臣宇文护等刁难，一路走来战战兢兢、如履薄冰，最后机缘巧合，得天之助，才抓住机会，建立大隋，定国安邦。

　　他深刻认为，历代帝王"未有奢侈而能长久者"，如果贪图享乐，就会忘记初衷，对百姓的苦难视而不见，久而久之，必然会成为昏君，从而葬送国运。因此，自从杨坚做了皇帝之后，他身体力行，极力倡导节俭，打压一切奢靡之风。有一年，关中地区出现了自然灾害，影响了百姓的收成，导致饥荒发生，饿殍遍野。隋文帝出巡查看灾情，发现乡下百姓吃的是豆屑杂糠，甚至以树皮野草果腹，于是"流涕以示群臣，深自咎责"，整月不吃酒肉，惩罚自己。

　　在日常生活中，隋文帝"居处服玩，务存节俭，令行禁止，上下化之"（《隋书·太祖本纪》），也就是说，虽是皇帝御用之物，但一切从俭，御用车子旧了照常乘坐；日常器物破旧了，修修补补照常用，完全没有铺张浪费。隋文帝一日三餐也非常简单，不搞什么山珍海味，有两三个菜就可以了。

隋文帝杨坚不仅自己奉行节俭，对他的孩子们的要求也是如此，绝不姑息迁就儿子们奢侈浪费的行为。正是杨坚和独孤皇后以身作则、严格监管，朝廷上下纷纷效仿，约束自己的不良行为，在当时形成了一种良好的社会风气，从而使社会财富得以迅速积累。

二、文化昌盛有风雅

隋朝是大一统王朝，尽管它很短暂，但是它的制度完善，许多事情都是开历史之先河，很有开拓意义。隋朝在经济繁荣的同时，它的文化发展也取得了很高的成就。

在大隋建国之初，国民整体文化水平太低一直困扰着隋文帝，尤其是大多数将领不通文墨，都是大老粗一个，缺乏政治意识和文化素养，完全是弱肉强食、丛林法则的思维，谁的拳头硬就跟谁干，对仁义礼智信这些都不大在意，这也是北朝不断出现乱臣贼子的原因。

隋文帝为此还专门写过一篇散文《劝学行礼诏》，作为诏书下达："建国之道，莫先于学。尊主庇民，莫先于礼。"（《隋书·柳昂传》）它的意思是说，一个国家要想平稳发展，天下太平，那国民必须要学习，而学习的最好教材就是儒家经典书籍。

魏晋之后，南北分裂，朝代不断更替，几百年的乱世，遏制了中原文教事业的发展，导致社会乱象丛生。许多人心中根本没有礼义道德，每天净干些缺德的事儿，国家才这么容易灭亡。

开皇九年（589），隋文帝在诏书中写道："武力之子，俱可学文。"他打算推行文教事业，让全国民众学习礼仪教化。为此，隋文帝还亲临国子监主持隆重的倡学典礼，仪式完毕后，隋文帝请了许多大儒到现场进行有关儒家教义的讲座。

国子监相当于现在的国家最高学府，是知识分子聚集的地方。此时担任国子监祭酒的是元善，首先由他来开讲，元善体察上意，直接讲了《孝经》，对其大肆渲染，引经据典，谈古论今，听得隋文帝龙颜大悦，当场宣布奖赏他。随后，太学博士马光升被邀讲《礼记》，同样是剖析到位，现场掌声如雷，好评如潮。

这是隋朝唯一一次皇帝亲临国子监举行的讲座，意义不同凡响，它标志着隋朝的治国方向。事后，隋文帝还亲自去军队慰问，并发表重要讲话，敦促武将多学儒家文化。当时骠骑将军崔彭是隋文帝的亲信，负责宫中宿卫之事，他被隋文帝召过来询问："你的武艺本领、射箭技术都很强了，但文化知识可有学习？"

崔彭如实回答："回陛下，臣小时候喜欢读《尚书》《周礼》这些，至今不曾忘记，没有军务闲暇时，臣也会经常翻阅古书，求学知识。"

隋文帝听完很高兴，继续问道："那你就跟朕讲解一段吧。"

崔彭点头，当场就在皇帝面前讲出一段"君臣戒慎"的内容，条理清晰，有理有据，声情并茂，隋文帝听后大为赞赏，回宫之后不久，便给崔彭升了职，对他委以重任。后来，崔彭在大隋与突厥的战争中，凭着出色的智谋和带兵打仗的能力，为安定大隋边疆出过不少力，也立下不少功劳。

此外，正因为大隋完成了国家统一，周边环境又稳定，这就促进了南北文化的迅速交融，周边少数民族文化的优秀成分也被大隋广泛吸收，加之隋文帝重视国民的文化学习，所以隋朝文化的发展很快呈现出一派欣欣向荣的景象。

《隋书·儒林传》有这样一段记载：

　　四海九州强学待问之士靡不毕集焉……负笈追师，不远千里，
讲诵之声，道路不绝。中州儒雅之盛，自汉、魏以来，一时而已。

　　隋朝统一南北后，隋文帝把江南许多权贵大臣、文豪大家都带入了长安，南北文化在这里得以融合。隋朝开皇末年实行科举制，吸引了四海之内的知识分子云集京师。许多人为了求师治学，不远千里而来。

　　在大兴城内，可以听见士子的读书声和探讨学术的辩论之声。这样的盛况是自汉、魏以来从未有过的，只有在"开皇之治"这样的盛世才能一睹这样的文化盛况。

　　隋朝的文化之所以能出现如此繁荣的局面，不能不提到一个人，他就是牛弘。牛弘是安定鹑觚人，是出身于关陇贵族集团的大儒，他与杨素的关系很好。牛弘在开皇三年（583）官至礼部尚书，请求隋文帝修建明堂，还要求制定隋朝礼乐制度。他一生都酷爱读书，学问为当世所倚重。

　　后来隋文帝封牛弘为奇章郡公，负责主持祭祀、宾客、冠婚、丧葬、军旅、五礼的编撰工作。牛弘在完成本职工作的基础上，依托民间的各类藏书，协同民间的学者，于两年后完成隋朝礼仪的编撰工作。

　　不过，有时候因为他读书思考过多，平时处理小事时心不在焉，可以用书呆子去形容他。

　　有一次，杨坚让牛弘去宣一道口谕，牛弘点头领命出宫，还未走完宫殿的最后一级台阶，就把口谕的内容忘了。

　　牛弘怎么想都想不起来，没有办法，只好回去，向隋文帝请罪，说自己忘了刚才口谕的内容。

　　杨坚听后哈哈大笑："爱卿啊，世人都说你学问深厚，学富五车，是当世的文坛大家，让你传一个口谕，的确大材小用了，这等小事不应该让你这样的大儒去做。"

　　牛弘听了不以为然，实际上，他就是心中想着编书的事情，才忘记了

口谕的内容。

但由此可见，这位大儒的确给人书呆子般的感觉。不过，在朝政的大是大非上，他却一点也不犯迷糊，深谋远虑，对朝廷贡献极大。

开皇初年，牛弘向杨坚上表说：

> 昔陆贾奏汉祖云"天下不可马上治之"，故知经邦立政，在于典谟矣。为国之本，莫此攸先。今秘藏见书，亦足披览，但一时载籍，须令大备。

意思是说，用武力可以打天下，但是，却不能以武力治理天下，现在我们国家新建立，也面临如何治理的问题。如果想要治理好国家，一定要善于吸取前朝的经验教训，有则改之，无则加勉，取其所长，避其所短。然后又向杨坚说历朝历代的经验教训以及文学作品，写入书本，代代相传，汇聚成了经史子集，值得世人好好品读和研习。

这就要求朝廷的治国者，不论是皇帝还是大臣都要多读圣贤书，在全社会形成读书的风气，培养更多的治国人才，这样国家才能平稳发展，天下太平。

牛弘就这样认真劝谏隋文帝多读经史，学经验。

杨坚觉得牛弘说得有道理，就采纳牛弘的建议，推行文教。但大隋立国之初，面临的问题是图书不够。自魏晋南北朝以来，战争不断，再加上王朝频频更迭，大量图书毁于战火之中。北周时国家藏书只有 1 万册，灭掉北齐后，增加了 5000 册。这 1.5 万册图书，就是隋朝初年国家的藏书总量了。

虽然有 1.5 万册，但是刨除重复图书，再细分之后，也无法满足天下人的阅读需求。所以，牛弘向杨坚建议，从民间征集图书，因为民间读书人手里，会有不同图书典籍私藏家中。

隋文帝皱眉道："难道要下令，收缴民间图书吗？百姓是否会愿意呢？"他担心强行逼迫读书人交出手里的图书，会使得读书人怨气沸腾。

牛弘这时候反应很快，一点也不书呆子气，他建议："臣以为，可以由朝廷花钱从民间买书借阅，由官府抄录下来，再把孤本返给藏书者。"

"这个办法好！"杨坚欣然采纳，下诏各州县："献书一卷，资一匹。"（《隋书·牛弘传》）

只要有人向国家献书一卷，就可以获得一匹绢的赏赐，如果按隋朝的赋税标准，这等于免去一个男丁三分之一的赋税了。

当时隋朝刚立国，百废待兴，南方的陈国、北方的突厥、西方的吐谷浑都虎视眈眈，大隋却花费巨资去征集图书，提倡文教，足见隋文帝贤明之处，也可知大隋为征集图书付出了多大的代价。

消息一传开，民间有书者，纷纷拿出自己手里的图书，如果符合朝廷征书的范围，就会被当地官府派人抄写，然后把原件归还给献书者。就这样，通过民间采集、朝廷求购等方式获取历史文献、礼乐典籍以及其他文献资料，不仅扩大了隋朝的文献馆藏，藏书很快达到了 3 万多册，而且还丰富了藏书种类，此举为国家推行文治、大兴文教奠定了基础，对中华文化的传承具有重要的历史意义。

开皇九年（589），隋朝吞并江南，江南地区的文化氛围浓厚，藏书丰富，不光馆藏图书很多，就连一些世家大族的私人藏书也非常可观。隋军把南朝的许多图书都搬运到大隋京师，这样一来，隋朝馆藏书籍总量再次增加，吸引了五湖四海的学子、儒生云集京师，借书抄录，发愤苦读，隋朝读书的氛围更浓厚了。

隋文帝对保护文物也很上心，在这方面投入大量的物力财力。比如，东汉时著名书法家、经学大师蔡邕曾经在一座石碑上书写过七经。他在曹魏时期又刻写过三字石经。当时北齐的统治者高欢听说了，认为这是好东西，想要派人把它拉回北齐作为文物。由于石碑很重，所以无法用马车运输，千里之遥，只能走水运，结果石碑在运输中发生了事故，导致石碑破裂，已经失去了观赏性，高欢失望过后，也就不在乎了，最终将它遗忘在北齐境内。

开皇六年（586），隋文帝下令将石碑运回大兴城，放到了秘书省。这些石碑历经辗转、破损，加之风吹日晒没有得到很好的保护，石碑上的文字几乎难以看清了。隋文帝便让知名学者刘炫和刘焯对石碑进行校订与还原，然后移至国子监文物区进行修补和保护。由此可见，隋文帝对带有文化符号的古物十分重视。

隋朝对乐府诗词方面的发展，也有巨大的推进作用。比如牛弘任太常卿时，着重于乐府诗词的创作梳理工作，为后世唐代诗歌的创作制定了雏形。所以，隋朝的诗歌、散文、词赋较南北朝时期，为之一变，体现出一个强盛王朝的自信和昂扬向上的精气神！

此外，在乐礼方面，牛弘在万宝常、何绥等人的帮助下，以春秋时期的六律五声为基础，吸收并融合南北朝时传入中原的西域乐律，制定出宫廷七部乐，并完成对宫廷新乐的修订工作，形成隋朝独有的礼仪及乐理体系。

同时，西域地区的胡人也陆续来到长安，他们带来了独具异域风情的音乐、绘画、舞蹈、杂耍、雕刻、乐器，为中原艺术增添了新鲜血液，增强了民族间的凝聚力，推进了民族间的大融合。因此，中原艺术在吸收外来艺术的基础上，无论风姿与内涵都有了大隋独特的新气象。

这些文学艺术的发展，彰显了一个盛世王朝的文化魅力，使得大隋的国际形象更加文明、高大。

三、政治平稳官清廉

隋朝立国之后，不论是经济方面，还是文化方面，都可圈可点，这一切，都要归功于政治环境平稳，没有动荡，吏治清明。隋文帝是如何做到的呢？

其实，隋朝承袭北周政权，立国之初，制度不合时宜，吏治状况非常糟糕。

自北周以来，战争频繁，许多立下战功的将领在没有战事的情况下被下放到地方，担任州牧、刺史、县令、县尉等，这些人打仗有本事，杀伐果断，冷酷无情，在军事方面的确是将才，但是在地方做父母官，那就另当别论了。

这些将领没有耐心，没有文化，性格暴躁，喜欢用武力解决问题，毫无怜悯之心，打骂地方百姓等都是常事。这种现象自魏晋南北朝以来，一直到隋朝初年都非常普遍，导致吏治状况十分糟糕。正如《隋书·柳彧传》所说："刺史多任武将，类不称职。"这句话的意思是担任武将的刺史，大多不称职。

据史书记载，当时有一位大将军名叫燕荣，担任幽州总管，此人性格暴躁，好斗心狠，对待部下非常严苛，经常在饮酒之后鞭笞随从，跟三国时期的张飞性格差不多，但是比张飞要坏很多。

有一次，他巡行所属郡县，看见路边的荆条长得又粗又壮，就想试一下用这样的荆条打人有什么效果，过不过瘾。燕荣随便找来一位下属，拉过来就打，那下属哭着说，自己也没有犯错，为何遭到鞭打。

燕荣大笑着说："本将军一时兴起，想打谁就打谁，这次你挨了打，等下次你犯了错误，可以抵免一次。"

没想到过几天，这个被打的下属还真的犯了一次错误，本以为可以免受处罚，但燕荣派人将他押过去，把他鞭打了一顿。

那下属哭着叫道："将军上次打过我一次，说可以抵免一次，怎么又鞭打我了？"

燕荣却大笑回应："你没犯错误，尚且挨打，更何况这次真的犯错了，更应该挨罚，让你长个教训！"

那下属委曲求全，哀号求饶。跟着如此一个喜怒无常的将领，也算倒霉。

这样一位将领担任地方官，后果可想而知。他如何能好好对待当地百姓呢？

据说，燕荣每次巡察地方，只要听说哪个地方官及百姓的妻女长得美丽动人，就直接带人去他家中，强行将其妻女奸淫，如果反抗，就会被打伤打残，搞得官民皆怨。这就是武将做地方官的通病，不但无法治理好地方，反而为祸不浅。老百姓视地方官员为虎狼，对官衙和朝廷没有信心，国家要想繁荣富强，几乎是不可能的。

杨坚得知这些弊政之后，痛心疾首，决定整肃吏治，还百姓一个朗朗乾坤、太平世道，他采取了三项措施：

第一，严格筛选地方官员，不再从武将中选拔委派。

大隋是从北周、北齐、西魏、东魏的基础上建立的。以前都是乱世，武将层出不穷，杀伐果断，冷血斗狠。战场上，绝对可以称得上虎贲之将、杀人机器。但正因为武将身上的冷血性格，使他们不知道体恤民情、爱惜民力，让他们去地方任职，治理一方，多半成事不足，败事有余。

杨坚认识到这一点后，武将再立下战功，只给金钱、爵位、待遇、土地等奖赏，不再奖赏实际官职，这是一次封赏观念的进步，如此也避免了武将下派地方，手握军政大权，为害一方，同时也扼杀了他们起兵造反的机会。

开皇九年（589），隋朝灭掉江南陈国，一统南北，在此次战争中，又有大批的将领战功赫赫，等待朝廷封赏。不过，这一次杨坚没有把任何一位将领安置到地方做官，并明确宣布："功臣正宜授勋官，不可预朝政。"（《资治通鉴》）可见，隋文帝说到做到，开始重视从文官体系中选拔人才，出任地方官。

第二，健全选官制度，实行科举制。

自魏晋以来，朝廷选拔人才的制度是九品中正制，又称九品官人法，三国时代曹丕采纳尚书令陈群的意见，此制至西晋渐趋完备，到南北朝时又有所变化。从曹魏始至隋朝，此制度已经沿用了近400年之久。

九品中正制大体是指由各州郡分别推选人才，分为九等，上上、上中、上下、中上、中中、中下、下上、下中、下下九等，成为人才选拔的主要依据。但此制度并不科学，世族子弟可以凭借优越家世，占据上品等级，持续把持高官要职，而寒门的子弟很难入选或者只能在末流。这就形成了"上品无寒门，下品无世族"的现象。

隋朝建立后，杨坚看出这个制度的缺陷，于是打算废除九品中正制，换一个更公平的方式选拔优秀人才。最开始，隋文帝下求贤诏，让现任官员推荐一些基层官员，加以锻炼，择优而用，取得了一些成效。

后来，隋文帝推出一项新的制度——科举制，这个具有划时代意义的人才选拔制度从此登上历史舞台。

开皇七年（587）正月，隋文帝下令"诸州岁贡三人"，就是让每个州每年选派三个人，来到京城参加统一考试，考试合格者可以做官。这就是科举制度的发端，意义重大。

隋朝的科举有秀才、明经、进士三种类型，考试合格后通过吏部的铨选，就能被朝廷任命为官，从此踏上仕途。

从形式上看，科举制与汉代以来相沿袭的察举制存在着继承关系，那时，州举秀才，郡举孝廉。自东汉后，被察举者须经考试，即所谓"儒者试经学，文吏试章奏"。孝廉主要试经，秀才主要对策，有时兼及经文。到了隋开皇年间由于废除了郡级行政机构，察孝廉一事就不了了之了，秀才成为科举的主要选拔对象。秀才除了试策外，往往还要加口试、撰写杂文等。

秀才科是当时所有考试科目中最难的，因为它没有复习大纲，考生没办法提前做准备，只有靠平时积累。所以，此科最能显现出一个考生的基本功和文化素养。比如某年的题目是拟作司马相如《上林赋》、《白鹦鹉赋》。还有一年的考题是拟作贾谊《过秦论》、《尚书·汤誓》等。

参加秀才科考试的考生绝大多数都会落榜，录取者实在寥寥无几。据史料记载，有隋一代30多年里一共才录取了10余人，可见其艰难程度。在秀才科之外，还有明经科、进士科，和秀才科一样，考中之后通过吏部铨选，就可以当官。

相对简单的是明经科考试，只考九经中的某一篇文章，背诵默写，然后翻译出来，这很适合非常用功、死读书的书呆子，只要考生熟读经史，就有可能考过。

这是中国科举制度的开端，当然，它也有不完美的地方，比如学子们不是自由报考，而是由地方长官推荐才行，需要一定的政治背景调查，如同地方开具介绍信一样。普通寒门子弟想要参与，很难获得名额，因此，在选才上还是存在着很大的局限性。

但是，隋代的科举制度，在中国历史上第一次把读书和做官紧密结合起来，把一个人读书之后，形成的个人才学、修养、能力，跟他的官职、仕途都结合起来，这也是"学而优则仕"的开始。此后，不少出类拔萃的人才在历代科举考试中脱颖而出，成为朝廷的重要官员，成为社会进步的栋梁。

开皇十六年（596），齐州临淄人隋朝泾阳令房彦谦之子房玄龄，18岁的他在这一届科举考试中高中进士，被授羽骑尉，从此踏上仕途。后来隋末大乱，房玄龄于渭北投李世民，辅佐李世民横扫群雄、平定天下，成为中国历史上最有作为的宰相之一。

可见，隋初的科举制度虽然还不成熟，有不少缺陷，但已经散发蓬勃活力，大批有才能的读书人被筛选出来，走上仕途，成为历史上著名的人物。科举制度，对中国后来千年的人才选拔产生重大影响。时至今日，无论是中国，还是世界各国，选拔人才的主要方式仍是以考试为主，更加公平、公正，仅此一点，就能看出杨坚对世界文明做出了多么巨大的贡献！

第三，实施严格的官员考核制度，赏罚分明。

一项国家制度终究是需要人去实施，需要官员在各个机构工作，维系国家机器的运转。无论通过什么途径选拔上来的官员，都有强烈的个人属性，有不同的道德水平，也有好坏之分。

天高皇帝远，需要有一定的措施，来确保各地方官员是在认真做事，为当地老百姓做主，认真治理一方，而不是贪赃枉法，腐化堕落。隋文帝规定各州刺史每年年底都要进京述职，根据其政绩，对其进行赏罚。

同时，朝廷不定期地向各州、县派出监察官员，都是御史台的人，巡视地方的吏治状况。这种巡行类似今天的巡回检查组，当时他们不会提前通知，经常搞突然袭击，到民间调查情况、收集舆论，从乡野百姓和市井小民口中，打听地方官员的口碑和政绩。这样使地方官员来不及作秀，唯有平时认真工作、一心为民的好官，才能经得起上面的突然检查。

我们前面提到的那位幽州总管燕荣，就是在朝廷派人巡察走访的过程中，被发现有贪污、奸淫、暴虐等种种恶劣行径而上报朝廷。杨坚得知后，勃然大怒，直接下诏把燕荣召回朝廷，问罪赐死，以儆效尤。

同时，隋文帝以身作则，绝不偏袒自己的族人或者旧部，使得有关监察机构对百官的考核与监督，不必过多顾忌对方的身份，只要发现违法者就会报出来，不遮掩回避。

比如，有一位武将名叫张威，他是隋朝开国功臣，曾在蜀地平叛中率领先锋军打败王谦的叛军，因此受到褒奖，被委任青州总管的职务。但张威居功自傲，在当地作威作福，圈地将其占为己有，索取贿赂，草菅人命，囤积的金银珠宝装了几个仓库，成了地方最大的恶霸，百姓见他是地方官一把手，拥有军政大权，都敢怒不敢言。

但隋文帝得到汇报之后，并不偏袒这位昔日立下功勋的将领，让刑部依法办案，将张威贬为庶民，收回爵位，连财产都充公了。

后来，隋文帝去泰山封禅，途经洛阳时，派人召见了成为平民的张威，对他说道："朕统一江山，深知许多人做过贡献，更知道百姓艰难，要兢兢业业维护朝廷威严和稳定。当初你立下战功，朕对你委以重任，本来希望你能够治理一方，勤政爱民，做一个好官，能够跟朕一起名垂青史，也算对你寄予厚望，用心良苦。可是你在地方做出了那些祸国殃民的不法勾当，真是伤透了朕的心，也将你的一世英名给毁掉了，会被史书当成反面教材的。"

张威听了隋文帝的这番话，幡然醒悟，羞愧难当。

隋文帝一次次动真格，目的就是激发官员们内心的良知，让他们能够廉洁自律。当时朝廷官员确实很害怕，有些胆小的不敢过分作恶，一些巨贪的大臣也不敢明目张胆地索取贿赂了，在一定程度上革除了官场上的诸多弊端。那些表现优异的官员也受到了赏赐。杨坚做到了赏罚分明，使得大隋开皇年间政治清明，出现了不少清廉的好官。比如在《隋书·循吏传》中就记载了许多受到大隋皇帝嘉奖的廉洁官员。

其中有一个叫房恭懿的人，任新丰县令，第一次接受考核时，就位居京兆地区第一名，杨坚很高兴，赏赐他400匹布。房恭懿接到400匹布的赏赐后，一点也没有自留，直接分给新丰县的那些贫苦百姓。杨坚听说这件事后，很高兴，又赏赐他300石粮食。房恭懿把这300石粮食运回去，还是没有自留，分给了许多贫困户。

隋文帝听完这些事迹后，认为这等为政清廉的好官，应该被好好提拔重用，将他树为榜样，于是，便提拔房恭懿做了德州司马。

两年后，房恭懿在德州司马任上，考核成绩居全国第一，隋文帝大为赞叹，下旨号召天下地方官都要向他学习，做一位为民服务、清正廉洁的官员。

隋文帝有一次朝会，接见各地刺史回京述职，当面对着众多地方官夸赞了房恭懿："房恭懿一心爱民，忠君为国，改善民生，使得当地夜不闭户，路不拾遗，呈现盛世该有的气象，得到了广大百姓的拥戴！如此好官，不是靠朕一个人筛选而出，这是上天和祖宗派他来辅佐朕的。朕拜他为刺史，治理德州，并不是因为他的才能只能治理一州，而是想让天下人都以他为楷模，尔等都应该好好向他学习。"

不久，隋文帝先后任命房恭懿为海州刺史、持节海州诸军事，成为坐镇一方的军政大员，继续治理地方。

任何时候，榜样的力量都是无穷的，房恭懿的事迹使所有官员都明白了一个事实，大隋朝廷的考核不是说说而已，而是奖惩分明，严格执行，要想有好的仕途，就必须在地方兢兢业业，造福百姓，得到口碑，为朝廷排忧解难。

就这样，在隋文帝的一番整肃之下，隋朝的政治环境大为改观，大批不合格的官员被清理，有些罪行累累者被下狱杀头，以儆效尤。因此，官场风气一变，行政效率得以提高，日后朝廷再出台政策律令，能在地方被认真贯彻执行，政府的公信力大大提高，赢得了民心，获得全国百姓的拥护。所以，大隋国力蒸蒸日上，国富民强，呈现一派欣欣向荣的景象。

由此可见，杨坚整肃吏治，对于开创"开皇之治"的盛世局面，有多么重大的意义！

四、名垂千古隋文帝

经过隋文帝杨坚十多年兢兢业业地励精图治，大隋王朝在经济、文化、吏治建设等方方面面都取得了翻天覆地的变化和成就，隋朝发展迅速，国力强盛，社会安定，政治清明，百姓安居乐业，一派盛世景象。

开皇年间，大隋王朝到底有多富有？大隋王朝的国库中到底储藏了多少金银珠宝？我们可以从已存的史料记载中，窥探出隋朝富足的一面，史料上说大隋朝储藏的粮食布帛的数量，平均下来足够朝廷支用五六十年。

以至于后来隋末战乱，洛阳城被包围后，城内士兵因为无柴火，便用布帛代替木柴烧火做饭，用绢拧成绳子在井里打水。这则史料说明了当时大隋朝的富有。

隋文帝杨坚治理大隋期间，轻徭役，均田地，又重新清查人口，推行了有利于百姓的政策，隋朝在短短的 10 年间经济飞速发展，仓廪充盈，于是，隋朝在全国各地州县都修建了许多粮仓，其中最著名的粮仓有兴洛仓、回洛仓、常平仓、黎阳仓、广通仓、含嘉仓等。这些著名的大粮仓，每一个存储的粮食都在百万石以上，可见隋朝的粮食资源很是丰富。

据说，在贞观十一年（637），唐朝的监察御史马周对唐太宗说："大隋朝杨家储存在洛口的粮食布帛等，李密得到后靠这些成了事。西京府库的财物现在也被国家用着，至今还没有用尽。"

此时，距离隋朝灭亡已经 20 年，而隋文帝杨坚也早已经去世 33 年了，可他那时候贮存的粮食布帛到这时还未用完。隋朝的富有到底是什么概念？1969 年，在洛阳发现了一座隋朝粮仓，经过考察，最后确定这是嘉仓遗址。这处嘉仓遗址一出世就惊世骇俗，令今人瞠目结舌，嘉仓遗址面积有 40 多万平方米，人们从遗址里面一共发掘出 400 余个粮窖，其中有个粮窖竟然还保存着炭化了的谷物粮食 50 万斤。由此可以想象一下，当时的隋朝国力是多么强大，经济是多么富有，粮食是多么富足。

伴随着大隋社会安定、经济繁荣，隋朝的人口基数也增长很快。隋朝初期，北朝留给大隋的大约有 190 万户人口，南陈合并过来的大约有 50 余万户，南北统一合计不过 410 万户。而发展到了隋文帝的晚年，全国人口基数已增长到了 890 余万户，共计 4600 余万人。此时的人口户数比南北朝时整整增加了一倍，比西晋时候的人口户数大约增长两倍，几乎接近东汉时期的户口水准，也就是 1000 万户，大约 5000 万人。当然，这些数据仅仅是相当粗略的统计，但是，这也可以从中推测一下东汉以后人口基数的起伏变化，更可以由此窥见隋文帝统治时期，大隋人丁兴旺的景象。

有趣的是，我们举世闻名的大唐，因为繁荣昌盛赫赫有名，但是，在唐朝建立的 100 多年后，进入最强盛的"开元盛世"的时候，大唐的人口也没有达到隋文帝时期的人口基数标准，唐朝竟不及隋朝人丁兴旺。根据史料记载，唐高祖在位时，唐朝人口不到 1000 万人。

唐太宗继位后，励精图治，休养生息，宽宥待民，鼓励农业发展，鼓励百姓生育，唐太宗在位 23 年，至唐高宗继位治理大唐，唐朝的户口也仅仅是 380 万户，如果按每户人家有 5 个人计算，也不过是不到 2000 万人。等到了唐玄宗治理大唐，在李家前辈打下的基础上，他开创了历史上有名的开元盛世，此时，距离大唐立国已经 100 多年，大唐全国人口也只是 760 万户，合计 4100 万人。

隋朝开皇九年（589）的时候，有已垦田地 1944 万顷，隋大业时期已垦出地有 5585 万顷。而唐朝唐玄宗天宝十四年（755）的已垦田地也不过1430 万顷。隋唐比较明显，唐朝用了 100 多年的时间休养生息、励精图治，又经过七八代开明之君的勤奋经营，努力打拼，唐朝在国力最鼎盛的时期，也没有达到隋朝开皇年间的水平，"开皇之治"的盛况，由此可以窥见一斑。

杨坚在隋朝雄厚的经济支持下修建了大兴城。

大兴城的城市结构和建筑水平代表了中国古代城市建设的最高水平，大兴城是大隋各方面实力的综合体现，它是当时当之无愧的"世界第一城"，大兴城的设计和布局思想，对后世东方的城市建设也产生了很大的影响。

在兴建大兴城的时候，因为要解决交通运输的问题，杨坚便在公元584 年下旨命令宇文恺、郭衍等人组织开凿了漕渠。这条渠从大兴城的西北面引入渭水，大概依着汉代漕渠的旧址，向东延伸一直挖到潼关，进入黄河，全渠大约长 400 多里，名叫广通渠。

这就是大运河修建的开始，大运河对于中华民族来说意义深远重大，因为大运河将黄河流域和长江流域这两大中华文明的摇篮串联在了一起。有了大运河之后，南北交流，水域混一，畅通无阻，到了唐宋以后，甚至到了清末民初，大运河对于中国的社会经济、文化发展都有深远的影响。虽然不管史书记载还是民间传说，都说大运河是杨广的大手笔，但是大运河的最初开发却是杨坚主持的。

在大隋朝雄厚的经济实力下，杨坚立下了举世的功业：废梁国，平江南，讨伐吐谷浑、征服突厥、威服高句丽。他聪慧果断，兵戈所指，所向披靡。

隋文帝杨坚时期的大隋版图非常庞大，东边起始大海，西边直至新疆，南边抵达云广，北面接壤大漠，东西长达4600余千米，南北距离7400余千米。大隋的版图与鼎盛时期的唐朝版图相当。更为重要的一点是，隋文帝杨坚对周边突厥可汗的征服，分裂和阻止了突厥的强大与崛起，这样也为唐朝的崛起和发展打下了基础，唐朝时和边疆的少数民族也是相安无事。

对于杨坚所创下的丰功伟绩，《剑桥中国隋唐史》的评价很高，书中是这样说的："隋朝消灭了其前人的、过时的和无效率的制度，极力创造出一个中央集权国家的结构，在长期政治分裂的各地区发展了共同的文化意识，这一切非常了不起。人们在研究其后的伟大的唐的结构和生活的任何方面时，不能不在各个方面看到隋朝成就的影响，隋朝的成就肯定是中国历史中最引人注目的成就之一。"

隋文帝杨坚的"开皇之治"是古代中国盛世王朝的一座伟大的、瑰丽的丰碑，尽管在1000多年以来，大隋和杨坚被无数文人学者误读误传，人们提起隋朝就觉得隋朝短命，更因为杨广的暴虐和奢华而对隋朝有抵触的情绪，从而忽略了隋朝政治的强大和经济的繁荣、大隋朝各方面的雄厚实力以及美丽的文化。但历史事实是不能被磨灭和篡改的，大隋综合国力的雄厚强大，除了西汉可与之相比，再没有朝代可以比拟。这是隋文帝杨坚这位伟大帝王的功劳！

五、最是无情帝王家

隋文帝杨坚这一生风云变幻，极尽璀璨，虽然之前蛰伏了40年，但40岁之后，逐渐成为权臣，辅政夺权，建立大隋，力压吐谷浑，消灭陈国，统一南北，威慑突厥，成为圣人可汗，成为自魏晋以来建立丰功伟绩的第一人。

但就是这么近乎圣明的隋文帝，在对待臣子时，也不可避免出现了"狡兔死走狗烹，飞鸟尽良弓藏"的局面，在他执政过程中，许多大臣被贬，开国功臣名将大多被诛杀，有的被革职为民，贬为庶人。

我们可以看一下隋文帝时期主要功臣的结局：

庞晃是杨坚早期的密友，在杨坚被贬到地方担任刺史，郁郁不得志时，他对杨坚不离不弃，曾私下多次找上杨坚，一起密谋政变，鼓励杨坚，坚信他日后能够贵不可言，君临天下。后来杨坚夺权成功，建立大隋后，庞晃居功自傲，觉得自己跟隋文帝关系密切，不把一些臣子放在眼里，让杨坚不喜，10年没有得到升迁，还遭到杨坚的贬低、惩罚。

于翼是杨坚建隋时最有实力的支持者，开国初，位居三公之首，其弟于义任潼州总管，弟弟于智、侄儿于仲文皆为上柱国，其家族中大将军就有十余人，算是关陇贵族了。杨坚后期性格变得多疑，见于家势大，有些忌惮，怀疑于家不忠，下诏将于翼和于仲文下狱，后来于仲文写文申辩，字字哭诉冤枉，让杨坚有所释怀，这才放了他叔侄出狱，但从此以后再没重用过于家的人。

卢贲、张宾这两人是当年杨坚发动宫廷政变时的主要参与者，扶助隋文帝登极，但是杨坚做了皇帝后，并没有提拔二人，反而因一点儿小事把二人削职为民。

李穆出身关陇贵族，战功卓著，北周末年，他是支持杨坚建隋强有力的支持者。后来担任大隋相国，平定蜀国公尉迟迥叛乱，拜太师，被赐予丹书铁券，拥有"赞拜不名、无反不死"的特权。其侄李询，在平定尉迟迥叛乱的战役中，颇建功勋。但大隋立国几年后，杨坚统一南北，稳定局面后，对李家不再重用。李穆另外一个侄子李崇也被调离中央，一直在地方任职。

元谐是北魏贵胄，也是杨坚在读太学时的同学，二人从小关系很好。元谐在平定尉迟迥叛乱中立下赫赫战功，后来又率军击退吐谷浑和党项的大军，威名远扬。但由于其性格直爽，被人诬告，杨坚下诏将其处死，没有留情。

王谊是杨坚太学的同学，出身将门，是隋朝的开国元勋，还带兵平定了司马消难之乱等，立下不少功勋，王谊之子娶隋文帝的第五女兰陵公主，与杨坚关系甚为紧密。但在开皇五年（585）四月，王谊被隋文帝以谋反罪赐死于家中。

开皇六年（586）八月，刘昉、梁士彦、宇文忻三位大臣，都在隋文帝夺权和平定内乱过程中做出了很多贡献，但皆以谋反罪被诛。

开皇十年（590）七月，李德林这位大隋文豪，数次在杨坚危难时，出谋划策，但最终因为政见不合，逐渐被隋文帝不喜，终被发配怀州。

开皇十一年（591）五月，郑译这位帮助杨坚当上辅政大臣的关键人物，在几经罢免后，病死于岐州刺史任上，他的结局还不算差。

开皇十一年（591）八月，杨坚之弟杨瓒，被鸩死于家中。

开皇十二年（592）七月，时任尚书右仆射的苏威，曾被宠信一时，身兼多职，却因修乐问题与大臣何妥闹了矛盾被上告，被隋文帝免职。同被罢黜的还有礼部尚书卢恺等人。

开皇十二年（592），屡立战功的贺若弼自恃功高，骄傲自满，自以为功名在群臣之上，常以宰相自许，被隋文帝革职为民。

开皇十七年（597）三月，上柱国刘昶因谋反罪被诛杀。同年十二月，上柱国虞庆则也被处死。

开皇十八年（588）十二月，上柱国王景因被隋文帝猜忌而被诛杀。

开皇十九年（599）六月，上柱国、大将军王世积也被猜忌诛杀。

开皇十九年（599）八月，红极一时的高颎遭到罢免。

开皇十九年（599），元善因为夸赞了高颎，被杖打后忧郁而死。

开皇十九年（599），柱国李彻因为和高颎关系甚密，被文帝撤职后，发了几句牢骚，文帝派人将其鸩杀。

开皇二十年（600）十月初，柱国、大将军史万岁，这个被突厥无比畏惧的虎贲之将，因为卷入太子与晋王夺嫡，被活活打死在金銮殿上。同月十三日，左卫大将军元旻因为太子杨勇辩解被诛杀。

朝中大臣开始人心惶惶，他们已经看出，隋文帝到了晚年，猜忌心极重，他的江山是用阴谋夺来的，他很担心大隋的江山被别人夺走。所以，功高震主、骄傲自满者，很容易被收拾。

一些大臣因为看透了时局和隋文帝的性格，深感伴君如伴虎，开始急流勇退，主动从重要岗位退下来，这些识时务之人结局还算不错。

比如梁睿在杨坚辅政时，平定王谦叛乱，被任命为益州总管，声望很高。但是，杨坚担心他拥兵自重，割据一方，始终没想好如何调回梁睿，对他做怎么样的安排。梁睿得知这个情况后，上书称病，要回京休养，得到杨坚的准许。梁睿回到京城后，便闭门谢客，在家中休养，不再露面，受到了杨坚的礼遇，得以善终，这样的例子还不少。

杨坚从此将国家大权几乎集于己手之后，太子与皇子夺嫡愈演愈烈，朝廷派系逐渐形成，最后终于在隋文帝晚年反噬到他身上。

隋文帝晚年最大的失误，就是听信谗言，废黜了太子杨勇，改立杨广为太子，一场夺嫡风波，使得朝堂许多太子党的官员遭到诛杀、革职。太子杨勇本人也被囚禁起来。同室操戈，使得皇子杨俊、杨秀也受到牵连，被贬为庶人。

至此，隋文帝成了孤家寡人，五个儿子，只有杨广成为胜利者，其他人或死或废，最是无情帝王家，一点儿也不假。

历史的车轮滚滚向前，不论是帝王将相，还是普通百姓，在生与死这件事上都是公平的，哪怕立下丰功伟绩，堪为圣人可汗的隋文帝。到了仁寿四年（604），他身体一天比一天差，已经年迈多病，病入膏肓，同年七月，自知大限将至的隋文帝，卧床于仁寿宫，与百官相辞。

仁寿四年（604）七月十三日，隋文帝崩于大宝殿，时年64岁，一代明君就此去世。

隋文帝死后，杨广为了顺利登极，选择秘不发丧，正好伊州刺史杨约来到仁寿宫探望隋文帝，于是杨广召见了他，并且急忙命令杨约和郭衍一起火速回京城，伪造文帝诏书，赐死前太子杨勇。因为杨勇这个前太子不死，朝廷一些太子党如柳述和元岩就会趁机合谋搭救杨勇，重新夺权复立。

当杨勇接到诏书之后，怀疑有诈，拒绝执行，杨约直接下令，将这位前太子活活勒死。后来，杨广又派人闯入杨勇的府邸，屠了杨勇的8个儿子，斩草除根，免留后患。

同年七月二十一日，杨广在仁寿宫为文帝发丧，于灵枢前正式即位，接管了大隋江山，时年36岁。

八月三日，杨广率百官扶文帝灵枢，从仁寿宫返回大兴城。十二日，他为文帝举行隆重的葬礼。葬礼结束后，杨广宣布了柳述和元岩的罪状，把二人都流放到偏远之地，让其自生自灭。柳述在流放过程中，其妻兰陵公主郁郁寡欢，不久身染重病去世了。

短短几个月，杨广杀兄长杨勇，除四弟杨秀，接着在父亲尸骨未寒之际，派兵扑灭幼弟杨谅的反叛。就这样，他的三个亲兄弟都毁在了他的手里，不得善终。

仁寿四年（604）十月十六日，杨广将父亲安葬于泰陵，庙号高祖，谥号文皇帝，与文献皇后独孤伽罗同坟合葬。

一代帝王隋文帝的故事就这样落幕了，时过千年，他对历史所做的贡献，至今还被人铭记。

隋文帝生平年表

公元 541 年　西魏文帝大统七年，1 岁

六月十三日（7 月 21 日），出生于华阴。

出生后，由尼姑智仙抚养于般若寺中，至 13 岁。

公元 554 年　西魏恭帝元年，14 岁

被京兆尹薛善辟为功曹。

公元 555 年　西魏恭帝二年，15 岁

因父亲杨忠的功勋而被授散骑常侍、车骑大将军、仪同三司，封成纪县公。

公元 556 年　西魏恭帝三年，16 岁

迁骠骑大将军，加开府。

公元 557 年　北周孝闵帝、明帝元年，17 岁

正月，北周立国，宇文觉（孝闵帝）即天王位，宇文护执掌朝政。

九月，宇文护废孝闵帝，改立宇文毓（明帝）。

杨坚因祸得福，任右小宫伯，晋封大兴郡公。

公元 560 年　北周明帝武成二年，20 岁

四月，宇文护毒死明帝，改立武帝宇文邕，杨坚迁左小宫伯。

公元 561 年　北周武帝保定元年，21 岁

长女杨丽华出生。

公元 565 年　北周武帝保定五年，25 岁

出任随州（今湖北随州）刺史，进位大将军。

公元 568 年　天和三年，28 岁

父亲杨忠去世，袭爵为隋国公。

公元 572 年　北周武帝建德元年，32 岁

周武帝诛杀宇文护，收回政权。

公元 573 年　北周武帝建德二年，33 岁

九月，北周太子宇文赟纳杨丽华为妃。

公元 575 年　北周武帝建德四年，35 岁

七月，周武帝伐齐，杨坚任偏师水军统帅，领兵出征。

九月，周军撤退，杨坚焚战船自陆路撤回关中。

公元 576 年　北周武帝建德五年，36 岁

十月，周武帝再次率军伐齐，杨坚担任主力部队右路第三军总管，会同诸军，一举攻克北齐的晋州（今山西临汾）。

公元 577 年　北周武帝建德六年，37 岁

北周灭齐。北齐任城王高潜据冀州抵抗。

杨坚随北周齐王宪出征冀州，俘虏任城王高潜。

二月十三日，因功封定州总管，进位柱国。

十二月二十九日，被调任为南充州总管。

公元 578 年　北周武帝宣政元年，38 岁

六月，周武帝逝世，周宣帝即位，立杨氏为皇后。

杨坚因此进位上柱国，回京任大司马。

公元 579 年　北周宣帝大成元年、静帝大象元年，39 岁

元旦，宣帝初置四辅官，杨坚成为四辅之一的大后承。

七月一日，跃升为大前疑，位居四辅官之首。

公元 580 年　北周静帝大象二年，40 岁

宣帝赌气要处死杨皇后，杨坚妻独孤氏入宫苦求才被获免。

不久，杨坚请求外任，以避宣帝杀机。

五月十日，宣帝发病，杨坚入宫侍疾。

五月二十四日，宣帝驾崩，郑译、刘昉等人矫诏杨坚辅政。

二十五日，周静帝入居天台，杨坚为假黄钺、左大丞相，总领百官。

六月二十三日，因为尉迟迥、宇文胄等人起兵，静帝诏令杨坚都督内外诸军事。

八月，平定尉迟迥，司马消难南奔陈朝。

十月十日，杨坚加大冢宰，总摄其他五府，集大权于一身。

十二月十三日，杨坚晋封为隋王。

公元 581 年　隋文帝开皇元年，41 岁

二月初九，杨坚任相国，总百揆，加封十郡。

十三日，登基为帝，国名为隋，年号开皇。

公元 582 年　隋文帝开皇二年，42 岁

六月二十三日，下诏营建新都，十二月六日，命名新都为大兴城。

五月，突厥沙钵略可汗悉发五可汗骑兵，倾国来攻。

同时，高宝宁也从东北发起攻势，隋朝全线防御。

六月，卫王杨爽率 7 万大军出平凉。十二月，突厥因腹背受敌退兵。

公元 585 年　隋文帝开皇五年，45 岁

发丁修筑长城，东至河（指黄河），西至绥州，连绵 700 里。

公元 587 年　隋文帝开皇七年，47 岁

八月，征梁主萧琮入朝。九月，诏废梁国，封萧琮为上柱国、莒国公。

公元 588 年　隋文帝开皇八年，48 岁

三月九日，下诏伐陈。

公元 589 年　隋文帝开皇九年，49 岁

正月，隋军渡江，攻下建康，陈国亡，俘虏陈后主北上。

公元 590 年　隋文帝开皇十年，50 岁

江南各地皆反，派遣内史令杨素率军前往镇压。

公元 595 年　隋文帝开皇十五年，55 岁

率百官泰山封禅，大赦天下。

公元 597 年　隋文帝开皇十七年，57 岁

嫁安义公主与突厥突利可汗，使其部落南徙。

都蓝可汗大怒，与西部达头可汗结成联盟，率军南侵滋扰。

公元 599 年　隋文帝开皇十九年，59 岁

十月二日，册封突厥染干为启民可汗，筑大利城安置其部落。

十二月，突厥都蓝可汗为部下所杀，突厥败走。

公元 601 年　隋文帝仁寿元年，61 岁

元旦，改元仁寿，大赦天下。

以尚书右仆射杨素为尚书左仆射，纳言苏威为尚书右仆射。

公元 603 年　隋文帝仁寿三年，63 岁

突厥内乱，达头可汗奔走吐谷浑，仆骨、铁勒等十余部皆降于启民可汗。

公元 604 年　隋文帝仁寿四年，64 岁

四月，文帝病重。

七月十日，在仁寿宫与百官诀别。

十三日，崩于大宝殿。

七月二十一日，炀帝即位，在仁寿宫为文帝发丧。

十月十六日，文帝遗体安葬于泰陵，与独孤皇后合葬。

参考文献

［1］（汉）司马迁撰：《史记》，中华书局排印本，1959 年版。

［2］（汉）班固撰：《汉书》，中华书局排印本，1962 年版。

［3］（南朝·宋）范晔撰：《后汉书》，中华书局排印本，1965 年版。

［4］（唐）令狐德棻等撰：《周书》，中华书局点校本，1971 年版。

［5］（唐）令狐德棻等撰：《北齐书》，中华书局点校本，1972 年版。

［6］（唐）姚思廉撰：《陈书》，中华书局排印本，1972 年版。

［7］（唐）李延寿撰：《北史》，中华书局排印本，1974 年版。

［8］（北齐）魏收撰：《魏书》，中华书局排印本，1974 年版。

［9］（唐）房玄龄等撰：《晋书》，中华书局排印本，1974 年版。

［10］（南朝·梁）沈约撰：《宋书》，中华书局排印本，1974 年版。

［11］（唐）李延寿撰：《南史》，中华书局排印本，1975 年版。

［12］（唐）魏徵等撰：《隋书》，中华书局排印本，1996 年版。

［13］（后晋）刘昫等撰：《旧唐书》，中华书局排印本，1975 年版。

［14］（宋）欧阳修、宋祁撰：《新唐书》，中华书局排印本，1975 年版。

［15］（宋）司马光编著：《资治通鉴》，中华书局排印本，1956 年版。

［16］（清）王夫之著：《读通鉴论》，中华书局，1975 年版。

［17］陈寅恪著：《隋唐制度渊源略论稿》，商务印书馆，1944 年版。

［18］岑仲勉著：《隋唐史》，中华书局，1982 年版。

［19］周伟洲著：《吐谷浑史》，宁夏人民出版社，1985 年版。

［20］周一良著：《魏晋南北朝史札记》，中华书局，1985 年版。

［21］田余庆著：《东晋门阀政治》，北京大学出版社，1989 年版。

［22］薛宗正著：《突厥史》，中国社会科学出版社，1992 年版。

［23］张伟国著：《关陇武将与周隋政权》，中山大学出版社，1993 年版。

［24］施建中著：《隋文帝评传：沿革随时再统华夏的英主》，广西教育出版社，1997 年版。

［25］韩昇著：《隋文帝传》，人民出版社，1998 年版。

［26］韩昇著：《史家说史：苍茫隋唐路》，长春出版社，2007 年版。

［27］［日］宫崎市定著，杨晓钟等译：《宫崎市定说隋炀帝：传说的暴君与湮没的史实》，陕西人民出版社，2008 年版。

［28］张程著：《昙花王朝：隋帝国的短暂与辉煌》，九州出版社，2008 年版。

［29］黄仁宇著：《中国大历史》，三联书店，2008 年版。

［30］黄中业著：《隋文帝杨坚传》，吉林人民出版社，2010 年版。

［31］解文超著：《说说隋文帝》，百花文艺出版社，2012 年版。

［32］昊文著：《把荣誉还给隋文帝》，山西人民出版社，2014 年版。

后　记

　　翻开一本书，笔墨飘香，我们品读史书的时候，徜徉在历史长河中，不断体味着古人别样的人生，经常为那些王侯将相在关键时刻的英明决策拍案叫绝，也为许多文人才子对理想和信念的执着而热泪盈眶。

　　这一次，笔者不才，尝试去描写隋文帝这一君王的政治生涯，尤其是其隐忍夺权、运筹帷幄、金戈铁马、统一南北的事迹。随着阅读更多资料，可以发现隋文帝无疑是中国自北方少数民族南下，结束南北大分裂，扭转乾坤，建立一个盛世王朝的奠基者、开创者。他的一番大刀阔斧的改革，奠定了隋唐的制度与规模，比如科举制、三省六部制、《开皇律》等，对后世王朝的运转，造成持久深远的影响。

　　就是这么一位英明神武的君王，却也是充满传奇的矛盾体。他一方面雄才大略、英明神武，另一方面却独断专行、固执偏狭。当时的历史棋盘，在他这位棋手的谋划下，所有对手相继倒下，力压吐谷浑、威服突厥、消灭陈国、兼并梁国，四海之内重新归于统一，这是隋文帝的伟大。同时，他执政后期猜忌心重，滥杀大臣，也有他的时代局限性。

　　作为作者，写完这本书后，久久不能平静，百感交集，感触良多，历史很精彩，像是一幅画卷在自己脑海中展开，让自己的思绪跟着一起畅游。最后，希望这本书，能被您所喜欢，那是对笔者最好的支持！

江左辰

2024.06